Immer musste er ein Klavier in seiner Nähe haben. Selbst mitten im Krieg lieh sich Helmut Schmidt eines – und musste prompt Totalverlust durch Bombenangriff melden. Auch als Kanzler setzte er sich immer wieder an Klavier oder Flügel. In den achtziger Jahren spielte er zwei Langspielplatten ein. Musik, vor allem Klassik und Jazz, war für Schmidt eine Kraftquelle. Reiner Lehberger ist es gelungen, über Schmidts Liebe zum Klavier neue und überraschende Seiten in der Biographie des Staatsmannes aufzublättern. Kenntnisreich und mit viel Einfühlungsvermögen erzählt er von Schmidts Kindheit, dem Refugium in der Künstlerkolonie Fischerhude, den Berührungspunkten zwischen Politik und Kunst, aber auch von der Tragik des betagten Klavierspielers, der seine eigenen Töne nicht mehr hört. Reiner Lehberger entdeckt einige Ungereimtheiten in Schmidts Lebenserzählung. Vor allem aber liefert er das Porträt eines Mannes, der seiner großen Leidenschaft zeitlebens treu geblieben ist.

Reiner Lehberger, 1948 in Bochum geboren, ist Professor i. R. für Erziehungswissenschaft an der Universität Hamburg und Mitbegründer des Hamburger Schulmuseums. Seit dem Jahr 2000 hat er für die Zeit-Stiftung diverse Bildungsprojekte konzipiert und begleitet. Bei Hoffmann und Campe erschienen von ihm die Bestseller *Die Schmidts. Ein Jahrhundertpaar* (2018), *Loki Schmidt. Die Biographie* (2014) sowie *Auf einen Kaffee mit Loki Schmidt* (2010), *Loki Schmidt. Mein Leben für die Schule* (2005) und *Helmut Schmidt am Klavier. Ein Leben mit Musik* (2021).

Reiner Lehberger

Helmut Schmidt am Klavier

Ein Leben mit Musik

Hoffmann und Campe

Das Coverfoto zeigt Helmut Schmidt 1979 auf der Geburtstagsfeier von Kurt A. Körber mit Walter Scheel, Jeanette Scovotti und Rolf Liebermann (von l.). Das Foto auf der Rückseite wurde 1981 in Gran Canaria im Ferienhaus von Christoph Eschenbach und Justus Frantz aufgenommen.

1. Auflage 2023
Taschenbuchausgabe
Copyright © 2021 Hoffmann und Campe Verlag, Hamburg
www.hoffmann-und-campe.de
Umschlaggestaltung: © Hoffmann und Campe
Umschlagabbildungen: Vorderseite © Historisches Körber-Archiv
Der Abdruck erfolgt mit freundlicher Genehmigung
der Körber-Stiftung, Hamburg;
Rückseite © picture-alliance/dpa | Fritz Fischer
Satz: Dörlemann Satz, Lemförde
Gesetzt aus der New Aster LT
Druck und Bindung: GGP Media GmbH, Pößneck
Printed in Germany
ISBN 978-3-455-01609-3

HOFFMANN UND CAMPE

Ein Unternehmen der
GANSKE VERLAGSGRUPPE

Inhalt

1

Einleitung

»Ohne Musik wäre mein Leben wahrscheinlich ganz anders verlaufen.«[1]   (Helmut Schmidt, 2008)

»Mit Helmut Schmidt am Klavier« – so hätte es auf der Einladung zum siebzigsten Geburtstag seines Freundes, des Hamburger Industriellen Kurt Körber am 7. September 1979 stehen können. Das Coverfoto dieses Buches ist an eben diesem Abend in Hamburg-Bergedorf entstanden und zeigt neben dem Klavier spielenden und offensichtlich bestens gelaunten Kanzler Helmut Schmidt gleich drei weitere prominente Geburtstagsgäste, den Alt-Bundespräsidenten Walter Scheel, den Intendanten der Hamburger Staatsoper und Dirigenten Rolf Liebermann sowie die Opernsängerin Jeanette Scovotti, die später an diesem Abend noch gemeinsam mit Helmut Schmidt singen sollte.

Dieser 7. September war ein Freitag. Helmut Schmidt hatte erst wenige Stunden zuvor, nach einer herausfordernden Bonner Arbeitswoche mit den üblichen 15-Stunden-Tagen, mit seiner Frau Loki auf dem Hamburger Flughafen landen können, und dennoch zeigt diese Momentaufnahme, dass der Kanzler spätestens am Klavier die Hektik der Hauptstadt und des politischen Amtes hinter sich gelassen hatte. Ungerührt von Prominenz, Protokoll und Presse spielt er sich hier höchst vergnügt ein wenig ein. Wenig später wird er die munter plaudernden anderen Gäste bei einem Geburtstagsständchen für seinen Freund Körber begleiten. Alles ging an diesem Abend spontan und ungezwungen zu, und so machte Helmut Schmidt das, was er für gute Freunde gerne tat: Er setzte sich ans Klavier und spielte aus seinem Repertoire, das bei solchen Anlässen von Gershwin bis zu Shantys oder Volksliedern reichte.[2]

Wenn er für sich allein spielte, improvisierte er gern, spielte Läufe auf dem Klavier und einen Mix verschiedener Melodien, so wie es kam. In seinem Haus am Neubergerweg finden sich aber auch Notenstapel verschiedenster Komponisten, wobei J. S. Bach für Helmut Schmidt eine Sonderstellung einnahm. Ihn reizten die technischen Anforderungen klassischer Musik, nicht nur um das eigene Spiel zu verbessern, sondern auch um sich in seinem Klavierspiel größeren Herausforderungen zu stellen. Das Foto auf der Rückseite dieses Buches bildet beispielhaft diese Haltung des Klavierspielers Schmidt ab.

Wer die Doppelhaushälfte der Schmidts im Neubergerweg 80 betritt, spürt intuitiv, dass das Klavierspiel im Leben des Helmut Schmidt eine besondere Bedeutung hatte. Hat man die nüchterne, gepanzerte Eingangstür durchschritten, schaut man aus dem kleinen Eingangsflur direkt in die hohe Wohndiele und dort zentral auf einen schwarzen Flügel, den Schmidt 1987 erworben hatte. Tritt man näher an das imposante Instrument, sieht man im goldenen Schriftzug den Namen des renommierten Hamburger Klavierbauers Steinway & Sons. Auf dem Flügel liegt ein dekorativer Teppich. Die Wirkung des Flügels auf den Besucher ist eindrucksvoll.

Früh, seiner Einschätzung nach sogar zu früh, erhielt Helmut Schmidt seine ersten Klavierstunden. Er war gerade sieben Jahre alt, und die ersten Jahre des Klavierspiels waren nach seinen eigenen Aussagen eher Pflicht als Freude. Mit dem Wechsel in die höhere Schule, der musisch und gestalterisch besonders profilierten Lichtwarkschule in Hamburg-Winterhude, änderte sich das: Musik, aber auch die Kunst allgemein gewannen für den Heranwachsenden an Bedeutung. Die in diesen frühen Jahren geformte Beziehung zur Musik und zur Kunst hielt ein Leben lang. Und da dies auch für seine Mitschülerin und spätere Ehefrau Loki Schmidt galt, wurde die Liebe zu Musik und Kunst ein wichtiges Bindeglied für das Paar.

Seinen ersten öffentlichen Auftritt hatte Helmut Schmidt als Sextaner mit einem kleinen Solopart bei einem Schülerkonzert der Hamburger Schulen in der Musikhalle. Sein letzter war 55 Jahre später bei einer Bach-Einspielung mit den Hamburger Philharmonikern in der Friedrich-Ebert-Halle in Hamburg-Harburg. Dazwischen lagen zwei Konzertbeteiligungen, beide mit international prominenten Pianisten und Orchestern: dem London Philharmonic Orchestra Ende 1981 in London und mit dem Tonhalle-Orchester im Sommer 1983 in Zürich.

Diese Auftritte eröffneten sich nicht ohne weiteres, sondern verdankten sich seiner langjährigen Freundschaft zu den beiden Pianisten und Dirigenten Christoph Eschenbach und Justus Frantz, aber natürlich auch seinem Status als deutscher Politiker der ersten Reihe. Es versteht sich, dass er als Nichtberufsmusiker bei den Konzerteinspielungen für drei oder vier Klaviere nicht die schwierigen Parts übernahm. Trotzdem kann man sich ausmalen, welch enorme Herausforderung diese Auftritte an sein spielerisches Können darstellten, dazu noch mit so herausragenden Orchestern und Pianisten. Weiter kann man vermuten, dass sein meist unerschütterliches Selbstvertrauen erheblich auf die Prüfung gestellt wurde. Wenn sein Einsatz kam, saß Helmut Schmidt allein am Klavier und jeder konnte hören und sehen, was und wie er spielte. Dass er seinen Part aber erfüllen konnte, darauf vertraute letztlich nicht nur er selbst, sondern auch die Musiker, die ihn begleiteten. »Wenn er sich richtig konzentrierte, konnte er am Flügel Dinge schaffen, die anderen nicht gelangen«, so beschreibt Justus Frantz fast ein wenig überschwänglich das Potenzial Helmut Schmidts am Klavier.[3]

Nun hat sich Helmut Schmidt mit den Einspielungen von Mozarts Konzert für drei Klaviere und Orchester F-Dur, KV 242 und Bachs Konzert für vier Klaviere und Streicher a-Moll, BWV

1061 aber nicht als Konzertpianist in das Gedächtnis der Republik gespielt, sondern er hat, wie wir wissen, seine nationale und internationale Bedeutung einer erfolgreichen politischen Karriere zu verdanken. Und dennoch – die Konzertauftritte blieben herausragende musikalische Erlebnisse in seinem Leben.

Schmidts eigene Bewertung seines musikalischen Könnens variierte. So gestattete er zwar, dass seine Mitwirkung an der Bach-Einspielung 1985 von der Deutschen Grammophon klangvoll unter dem Titel *Helmut Schmidt – Kanzler & Pianist* vermarktet wurde. Meist aber übte er sich in Untertreibung bzw. hanseatischer Bescheidenheit und sprach von sich zum Beispiel als einem »laienhaften Klavier- und Orgelspieler«.[4] Seine Frau äußerte sich in dieser Frage eindeutig. Als ich ihr 2010 von einem Interview mit Kurt Masur berichtete, in dem dieser von ihrem Mann als Pianisten und Kanzler gesprochen habe, merkte sie an: »Das ist sehr freundlich, ich würde nur umstellen und ein wenig verändern in ›Kanzler und Klavierspieler‹.«[5]

Die große Bühne des Helmut Schmidt war zeitlebens die Politik, und das mindestens seit 1953, dem Jahr seines Einzugs in den deutschen Bundestag.[6] Bleibt man in diesem Bild, so bildete die Musik für ihn nur eine Art Hinterbühne, deren Bedeutung man jedoch nicht gering schätzen sollte. Die Anerkennung, die er als prominenter Politiker fand, blieb ihm weit über seine Jahre als Minister und Bundeskanzler hinaus erhalten, vielleicht wurde sein Einfluss auf die öffentliche Meinung in Deutschland nach seiner aktiven Zeit sogar höher als davor. War er vorher der tatkräftige »Macher« oder der »Kanzler der Krisen«, wurde er danach zum hoch geachteten Elder Statesman, der als Publizist und Redner die gesellschaftspolitische Entwicklung der Bundesrepublik Deutschland sowie globale Herausforderungen kommentierte oder erläuterte.

Auf der »Hinterbühne« seines Lebens aber gab es fast neunzig Jahre lang eine überraschend tiefe und beharrliche Beziehung zur Musik, insbesondere zum Klavier- und Orgelspiel.

Diese Verbindung von Musik und Leben des Helmut Schmidt ist das Thema dieses Buches. *Helmut Schmidt am Klavier* ist keine musikwissenschaftliche Untersuchung, sondern richtet den Blick auf eine wenig entdeckte, tiefer liegende Seite seiner Biographie. In der Erforschung der musikverbundenen – und auch kunstnahen – Facetten seines Lebens zeigt sich noch einmal eine ganz andere Seite des meist als rational und effizient charakterisierten Politikers.[7] Zum Vorschein kommt ein Mensch, der Kraft und Antrieb aus der Musik zieht, weiche und emotionale Charakterzüge zeigt, der die Nähe zu Musikern und Künstlern bewusst sucht und deren großartige Begabungen und Leistungen vorbehaltlos, ja begeistert, bewundern kann. Im schriftlichen Austausch mit der Künstlerin Olga Bontjes van Beek oder mit dem Geiger Yehudi Menuhin finden wir Sätze und Wendungen, die man bei Schmidt nicht erwartet hätte.

Ungemein erhellend für diese Blickerweiterung auf die Person Helmut Schmidt waren zahlreiche Gespräche mit Musikerinnen und Musikern, die ihn vor allem als Gastgeber der sogenannten Hauskonzerte im Palais Schaumburg in den Jahren 1975 bis 1982 erlebt haben. Ebenso wichtig waren Helmut Schmidts eigene Äußerungen zu musikalischen Einflüssen oder Erlebnissen sowie seine Bekanntschaften mit bedeutenden Dirigenten und Musikern seiner Zeit. Über sein eigenes Spiel schreibt er hingegen nie ausführlich, legt aber Fährten, denen ich in diesem Buch nachgehe. Nicht zuletzt ergaben sich auch manche Hinweise aus den Gesprächen, die ich mit Loki Schmidt zu den Themen Musik und Kunst im Hause der Schmidts habe führen können.

Als bedeutungsvoll erwiesen sich bislang unbekannte Quellen und Fotos aus dem Archiv in Hamburg-Langenhorn und anderer Archive von Privatpersonen sowie kultureller Einrichtungen. So löste zum Beispiel ein einzelner Fund des Vertrages über seinen Orgelunterricht in den Kriegsjahren 1942/43 aus dem Helmut-Schmidt-Archiv eine Folge weiterer ertragreicher

Recherchen in anderen Archiven aus und ermöglichte interessante neue biographische Rekonstruktionen. Helmut Schmidt und der Orgelunterricht am Musikinstitut Klindworth-Scharwenka der Jahre 1942/43 bildet nun ein eigenes Kapitel in diesem Buch; es macht den Leser mit dem Orgelspieler Helmut Schmidt bekannt und deckt gleichzeitig ein kleines Stück deutscher Zeitgeschichte auf.

Die persönliche Bedeutung, die Helmut Schmidts Beziehung zur Musik und dem eigenen Musizieren hatte, wechselte mit den Lebensstationen. Nicht immer war sie gleichbedeutend stark, da ist sie aber immer gewesen. In seinen Kindheits- und Jugendjahren folgte er mit dem Klavierspiel zunächst dem Wunsch der Mutter, erfuhr aber bald, wie sehr die Musik das eigene Leben bereichern konnte und dass er selbst nicht ohne musikalisches Talent war. Seitdem er zehn, elf Jahre war, konnte er sich selbst für Musik begeistern. Die Umgebung der Lichtwarkschule, seine Musiklehrer Hermann Schütt und Ludwig Moormann gaben nicht nur Anregungen, sondern boten auch Möglichkeiten zum eigenen Musizieren. Neben der Schule hatte er über zehn Jahre hinweg Klavierunterricht, übte, spielte zu Hause vor und lernte dabei, dass Erfolge nur mit Disziplin und Ausdauer zu erreichen waren.

So wie für das Musizieren die eigene Beharrlichkeit, Konzentration und ein langer Atem notwendig waren, wurden diese Tugenden später auch zu Markenzeichen des Politikers Schmidt. Aus der Forschung wissen wir heute, dass Musikalität die Entwicklung der Intelligenz fördern kann und dass musisch kreative Menschen auch in anderen Bereichen des Lebens besondere Leistungen erbringen können. Auch hierfür könnte man Helmut Schmidt als treffendes Beispiel anführen.

Vielleicht hat er selbst an die Herausbildung dieser persönlichen Charakteristika gedacht, als er im Rückblick einmal von sich behauptete, dass sein Leben ohne Musik anders verlaufen wäre. Vor allem aber hat er gewiss an den Trost, zum Beispiel in schwierigen und belastenden Situationen der Nazizeit und Kriegsjahre, an die Ausgeglichenheit und Kraft für das oft zähe Geschäft der Politik, aber auch an innere Freude gedacht, die ihm das eigene Musizieren in angespannten, herausfordernden und glücklichen Lebensphasen bereitet hat. Musik war für ihn ein Kraftfeld.

Die Rolle der Musik im Leben des Helmut Schmidt bemisst sich jedoch nicht allein am eigenen Musizieren. Mit Blick auf seine Aussage zur Bedeutung der Musik für sein Leben wird deutlich, dass er auch auf die vielfältigen Bekanntschaften und Erfahrungen, welche ihm die Musik eröffnete, rekurriert. Die Freundschaften, die er und seine Frau zu bedeutenden und bekannten Musikerinnen und Musikern pflegten, sind außergewöhnlich und zahlreich. Auch mit Künstlern, Schriftstellern und Theaterleuten ist es im Übrigen nicht anders.[8] In der Musikszene gehören dazu international renommierte Dirigenten, Komponisten und Solisten wie Leonard Bernstein, Herbert von Karajan, Rolf Liebermann, Kurt Masur, Yehudi Menuhin, die Opernsängerinnen Jeanette Scovotti und Felicia Weathers, und *last but not least*, die beiden deutschen Pianisten und Dirigenten Christoph Eschenbach und Justus Frantz. Wenn der Oboist Pierre W. Feit über seine Erfahrungen mit Schmidt nach einem Konzert im Kanzleramt anmerkte: »Er verstand viel von Musik, war ein hoch konzentrierter Zuhörer und interessanter Gesprächspartner«, so waren das Eigenschaften, die auch andere Musiker an ihm zu schätzen wussten.[9] Alle von mir interviewten Musikerinnen und Musiker beschrieben den Musikfreund Helmut Schmidt in vergleichbarer Weise und drückten mit ähnlichen Worten ihre Wertschätzung aus.

Die Musiknähe des Politikers und Publizisten Helmut Schmidt – und auch das wird in diesem Buch deutlich – ist in beinahe allen Phasen seines Lebens allerdings nie »politikfrei«. Dass die individuelle Lebensgeschichte und die allgemeine Geschichte miteinander in Beziehung stehen, gilt für jeden von

uns, aber in der Person von Helmut Schmidt ist die Verwoben-
heit der eigenen Lebensgeschichte mit der jüngeren deutschen
Geschichte fast exemplarisch ausgeprägt. Und so ist sein Verhältnis zur Musik und den ihn begleitenden Musikern davon
nicht ausgenommen.

Da ist zum Beispiel seine Klavierlehrerin, Lilli Sington-Rosdal, die ihn seit 1926/27 in seinen Kindheits- und Jugendjahren
unterrichtete und die mit den Nürnberger Rassegesetzen vom
September 1935 als sogenannte Halbjüdin, in der Amtssprache
der Nazis als »Mischling ersten Grades«, eingestuft wird. Diese
Gefährdung seiner Klavierlehrerin wird von dem heranwachsenden Helmut Schmidt nicht wahrgenommen und ihr weiteres
Lebensschicksal verschwindet völlig aus seinem Gesichtskreis,
nachdem er als Soldat einberufen worden war.

Da ist in den Kriegsjahren sein offenkundiges Bestreben,
durch Klavier- und Orgelspiel die eigene Balance zu halten und
dem Alltag und den eigenen inneren Widersprüchlichkeiten
der Kriegszeit zumindest stundenweise entgehen zu können.
Ob das gelang, muss offenbleiben, einfache Erklärungen gibt
es nicht. Auch nicht dafür, dass er Ende 1942 einen langfris-
tigen Vertrag für Orgelunterricht abschließt, sich ein Klavier
zunächst in Hamburg und Anfang 1944 dann auch in Bernau
für die ehelichen Wohnungen ausleiht, sich aber zeitgleich für
einen freiwilligen Einsatz zur kämpfenden Truppe bei den vor-
gesetzten Stellen bemüht.

Und, um noch ein drittes Beispiel zu nennen, die Zeit seiner Kanzlerschaft, die mit den erwähnten Hauskonzerten im
Palais Schaumburg, der Intensivierung von Bekanntschaften
zu zahlreichen Dirigenten und Musikern und durch die eigene
Teilnahme an einer Mozart-Einspielung nicht nur seine persönliche Nähe zur Musik deutlich werden lässt. In dieser Phase
seiner politischen Laufbahn bemüht sich Helmut Schmidt sehr
zielgerichtet um eine Korrektur seines scheinbar festgelegten
Images als Macher und Pragmatiker der Macht; die öffentliche

Kommunikation seiner privaten Liebe zur Musik und auch zur Kunst boten sich für dieses Unterfangen an.

Selbst wenn diese Korrektur in den damaligen Jahren nicht vollends gelungen ist und der Eindruck von einem »Kanzler der Krisen« – Nachwirkungen der Ölkrise, der Terror der RAF sowie die Aufrüstungsdebatte – vorherrschend blieb, für ihn selbst hat sein Eintreten für Musik und Kunst in der Beschreibung seiner Kanzlerjahre einen gewichtigen Platz eingenommen. Mit dem Image des Technokraten der Macht hatte er sich auch nach dem Ausscheiden aus der aktiven Politik nicht abfinden wollen, die Herausstellung seiner Musik- und Kunstaffinität ist nach dem Ende seiner Kanzlerschaft zu einem festen Bestandteil im Narrativ des eigenen Lebens geworden.[10]

Darüber hinaus war es für Schmidt befriedigend, dass er auch Einfluss auf das öffentliche Musikgeschehen in seiner Umgebung nehmen konnte. Ich denke zum Beispiel an sein Engagement für das Schleswig-Holstein Musik Festival nach seiner politischen Karriere oder an seinen beharrlichen Einsatz für das Fortbestehen der Hamburger Symphoniker in der Zeit der eigenen Kanzlerschaft.[11] 1973 hatte der Hamburger Senat beschlossen, das Orchester aufzulösen, vor allem den anhaltenden Interventionen des Bundeskanzlers war es zuzuschreiben, dass dieser Beschluss aufgegeben wurde. Für den 1. November 1987 lud der Orchestervorstand Helmut Schmidt zu ihrem Jubiläumskonzert zum 30-jährigen Bestehen ein und fügte an: »Wir haben es nicht vergessen, daß die entscheidende Initiative, den Auflösungsbeschluss des Hamburger Senats rückgängig zu machen, durch Sie als damaligen Bundeskanzler veranlasst wurde.«[12]

Er selbst hat sich gern auch an seinen Anteil als Verteidigungsminister an der Gründung der bis heute bestehenden Big Band der Bundeswehr erinnert.[13] »Ein neuer Sound für eine moderne Armee« war sein Motto für die neue Band. Nach deren ersten Auftritt unter der Leitung von Günter Norris lobte

Helmut Schmidt: »Das Orchester erinnert in seiner Besetzung an Glenn Miller. Es trifft mit jedem Ton die Stimmungslage und die Erwartungen der heutigen Soldatengeneration.«[14]

Die Musik, die die Big Band im Repertoire hatte, wurde von Schmidt geschätzt, Beat- und Popmusik entsprachen allerdings nicht seinem persönlichen Musikgeschmack. Neben der Klassik waren es vor allem Swing und der traditionelle Jazz, die ihn interessierten.

Zur Oper pflegte er ein distanziertes Verhältnis. »Die Musik als solche ist eine internationale Kunst, die Oper aber braucht die Sprache (…) und die Sprachen sind national. Deswegen ist die Oper eigentlich eine Zumutung gegenüber der Internationalität der Musik«, lautete seine Begründung in einem Gespräch mit Kent Nagano. Beschwichtigend fügt er aber hinzu: »Ich will aber nicht nur Schlechtes über die Oper sagen. Sie war eine wichtige gesellschaftliche Institution und ist es heute wahrscheinlich immer noch.«[15] Wenig Zugang fand er, wie die meisten seiner Generation, zur Avantgarde. »Sicher, die Musik von Olivier Messiaen ist bei mir angekommen, die Opern von Hans Werner Henze kaum noch, Stockhausens Kompositionen gar nicht mehr.«[16]

Helmut Schmidts Musikgeschmack war also nicht einseitig, hatte aber eindeutige Grenzen. Leonard Bernsteins These, dass man nicht zwischen U-Musik und E-Musik, sondern nur zwischen guter und schlechter Musik unterscheiden sollte, stimmte er aber ausdrücklich zu.[17] Auch beim eigenen Klavierspiel ließ er sich nicht auf alles ein. Jazz? »Nee, das kann ich nicht. Das muss man irgendwie im Blut haben oder in der Seele«, war seine klare Ansage.[18] Und dass er Popsongs auf dem Klavier gespielt hat, ist auch nicht überliefert.

Entsprechend der Bedeutung von Musik im eigenen Leben war es ihm wichtig, dass junge Menschen schon sehr früh mit Musik in Berührung kommen, vor allem um sie als Bereicherung ihres Lebens empfinden zu können. »Wir sollten also dafür sorgen, daß in unseren Wohnungen und in unseren Schulen gesungen wird und Musik gemacht wird, daß die Nachwachsenden lernen, daran Freude zu haben«, heißt es 1985 am Ende seiner Rede zum Bach-Jahr in der Hamburger St. Michaeliskirche. Und da ihm dieser Appell wichtig war, hat er ihn nicht nur an diesem Ort vorgetragen.[19] Einmal mehr zeigt sich, wie sehr die Musik für Helmut Schmidt eine Herzensangelegenheit war.

Die Anfänge des Klavierspiels und familiäre Einflüsse

*»Das Interesse für Musik verdanke ich meiner Mutter.
Sie hat dafür gesorgt, daß ich mit sieben Jahren Klavierunterricht bekam.«*[1] (Helmut Schmidt, 1981)

Ludovika Schmidt, die Mutter von Helmut Schmidt, entstammte einer Familie, die den Namen Koch führte. Ihre
Freude an Musik und ihre Musikalität hatte Ludovika aus dem
eigenen Elternhaus und der Großfamilie Koch mitgebracht.
Nach ihrer Heirat mit Gustav Schmidt pflegte sie das Musische
in der eigenen Kleinfamilie, bewahrte weiterhin das gemeinsame Musizieren mit der Familie Koch und ermunterte die
Söhne Helmut und Wolfgang, daran mitzuwirken. In Helmut
Schmidts Erinnerungen lernt man die Kochs als eine gesellige,
fröhliche Familie kennen, in der das gemeinsame Singen und
das Klavierspiel im Mittelpunkt des Familienlebens stand.[2] Zu
den Kochs fühlte sich der heranwachsende Helmut Schmidt
hingezogen und später als Erwachsener auch zugehörig. Die
Ursprünge von Helmut Schmidts musikalischer Prägung sind
also in seiner Familie mütterlicherseits aufzuspüren.

In autobiographischen Äußerungen zu seinen Eltern Ludovika und Gustav Schmidt finden sich viele liebevolle Schilderungen seiner Mutter, im Gegensatz zum Vater, den er als einen
emotional verschlossenen Menschen erlebt hat.[3] Er sei überaus
streng und reglementierend gewesen, die Mutter dagegen zugewandt, vermittelnd und aufgeschlossen. Während der Vater

den Söhnen Helmut und Wolfgang den Zugang zum Bücherschrank oder zur Zeitungslektüre verbot, ermunterte die Mutter die Söhne zum Stöbern in ihrem Bücherschatz. Das engste Band zwischen Helmut Schmidt und seiner Mutter war aber das Musische und der Zugang zum Klavierspiel, den er über sie fand. Ein Ausblick in die Geschichte der Familie Koch, welche den Musikfreund und Klavierspieler Helmut Schmidt in seiner Kindheit formte, zeigt beispielhaft, wie individuelle Neigungen sich in einem musikalischen, geselligen Familienleben entwickeln und über Kindheit und Jugend hinaus auch Erfüllung finden können, selbst dann, wenn die Lebensumstände dem mitunter entgegenstehen.

Die Kochs

Helmut Schmidts Großvater mütterlicherseits, der gelernte Drucker und Setzer Heinrich Koch, war nach seiner Lehre in Hamburg bei unterschiedlichen renommierten Zeitungen angestellt, zuletzt beim *Hamburgischen Correspondenten*, einer damals weit über Hamburgs Grenzen hinaus angesehenen bürgerlichen Zeitung.[4] Als Drucker gehörte Heinrich Koch im gesellschaftlichen Spektrum zur Arbeiterintelligenz oder, wie Helmut Schmidt formulierte, zur »Arbeiter-Aristokratie«. In seinem Handwerk wurden Arbeiter nicht nur praktisch hervorragend ausgebildet, sondern waren auch gebildet – heute würde man sie wohl als »bildungsnahe« soziale Schicht bezeichnen. Oft standen Drucker und Setzer der Sozialdemokratie nahe oder waren gewerkschaftlich aktiv, was für den Vater von Ludovika Schmidt allerdings nicht belegt ist. Seine Frau Amalie betrieb mit ihren zwei erwachsenen Kindern ein eigenes Geschäft für Kurzwaren und Wäsche. Bei der Geschäftstätigkeit von Ehefrau und Kindern sowie dem eigenen beruflichen Hintergrund ist nachvollziehbar, dass sich Schmidts Großvater politisch eher der bürgerlichen Mitte zugehörig fühlte. Trotz der gelegentlichen finanziellen Sorgen um das Geschäft der Amalie Koch gab es bei den Großeltern von Helmut Schmidt nie eine ernsthafte wirtschaftliche Notlage, der Familie Koch ging es gut.

Die Wohnung von Schmidts Großeltern am Mundsburger Damm war das gern besuchte, lebhafte Zentrum der Großfamilie. Kam die Familie von Mutter Ludovika dort zusammen, wurde stets musiziert und gesungen. Großvater Heinrich und Großmutter Amalie hatten im Gesangsverein »Dreieinigkeit« zunächst zusammen gesungen, sich dann näher kennengelernt und schließlich geheiratet. Der Tochter Ludovika, ihrem ersten Kind, war das Singen so bereits in die Wiege gelegt, und tatsächlich gehörte sie vor dem Ersten Weltkrieg einem Chor an, der unter der Leitung von Alfred Sittard im Hamburger Michel probte und vor Publikum Konzerte gab.[5] Alfred Sittard war durchaus nicht irgendein Chorleiter unter vielen, sondern er zählte auch zu den herausragenden Organisten seiner Zeit. Zudem war es seiner außerordentlichen Initiative zu verdanken, dass nach dem zerstörerischen Brand von St. Michaelis im Jahr 1906 und nach der Wiedereröffnung vom Oktober 1912 erneut ein Chor in dieser bedeutendsten Kirche der Hansestadt gegründet wurde.[6] Dort mitzusingen war zweifelsohne eine musikalische Auszeichnung, und Helmut Schmidt erzählte mit einigem Stolz auf seine Mutter Ludovika Schmidt davon.[7] »Sangesfreudig« und »musikbegabt« seien die Kochs gewesen, berichtet Helmut Schmidt in einem autobiographischen Text aus dem Jahr 1992, also fünf Jahre nach der endgültigen Beendigung seiner politischen Laufbahn, als die Reflexion der eigenen Biographie immer größere Bedeutung für ihn gewann.[8]

In der Familie Koch gab es außer den Chorsängern auch zwei ausgebildete Musiker, den Musik- und Volksschullehrer Ottomar Heinz Otto, ein Cousin von Schmidts Mutter, und zum anderen ihre Schwester, Marianne Koch, die als ausgebildete Sängerin den Lebensunterhalt überwiegend durch das Erteilen von Klavierstunden verdienen musste. In der Familie wurde später erzählt, dass sie 1914 kurz vor einer Verpflichtung in Bayreuth bei Cosima Wagner gestanden habe, das Engagement aber durch den Beginn des Ersten Weltkriegs verhindert worden sei.[9] Für Helmut Schmidt spielte seine Tante Marianne auch deshalb eine besondere Rolle, da sie in den zwanziger Jahren in die USA emigriert, aber vor 1933 zurückgekehrt war. Von ihr erfuhr er aus erster Hand einiges über die Verhältnisse in Amerika, und sie weckte vielleicht sogar seine erste Neugier, welche sich später als ein lebenslanges, tiefes Interesse für die USA manifestierte. Immerhin war die Sängerin und Klavierlehrerin Marianne Koch für ihn und Ehefrau Loki so beeindruckend, dass sie als Patentante für ihre im Mai 1947 geborene Tochter ausgewählt wurde und Susanne als zweiten Vornamen Marianne erhielt.[10]

In der Großfamilie Koch konnte sich der heranwachsende Helmut Schmidt rundherum angenommen fühlen. Er traf dort auf den belesenen und politisch interessierten Großvater, konnte die Sangesfreude der gesamten Familie genießen und sein erstes Musikverständnis mit der Expertise des ausgebildeten Musikers Ottomar und der Sängerin und Pianistin Marianne heranbilden. Ein Glücksfall war zudem, dass er Geborgenheit und Vertrauen bei seinem Onkel Heinz Koch, einem Bruder der Mutter, und dessen Frau Rosalie fand. Dem Onkel konnte er seine Nöte mit dem eigenen Vater anvertrauen, seine Tante Rosi umsorgte und verwöhnte ihn gern. So konnte er manches kompensieren, was ihm beim eigenen Vater vorenthalten blieb.

Als Erstgeborener von Ludovika Schmidt und gleichzeitig erster Enkel und Neffe in der Familie Koch nahm er ohnehin eine Sonderstellung ein, sodass seine Begeisterung für das gemeinsame Singen, seine Wissbegierde und sein Talent zum Redenschwingen ihn zu einer Art Kronprinzen in der Familie machte. Wenn er wegen seines ausgeprägten Rededrangs bei den Kochs manchmal »Helmut, das Schnackfass«, gerufen wurde, so war das durchaus liebevoll und anerkennend gemeint.

Die Musikliebe der Familie Koch sollte für Helmut Schmidt ein ganz besonderer Schatz werden, auf den er im Laufe seines Lebens immer wieder zurückgreifen konnte. Auch Jahrzehnte später konnte er noch genau beschreiben, in welcher Weise sein Onkel Ottomar, der Musiklehrer, die Familie zum gemeinsamen Musizieren anregte und zusammenbrachte. So verabredeten sich einige Familienmitglieder der Kochs zu einem regelmäßigen Singkreis im Elternhaus von Helmut Schmidt. Am Klavier fungierte der Onkel gleichzeitig als Dirigent dieses kleinen Familienchors. Er brachte Noten und Texte mit, man sang vierstimmig und bei Neueinstudierungen direkt vom Blatt. Zu den vielen Geburtstagen der Familie steuerte Onkel Ottomar kleine eigene Kompositionen bei.[11] Während Mutter Ludovika und Sohn Helmut – den man im Übrigen nie zum Singen auffordern musste – stets beim Singkreis dabei waren, blieb Vater Gustav Schmidt der Sangesrunde fern und zog sich mit Schularbeiten in sein Arbeitszimmer zurück. Mit einigem Stolz berichtet Helmut Schmidt noch Jahrzehnte später: »In diesem häuslichen Rahmen habe ich einige Jahre lang Madrigale, Motetten und Kantaten gesungen. Einen vierstimmigen Satz vom Blatt zu singen, ist nicht leicht – das beherrschen heute nicht mehr viele.«[12]

Die Schmidts

Gustav und Ludovika Schmidt wohnten mit ihren beiden Söhnen bis 1931 in der Richardstraße 65 in Barmbek, danach im benachbarten Stadtteil Eilbek in der Schellingstraße 9. Das Klavier der Schmidts stand zwar in beiden Wohnungen im Wohnzimmer, es war jedoch eindeutig das »Klavier der Mutter«.[13] Als

Helmut seine Klassenkameradin Loki Glaser als einziges Mädchen zur Nachfeier seines zehnten Geburtstags im Juni 1929 in die Richardstraße eingeladen hatte, stellte er ihr auch das schöne schwarze Klavier mit ebendiesen Worten vor: »Das Klavier meiner Mutter.« Dass Helmut Schmidt auch acht Jahrzehnte später noch vom »Klavier der Mutter« spricht, zeigt einerseits, wie tiefgehend sich die eigene Liebe zum Klavierspiel mit der Mutter verbindet. Andererseits verweist diese Kennzeichnung aber auch auf die Fremdheit, die er zeitlebens seinem Vater gegenüber empfindet. Zwar hatte er, wie jeder Volksschullehrer damals, auf dem Lehrerseminar ein Instrument erlernen müssen, eigenes Musizieren hatte er nach Abschluss der Ausbildung jedoch nicht verfolgt, und so erlebte ihn Helmut Schmidt – noch im späten Rückblick auf die eigene Biographie – als einen Vater, der sich nicht für das inspirierende musikalische Treiben in der Familie interessierte und sich die Musik, die ihn selbst bereicherte, nicht erschließen konnte.

Gustav hatte sich seine Bildung ohne familiäre Unterstützung selbst erkämpfen müssen. Im Jahr 1888 unehelich geboren, wurde Gustav Ludwig Schmidt als drei Monate alter Säugling vom Ehepaar Johann Gustav und Catharina Schmidt adoptiert. Mit diesen Zieheltern und ihren später geborenen eigenen Kindern wuchs Gustav in äußerst einfachen Verhältnissen auf. Seine leibliche Mutter war die Hamburgerin Friederike Wenzel. Sie arbeitete als Kellnerin und hatte sich mit ihrer ungewollten Schwangerschaft und den Nöten, die ihr daraus erwuchsen, ihrer befreundeten Arbeitskollegin Catharina Schmidt anvertraut. Für Friederike Wenzel war klar, dass nach der kurzen Beziehung zum Erzeuger des Kindes eine Heirat mit ihm nicht in Betracht kam. So kam man schon vor der Niederkunft überein, dass das noch kinderlose Ehepaar Schmidt das Kind adoptieren würde. Der Vater Ludwig Gumpel, ein Bankkaufmann, leistete seinen Beitrag zur Adoption, indem er die zukünftigen Eltern seines Kindes finanziell unterstützte.[14] Die ledige Friederike Wenzel, die für ihren eigenen Lebensunterhalt durch wechselnde, schlecht bezahlte Tätigkeiten in der Gastronomie allein zu sorgen hatte, hätte das Aufziehen und die Versorgung eines unehelichen Kindes in den gesellschaftlichen Bedingungen der damaligen Zeit ganz sicher nicht leisten können. Der Verdienst von Dienstmädchen und Kellnerinnen war in jenen Jahren miserabel, die Arbeit hart und die Arbeitszeiten ungeregelt.

Gustav Schmidt erfuhr im Laufe der Jahre von seinen Zieheltern, wer seine leiblichen Eltern waren, und er lernte seine Mutter Friederike Wenzel, die im Hause seiner Zieheltern verkehrte, auch kennen.[15] Seine spätere eigene Ehefrau Ludovika wusste um seine Familiengeschichte, aber alle zusammen, das Ehepaar Gustav und Ludovika, das Ehepaar Johann Gustav und Catharina Schmidt wie auch Gustavs leibliche Mutter Friederike Wenzel, hatten entschieden, nicht offen über diese familiären Hintergründe zu sprechen. Als Gustav Schmidt selbst eine Familie gegründet hatte, war die leibliche Mutter bei Festtagen zugegen, wie Helmut Schmidt berichtet; über die wirkliche Familienzugehörigkeit der Friederike Wenzel habe er aber erst als Jugendlicher erfahren. Für die beiden Söhne der Schmidts waren und blieben Johann Gustav und Catharina Schmidt die »richtigen« Eltern des Vaters; »Opa Schmidt« nannten Helmut und sein Bruder Wolfgang den Großvater väterlicherseits.

Diese Großeltern lebten unter ärmlichen Verhältnissen in einer Kate in der Barmbeker Hufnerstraße. Erst 1929 bezogen sie eine etwas bessere Wohnung in der zweiten Reihe am Winterhuder Weg, bei den Hamburgern hießen so gelegene Wohnhäuser »Terrassen«. Großvater Johann Gustav Schmidt, der mit einfachen Tätigkeiten als Hauswart oder Straßenfeger den Familienunterhalt verdiente, war als Kind ohne viel Schulbildung aufgewachsen. Helmut Schmidt erinnerte sich, dass dem Großvater sowohl das Schreiben als auch das Lesen schwerfiel und er nur mit Mühe eine Zeitung habe lesen können.

Für den Vater von Helmut Schmidt gab es also weder von der leiblichen Mutter noch in der Familie der Zieheltern Impulse zu höheren Bildungszielen. Seinen erfolgreichen Bildungsweg und Aufstieg vom Volksschüler zum Studienrat und schließlich zum Schulleiter einer Berufsschule hatte Gustav Schmidt nur mit eigener Zielstrebigkeit, mit Disziplin, Leistungswillen und dem Verzicht auf alle Ablenkungen leisten können. Die Schule hatte er mit dem Besuch der sogenannten Selekta, einem zusätzlichen neunten Schuljahr für begabte Volksschüler, abgeschlossen.[16] Die Selekta war eine Hamburger Besonderheit, der Abschluss entsprach in etwa der mittleren Reife im preußischen Schulwesen, also einem heutigen Realschulabschluss. Schülerinnen und Schüler, die in Hamburg die Selekta besuchten, galten als begabt und genossen eine besondere Beachtung in der anschließenden Berufsausbildung. Gustav Schmidt absolvierte nach seinem Schulabschluss eine Ausbildung als Anwaltsgehilfe und ging im Anschluss daran an das Lehrerseminar. Nach einer dreijährigen Lehrerausbildung legte er 1911 das erste und 1914 erfolgreich das zweite Examen als Volksschullehrer ab. Kurz darauf, im August 1914, heirateten Gustav Schmidt und Ludovika Koch. Nach dem Ende des Ersten Weltkriegs kam im Dezember 1918 der erste Sohn Helmut und im Juni 1921 dann der zweite Sohn Wolfgang zur Welt.

Nach der Demobilisierung des deutschen Heeres Anfang 1919 konnte Gustav Schmidt seinen Dienst als Volksschullehrer wieder aufnehmen. Bald entschied er sich jedoch, neben seiner Lehrertätigkeit ein Universitätsstudium für das Lehramt an Berufsschulen aufzunehmen. Nach dessen erfolgreichem Abschluss wurde der Volksschullehrer Gustav Schmidt zum Studienrat und damit in den höheren Dienst befördert. Bereits zwei Jahre später, 1927, wurde der offenbar sehr tüchtige und anerkannte Berufsschullehrer Gustav Schmidt von seinem Kollegium zum Schulleiter gewählt.[17] Es war eine in der Tat erstaunliche Berufskarriere.

Der schulische und berufliche Werdegang sowie der gesellschaftliche Aufstieg von Gustav Schmidt verweisen – insbesondere im Hinblick auf die prekäre soziale Ausgangssituation – auf den außergewöhnlichen Leistungswillen und die Zielstrebigkeit des Vaters von Helmut Schmidt. Man kann nachvollziehen, dass dieser Vater dem Ziel des beruflichen und gesellschaftlichen Aufstiegs alle Unternehmungen, die »nur« der Unterhaltung oder womöglich der Ablenkung dienten, strikt unterordnete und aus seinem Leben fernhielt.

Seine Strenge mit sich selbst legte den Maßstab für seine Vorstellung von Erziehung, und seine Söhne mussten sie in ihrem täglichen Leben am eigenen Leib erfahren. Sie erlebten ihn als unnahbar, es gab Verbote und Ermahnungen, an Zuwendung und Ermunterung fehlte es. Wurde in der Familie über ernste Dinge, wie zum Beispiel Politik gesprochen, hatten die Kinder den Raum zu verlassen. Misslang den Jungen etwas oder ging etwas zu Bruch, fürchteten sie die Reaktion des Vaters, denn oft blieb es nicht bei Zurechtweisungen. Auch die körperliche Züchtigung – von Backpfeifen bis zum Einsatz des Rohrstocks – gehörte zu seinen und auch im Schulwesen unhinterfragten Erziehungsmaßnahmen. Ein liebevoller Umgang mit den Kindern war ihm wohl auch vom Wesen her nicht gegeben. Keiner der beiden Söhne konnte sich erinnern, dass der Vater ihn jemals in den Arm genommen hätte. Als »Brachialpädagogik« bezeichnete der spätere Lehrer und Pädagoge Wolfgang Schmidt den Erziehungsstil seines Vaters.[18]

Und dennoch war es der Vater, der den ersten Klavierunterricht für Sohn Helmut befürwortete und die Klavierstunden bezahlte. Gustav Schmidts Verständnis von bürgerlicher Erziehung beinhaltete eben auch, dass zur Bildung seiner beiden Söhne unabdingbar Klavierstunden gehörten. Wohl auch in seiner Rolle als Schulleiter war dieser Klavierunterricht ein wichtiges Bekenntnis zu klassischen Bildungsidealen. Das Geld für die Klavierstunden war bei den Haushaltsausgaben also fest eingeplant, eine Klavierlehrerin bald gefunden, und so stand der Musikerziehung des kleinen Helmut nichts mehr entgegen. Wenige Jahre später durfte auch der jüngere Wolfgang den Klavierunterricht besuchen, und über einige Jahre verband das Klavierspiel die Brüder.

Das erste Klavierspiel

Helmut Schmidts Klavierunterricht beginnt am Ende des ersten oder im zweiten Jahr seiner Grundschulzeit. Mit gerade einmal sieben Jahren erhält er seine erste Klavierstunde bei seiner Lehrerin Lilli Sington-Rosdal, die ihn von nun an für sein Klavierspiel über fast ein Jahrzehnt begleiten wird. Doch die ersten Jahre sind nicht gerade erbaulich für den Jungen, sondern »sogar ziemlich lästig«, wie Helmut Schmidt erzählt.[19] Er übte anfangs eher aus Pflicht als aus Freude am Spielen, und ganz besonders missfiel ihm, dass er nach den Klavierstunden das gerade neu Erlernte zu Hause präsentieren musste. Die erzielten Erfolge blieben wohl bescheiden, ein Wunderkind am Klavier war Helmut Schmidt definitiv nicht. Diese frühen Klavierjahre erinnerte er als wenig erfolgreich und beglückend, sie galten ihm im Rückblick eher als ein »Klimpern«.[20] Die damit verbundene Unlust kann er noch als älterer Herr lebhaft erinnern und erteilt als 95-Jähriger in seinem letzten Buch *Was ich noch sagen wollte* musikpädagogische Ratschläge: »Ich bin der Meinung, dass Eltern ihren Kindern zwar anbieten sollten, ein Instrument zu lernen, aber sie sollten es nicht erzwingen. Wenn das Kind daran Spaß hat, sollten sie den Unterricht fördern, aber wenn es keinen Spaß hat, sollten sie nicht darauf bestehen.«[21] Er und seine Frau hatten diesen späten Rat Jahrzehnte zuvor bereits selbst umgesetzt: Als ihre Tochter Susanne das Interesse am Klavierspielen verlor, durfte sie selbst entscheiden, wie es weitergehen sollte – sie setzte den Unterricht nicht fort.[22]

Das verlief bei Helmut Schmidt – zum Glück – anders. Das pädagogische Credo seiner Eltern sah Spaß und fehlende Motivation zum Üben nicht vor, und so half ihm das Insistieren der Mutter, die Zeiten der Unlust am Klavier zu überbrücken. Als er dann die weiterführende Lichtwarkschule besuchte, hatte sich seine Einstellung zum Klavier sehr zum Positiven verändert. In diese Zeit fällt wohl auch die erste bewusste Begegnung mit der Musik von Johann Sebastian Bach. Schmidts Onkel Ottomar, der Musiklehrer, hatte dem Neffen im Familienkreis Kompositionen Bachs nahegebracht, und so spielte er ihm auch ein- oder zweimal die *Goldberg-Variationen* vor. Die Eindrücke auf den musikalisch interessierten Jungen waren – zumindest in der Erinnerung des älteren Helmut Schmidt – offenbar stark. Aus der eigenen Retrospektive schreibt er: »Sie erschienen mir mit meinen zwölf oder dreizehn Jahren als der absolute Höhepunkt polyphoner Musik.«[23] Onkel Ottomar war es dann auch, der ihm die ersten Bach-Noten für das eigene Klavierspiel schenkte: ein Nachdruck des *Notenbüchlein[s] für Anna Magdalena Bach*, Johann Sebastians zweiter Ehefrau.

Überschaut man all diese von Helmut Schmidt selbst beschriebenen Einflüsse, so überrascht sein mehrfach geäußer-

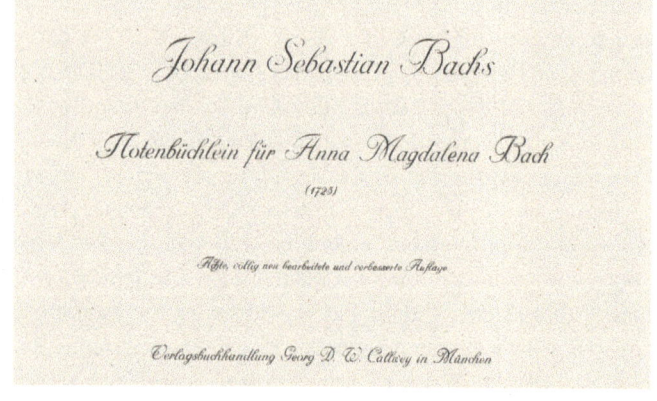

Aus dem Notenbestand von Helmut Schmidt.

tes, eher abwertendes Urteil über die Prägung und Anregung, die er aus der eigenen Familie erfahren habe, zunächst.[24] Auch die vornehmlich negativen Zuschreibungen gegenüber dem Vater können irritieren. Diese Sichtweise will nicht recht zu den persönlichen Wertvorstellungen und zur eigenen Laufbahn von Helmut Schmidt passen, und ebenso wenig passt sie zu der in einigen Facetten parallel verlaufenden Entwicklung des jüngeren Bruders. Denn die erfolgreichen und erfüllten Lebenswege der Brüder lassen sehr wohl eine positivere Sicht auf das Vorbild des Vaters zu, der die Söhne mit seinem ausgeprägten Leistungswillen, seiner Selbstdisziplin und seinem Bildungsbewusstsein beeinflusste. Auch der zum Volkschullehrer ausgebildete Wolfgang Schmidt avancierte im schleswig-holsteinischen Wedel zum Schulleiter. Zudem wirkte er auf überregionaler Ebene an Expertisen zur Schulentwicklung in Schleswig-Holstein mit, engagierte sich im Stadtrat und im Kulturausschuss der Stadt Wedel.[25]

Will man die familiären Einflüsse auf die musische Entwicklung von Helmut Schmidt abschließend benennen, so wird man dennoch nicht an den Vater Gustav Schmidt, sondern viel mehr an die Mutter Ludovika, deren Schwester Marianne, den Cousin Ottomar und die gesellige Großfamilie Koch erinnern müssen. Sie waren es, die den jungen Helmut Schmidt nachhaltig und für sein Leben beeinflusst haben.

Ein kleiner Nachtrag

Steht man heute vor der Grabstelle von Helmut und Loki Schmidt auf dem Ohlsdorfer Friedhof, so trifft man alle die hier benannten Menschen aus der Familie Koch wieder. Die Grabstätte der »Familien Koch u. Schmidt«, wie es auf dem schmalen, aber hohen rechteckigen Grabstein heißt, ist nämlich zuvörderst ein Grab der Kochs. Außer Helmut und Loki

Schmidt fanden von den Schmidts nur seine Eltern hier ihre letzte Ruhe. Weder die leibliche Mutter von Gustav Schmidt noch seine Adoptiveltern oder andere Verwandte aus diesem Familienzweig wurden hier beigesetzt. Die musikalischen Kochs waren die Wunschfamilie Helmut Schmidts – mit ihnen wollte er begraben sein.

Ein erstes öffentliches Klavierspiel:
Die Lichtwarkschule und musikalische
Prägungen

»*Neben dem Musiklehrer unserer Klasse gab es an der
Lichtwarkschule Hermann ›Papi‹ Schütt, einen dyna-
mischen Musikanten, der mit seinem großen Orchester und
seinem Chor die ganze Schule mitreißen konnte, vor
allem mit den Opern, die wir aufführten, aber auch in den
Schulfeiern. Das Spektrum der Musik reichte von Schütz,
Buxtehude und Bach bis zu Hindemith, Orff und Stravinsky.
Auf diese Weise gewann ich endlich große Freude am eigenen
Klavierspiel, besonders aber am Chorsingen.*«[1]*

(Helmut Schmidt, 1992)

Helmut Schmidt besuchte die Lichtwarkschule in Hamburg-
Winterhude von Ostern 1929 bis zu seinem Abitur im März 1937.
Die Bildung, die er hier erwarb, wurde zum stabilen Fundament
für seine gesamte weitere Entwicklung, und – für sein Leben
wohl noch wichtiger – an der Lichtwarkschule lernte er seine
spätere Frau Hannelore Glaser kennen, schon damals von allen
Loki genannt.

»1929, mit zehn Jahren, kam ich nicht auf ein Gymnasium,
sondern an die Lichtwarkschule, die sich ›Deutsche Oberschule‹
nannte«, schreibt Helmut Schmidt im Rückblick auf seine
Kindheit und Jugend, und man kann sofort schließen, dass die
Lichtwarkschule wenig gemeinsam hatte mit dem klassischen

deutschen Gymnasium.[2] Das gilt nicht zuletzt für die musische und künstlerische Erziehung an dieser Schule.

Die Hamburger Lichtwarkschule war eine Schule der pädagogischen Reformbewegung; hier fanden sich nach dem Ersten Weltkrieg Lehrkräfte zusammen, die sich mit den pädagogischen Zielen des Namensgebers Alfred Lichtwark (1852–1914), dem ersten Direktor der Hamburger Kunsthalle, identifizierten. 1903 hatte dieser in Weimar auf einer Zusammenkunft reformorientierter Lehrer angemahnt: »Die Schule geht vom Stoff aus und bleibt am Stoff kleben. Sie sollte von der Kraft ausgehen und Kräfte entwickeln. – Mit ihrer ausschließlichen Sorge um den Lehrstoff hat die Schule satt gemacht. Sie sollte hungrig machen.«[3]

Die Einflüsse der Lichtwark-Schulzeit auf die Persönlichkeitsentwicklung von Helmut Schmidt und auch auf die seiner damaligen Klassenkameradin Loki Glaser können kaum überschätzt werden. Beide haben vom »Glücksfall einer guten Schule«[4] gesprochen, nicht zuletzt haben beide der Schule für die eigenen musikalischen Fertigkeiten, er für sein Klavier- und Orgelspiel, sie für ihr Geigen- und Bratschenspiel, nachhaltige Impulse zu verdanken. Die Ursprünge für die für ihr privates wie berufliches Leben grundlegende Fähigkeit zur eigenen Urteilsfindung, ihr tiefgehendes und lebenslanges Interesse an Kunst, Literatur, Musik und Kunsthandwerk haben sie der Lichtwarkschule und deren Lehrkräften zugeschrieben. Und schließlich: Die gemeinsamen Erfahrungen und Prägungen an ihrer Schule blieben für sie auch als Paar ein bis zuletzt tragendes Fundament ihrer Beziehung.

1914 als Realschule in Hamburg-Winterhude gegründet, nach 1918/19 als Reformschule neu ausgerichtet, seit 1921 nach Alfred Lichtwark benannt und seit 1925 in einem neuen, prächtigen, vom damaligen Stadtbaumeister Fritz Schumacher erbauten Gebäude am Rand des Stadtparks residierend, wurde diese Schule in den zwanziger Jahren über Hamburg hinaus zu einem Aushängeschild einer höheren Schulbildung, die ganzheitlich wirken wollte und die die Grundwerte des neuen demokratischen Gemeinwesens pädagogisch umzusetzen suchte.[5] Pädagogen und Schulpolitiker aus dem gesamten deutschen Reich, ja sogar aus dem europäischen Ausland und Nordamerika besuchten diese Schule, hospitierten im Unterricht und zeigten sich beeindruckt.[6]

Während sich in den meisten Gymnasien in der Weimarer Republik der autoritäre Geist der kaiserlichen Pauk- und Buchschule weiter halten konnte, praktizierte die Lichtwarkschule ein partnerschaftliches Verhältnis zwischen Lehrkräften, Schülerschaft und Eltern, fühlte sich den demokratischen Grundwerten und dem Ziel der Völkerverständigung der Weimarer Verfassung verpflichtet und entwickelte eine Pädagogik, die die vielseitigen Interessen und Anlagen ihrer Schülerschaft fördern wollte. Das galt nicht zuletzt für die ästhetischen Fächer und den Sportunterricht. Die an der Lichtwarkschule übliche tägliche Sportstunde und der erhöhte Stundenanteil von Musik, Kunst und Werkunterricht waren einzigartig in der schulischen Landschaft.

Für den Unterricht aller Fächer galt grundlegend, dass die Schüler möglichst eigenständig und aus eigener Motivation heraus arbeiten sollten. So gab es vielfältige Arbeitsgemeinschaften, Klassenreisen zur Erkundung der Kultur, Geschichte und Infrastruktur der näheren und weiteren Heimat, Jahresarbeiten für jeden einzelnen Schüler und fächerverbindenden Unterricht in der sogenannten Kulturkunde, eine Zusammenlegung von Deutsch, Geschichte und Religion. Für die Methodik war kennzeichnend, dass der Lehrstoff nicht frontal unterrichtet, sondern auch im Gespräch mit den Schülern entwickelt oder durch Schülerreferate vorgestellt werden konnte. Am Ende einer Themenerarbeitung sollten die Schülerinnen und Schüler zu einem eigenen Urteil finden. Dies hatte auch für den Musikunterricht Bedeutung. Loki Schmidt erinnerte zum Beispiel, dass

Vor dem Haupteingang der Lichtwarkschule. Circa 1930.

ihr Schulfreund Helmut am Klavier vorspielte und die Klasse anschließend Vortrag und Stück besprechen konnte.[7]

Das vielfältige Angebot in den künstlerischen und musischen Fächern entwickelte sich alsbald zu einem Markenzeichen der Schule: Chöre und Orchester wurden eingerichtet, es gab Arbeitsgemeinschaften für Kunsthandwerk und Tanz, regelmäßige Schüleraufführungen sowie Ausstellungen aus dem Kunst- und Werkunterricht; Schülerinnen und Schüler der Lichtwarkschule musizierten sogar für Sendungen des Norddeutschen Rundfunks. In den Tagen vor großen Musik- oder Theateraufführungen wurde nicht nur in den Arbeitsgemeinschaften am Nachmittag geprobt, Proben wurden dann auch in den Vormittag verlegt und der Fachunterricht ausgesetzt. »An der Lichtwarkschule waren Musik und Kunst das eigentliche Leben, die anderen Fächer haben wir Schüler als nicht so wichtig angesehen«, schreibt Helmut Schmidt in seinem letzten Buch vielleicht etwas überspitzt, dadurch aber auch besonders eindringlich.[8]

Die Musikerziehung an der Lichtwarkschule basierte auf

drei Aspekten: dem Musikunterricht im engeren Sinne, der Einbeziehung der Schüler in das »Schulorchester der Kleinen« und das »Große Schulorchester«, sowie dem Chorsingen in gemischten Gruppen, in Knaben- und in Mädchenchören.

Für den Musikunterricht im engeren Sinne war ein von dem Musikpädagogen Hermann Schütt entwickeltes Leitcurriculum die Grundlage. Dem Singen im Unterricht aller Klassen sprach er einen zentralen Stellenwert zu; gleichberechtigt wurde das musikgeschichtliche und musiktheoretische Niveau so hoch entwickelt, dass zum Beispiel in der Prima des Jahrgangs 1928/29 Inventionen und Fugen von Johann Sebastian Bach oder einzelne musikalische Stilperioden im Zusammenhang mit der Gesellschaftsgeschichte vom Mittelalter bis zur Gegenwart behandelt wurden. Musik der Gegenwart hieß an der Lichtwarkschule: Hindemith, Orff, Strawinsky und der amerikanische Jazz. Die Werke dieser Komponisten hatten eine moderne Klangsprache, knüpften aber an alte musikalische Techniken wie beispielsweise an die Kunst der Kontrapunktik an.[9] Die radikale Moderne eines Arnold Schönberg und seiner Schule spielte an der Lichtwarkschule keine Rolle.

Im Sinne des Lehrplans wurde auch das Repertoire des Großen Schulorchesters ausgebildet: Es war breit aufgestellt und reichte bis in die Gegenwart. Im Schuljahr 1928/29 beinhaltete es Mozarts Nachtmusik, Rosenmüllers Studentenmusik, die Waldmusik von J. P. A. Schulz, die h-Moll-Suite von Bach, dessen Kantate »Mer han en neue Oberkeet«, die Spielmusik von Hindemith und Offenbachs »Madame l'Archiduc«.[10]

Anders als Loki Glaser, die ab der Sexta erst im Kleinen, ab der Quinta bereits im Großen Orchester Geige und Bratsche gespielt hatte, war Helmut Schmidt über die gesamte Schulzeit hinweg nie ein Mitglied der Schulorchester geworden. In den ersten Jahren seines Schulbesuchs war die Pianistenstelle bestens besetzt, später gab er in seiner unterrichtsfreien Zeit dem Rudern und Segeln den Vorzug.

Bereits Ende 1933 war die zwölfköpfige Ruderriege der Lichtwarkschule in die Marine-HJ überführt worden, Helmut Schmidt wurde zum Kameradschaftsführer ernannt, 1936 sogar zum Scharführer befördert. Für das Jahr 1934 notiert er in seinen Aufzeichnungen, angefertigt im Kriegsgefangenenlager im Sommer 1945: »Begeisterter H.J.« [Hitlerjunge, R.L.], für das Jahr 1936 »erstes Erkennen der Mißstände in Nazi-Deutschland. Krach in der HJ.«[11] Nach abfälligen Bemerkungen über den Reichsjugendführer Baldur von Schirach und vorangegangener Aufsässigkeit wurde er Ende des Jahres 1936 als Scharführer abgesetzt und vom HJ-Dienst beurlaubt.

Neben dem privaten Klavierunterricht, HJ-Dienst, Rudern und Segeln am Nachmittag, Unterricht am Vormittag und zeitweise auch über den Mittag hinaus, blieb wenig Zeit für eine Mitarbeit im Schulorchester.

Das Singen aber hat ihn die gesamte Schulzeit über begleitet. Angeleitet und motiviert durch den Musiklehrer Ludwig Moormann war die Klasse des späteren Ehepaars Schmidt im Gesang zu besonderen Leistungen fähig. Ohne Probleme konnte die Klassengemeinschaft vom Blatt oder auch vierstimmig *a capella* singen, berichteten die beiden Schmidts übereinstimmend.[12] Selbst Jahrzehnte später noch sprach Loki Schmidt begeistert von ihrem Gesangsunterricht: »Wir konnten zum Beispiel alte Madrigale vom Blatt singen. Stellen Sie sich das mal vor, er [Ludwig Moormann, R.L.] verteilte völlig neue Noten, und wir konnten vom Blatt singen.«[13]

Bei dem hohen Niveau des Musikunterrichts in dieser Schule liegt es auf der Hand, dass Musik auch als Abiturfach eingebracht werden konnte. »Die Musik spielte für die Schule eine so große Rolle, dass sich einige Schüler als Schulabschluss zum Abitur ein Solokonzert aussuchen konnten. Das war dann deren Abschlussarbeit in Musik, zum Beispiel ein Flötenkonzert. Ich erinnere auch, dass jemand sogar ein Fagottkonzert (...) als Abschluss gab«, berichtete Loki Schmidt.[14]

Zwar hatte Helmut Schmidt auf Musik als Abiturprüfungs-
fach verzichtet, für seine Jahresarbeit der Oberstufe hatte er
jedoch ein musikalisches Thema gewählt. Die eigenständigen
jährlichen Arbeiten an einem großen Thema waren für ihn ein
Markenzeichen der Schule und blieben unvergesslich. »Als
Dreizehnjähriger habe ich einen Aufsatz über die Bauten der
Weser-Renaissance in Hameln abgeliefert (die Klasse hatte
im Sommer eine Fahrt ins Weserbergland gemacht), als Vier-
zehnjähriger eine Darstellung der Hafenkonkurrenz zwischen
Rotterdam, Antwerpen, Bremen und Hamburg, und ein oder
zwei Jahre später habe ich als Jahresarbeit zwanzig gegebene
Melodien vierstimmig als Choräle gesetzt.«[15] Das Setzen einer
vierstimmigen Melodie als Choral ist eine herausfordernde Arbeit und hätte gewiss auch als Abiturleistung Anerkennung gefunden.

Im Kern geht es bei einer solchen Aufgabe darum, eine gegebene Melodie harmonisch »zu unterfüttern«. Der Melodie,
die meist als Sopran geführt wird, werden also die fehlenden
Stimmen Alt, Tenor und Bass hinzugefügt, sodass ein vierstimmiger Satz entsteht, der dann als Chor mit vier Stimmen auch
gesungen werden kann. Anders ausgedrückt muss der Choral-
setzer zu jedem Ton der Melodie Begleittöne finden, die pas-
sende und gut klingende Akkorde ergeben. Es ist wie gesagt
eine sehr anspruchsvolle Arbeit, die musikalische Imagination
und Kenntnisse des Choralsatzes sowie der Noten im Violin-
und im Bassschlüssel voraussetzen. Und da es um die stattliche
Anzahl von zwanzig Melodien in Helmut Schmidts Jahresarbeit
ging, bedurfte diese auch hoher Motivation und nachhaltiger
Disziplin.

Schaut man auf solche und andere Leistungen, verwundert
es nicht, dass Helmut Schmidt durchweg hervorragende Mu-
siknoten in seiner Lichtwarkschulzeit erhielt. Im »Zeugnis der
Reife« vom März 1937 heißt es entsprechend: »In der Musik
sind Begabung und Leistung sehr gut gewesen.«[16] Dies darf mit

allem Recht an dieser Stelle noch einmal herausgestellt werden, denn sehr gute Noten im Schulbetrieb der damaligen Zeit waren eher die Ausnahme als die Regel.

Das erste öffentliche Vorspiel

Es versteht sich fast von selbst, dass Helmut Schmidts erstes öffentliches Vorspiel an der Lichtwarkschule stattfand. Schülerinnen und Schüler verschiedener höherer Schulen der Hansestadt wurden einmal im Jahr in die Hamburger Musikhalle eingeladen, um dort Proben ihres musikalischen Könnens zu präsentieren. Helmut Schmidt sollte einen Beitrag am Klavier zum Besten geben. Dieser wählte ein Stück aus dem überschaubaren Repertoire, das er sich im privaten Klavierunterricht erarbeitet hatte. Das vorgetragene Werk und sein Auftritt damals waren ihm und seiner Frau in Erinnerung geblieben. »Eines ist allerdings aus dieser Zeit [des frühen Klavierunterrichts, R.L.] erhalten geblieben: der ›Fröhliche Landmann‹ aus Schumanns Jungendalbum, den ich auf einem Schülerkonzert in der Musikhalle vortragen musste. Er ist bis heute das einzige Klavierstück geblieben, das ich auswendig kann, und Loki weiß sich noch genau zu erinnern, dass es in der Sexta einen großen Eindruck auf ihr kleines Seelchen machte, mich dieses schwierige Werk so selbstsicher vorspielen zu sehen und zu hören.«[17]

Jeder, der über die ersten Anfänge des Klavierunterrichts hinausgekommen ist, erinnert sich wohl an Schumanns »Fröhlichen Landmann«, sei es mit Freude oder auch mit Unbehagen. Mit Freude sicher dann, wenn es gelingt, den Klang des Stücks lebendig, oder wie Schumann selbst in seiner Anleitung schreibt, »frisch und munter« zu gestalten; eher mit Unbehagen, wenn man eben daran scheitert und das Stück zu platt oder gar infantil wirkt.

Komponiert hatte Robert Schumann den »Fröhlichen Land-

Album für die Jugend. Ausgabe circa 1920.

mann« 1848 als Geschenk für seine älteste Tochter Marie zu ihrem siebten Geburtstag. Robert und Clara Schumann, beide erfolgreiche Pianisten und Komponisten, waren mit der Klavierpädagogik ihrer Zeit unzufrieden. Für Kinder und Jugendliche, beklagten sie, gebe es vorwiegend Gebrauchsliteratur zu Übungszwecken, kaum Passendes und Ansprechendes, keine Stücke, die Kinder für das Klavierspiel langfristig anregen und begeistern könnten. Deshalb schien es angebracht, selbst für Abhilfe zu sorgen und nicht zuletzt auch den eigenen Kindern damit eine Freude zu bereiten. Die selbstgestellte Aufgabe fiel Schumann offensichtlich leicht. Noch vor dem Geburtstag der Tochter hatte er eine größere Zahl von Stücken komponiert und konnte Stücke »für Kleinere und Erwachsene« unter dem Titel *Album für die Jugend* im Hamburger Verlag Schuberth & Co. publizieren, das bis heute immer wieder aufgelegt wird.[18]

Später entwickelte Helmut Schmidt eine größere Leidenschaft für Robert Schumanns »Kinderszenen«. Bei den Hauskonzerten, zu denen er mit seiner Frau in den Jahren seiner Kanzlerzeit regelmäßig ins Palais Schaumburg einlud, wünschte er sich fast immer die besagten »Kinderszenen«. Im Zuge seiner Einführung des tschechischen Pianisten Ivan Moravec kündigte er diese im Juni 1981 wie folgt an: »Wir möchten heute Abend ganz locker beginnen, mit Robert Schumanns ›Kinderszenen‹. Der eine oder andere von uns, der Klavierunterricht hatte, wird sich daran noch erinnern. Es sind poetische, heiter-nachdenkliche Klavierstücke, nicht eigentlich Stücke für Kinder. Schumann selbst hat sie ›Rückspiegelung eines Älteren für Ältere‹ genannt.«[19]

Das Orgelspiel

Durch den Musikunterricht an der Lichtwarkschule wurde Schmidts Freude am Klavierspiel geweckt. »Sehr bald entdeckte ich jedoch, dass mich auch die Orgel faszinierte«, hält er in der Rückschau fest und fährt fort: »Die Schule verfügte über eine von Hans Henny Jahn, dem Reformator des Orgelbaus in Norddeutschland, überarbeitete Orgel, auf der noch heute gespielt wird.«[20]

Nun gehörte eine Orgel zur Standardausstattung aller höheren Schulen in jenen Jahren, die Reformorgel an der Lichtwarkschule blieb jedoch eine Besonderheit im Hamburger Schulwesen. Vor allem der Musiklehrer Hermann Schütt hatte sich für die Anschaffung des Instrumentes eingesetzt und mit dem Orgelbauer und Schriftsteller Hans Henny Jahn einen profilierten Vertreter der Orgelreformbewegung gewinnen können. Bereits 1906 hatten sich Albert Schweitzer und der Straßburger Organist Émile Rupp für eine Rückkehr zur »wahren Orgel« des Barocks ausgesprochen. 1925 hatte Jahn mit der von ihm einberufenen »Organisten-Tagung in Hamburg-Lübeck« die Diskussion um die Orgelreform mit der Forderung nach einer Abkehr von der Fabrikorgel, dem Einsatz hochwertiger Materialien und einer soliden handwerklichen Verarbeitung der Instrumente, sowie der Orientierung an den Klang- und Bauprinzipien der klassischen Orgel des Barocks weiter angefacht.

Hans Henny Jahnn hatte an der Barockorgel Arp Schnitgers in der Hamburger Hauptkirche St. Jacobi genaue Studien betrieben und im Übrigen dafür Sorge getragen, dass diese Orgel erhalten und restauriert werden konnte. Für die Orgel der Lichtwarkschule konzipierte Jahnn die Baupläne, gebaut wurde sie in den Werkstätten der Lübecker Firma Karl Kemper & Sohn.[21]

Als Helmut Schmidt kurz nach Ostern 1929 in einer kleinen Aufnahmefeier in der Aula der Lichtwarkschule eingeschult wurde, war die neue Schulorgel inzwischen zwar verbaut und hatte den Zehnjährigen wie auch seine Mitschülerin Loki Glaser schon allein angesichts der schieren Ausmaße des Prospekts stark beeindruckt, auf ihr spielen konnte man jedoch erst im Schuljahr 1931/32. Die Baugeschichte hatte sich zu einem mittleren Desaster entwickelt: Immer wieder wurde die Fertigstellung verschoben, zum vollen Einsatz kam sie erst sechs Jahre nach Einzug der Schule in das neue Gebäude am Stadtpark, und die Kosten hatten sich inzwischen verdoppelt.[22]

Von alldem wusste der Schüler Helmut Schmidt sicher nicht allzu viel. Die Bedeutung dieser Orgel war für ihn rückblickend jedoch kaum zu unterschätzen. In der Regel wurde der Musikunterricht im Musikraum abgehalten, manchmal ging es aber für die Klasse von Helmut Schmidt in die Aula und an die Orgel. Jeweils ein Schüler durfte sich dann neben den Musiklehrer und Organisten Ludwig Moormann setzen und die Register ziehen. Loki Schmidt berichtet: »Wie habe ich ihn dann bewundert, wenn er mit den Füßen auf den Pedalen herumtanzte. Mir schien immer, als ob die Orgelbank, auf der wir saßen, ein bißchen mitdröhnte und mitzitterte.«[23] Ihrem damaligen Klassenkameraden Helmut wird es nicht anders ergangen sein.

Als Klavierschüler durfte er sogar gelegentlich selbst an die Orgel. Die Technik beherrschte er inzwischen sehr gut. Nur auf der Basis einer am Klavier erlernten soliden Fingertechnik kann sich der Orgelschüler auf die neuen Herausforderungen an diesem Instrument konzentrieren: dem Spiel auf zwei Manualen bei gleichzeitigem Einbezug der Pedale.[24]

Die größte Herausforderung an der Orgel, und das galt auch für Helmut Schmidt, ist wohl das Pedalspiel, das zusätzliche Spiel mit den Füßen, das der Musik durch die tiefen Basstöne Gravität und vor allem eine Fundierung gibt. Unabhängigkeit und Eigenständigkeit der Denk- und Bewegungsabläufe sind auch hierfür die Voraussetzung. Da Helmut Schmidt noch Jahre später beim Orgelspiel in der Dorfkirche von Fischerhude mit dem Pedalspiel Schwierigkeiten hatte, darf man annehmen, dass er an der Lichtwarkschule mit dem Orgelspiel über die Anfänge nicht hinausgekommen war, was seiner Begeisterung für das Instrument jedoch keinen Abbruch tat.

Die Lichtwarkschul-Orgel hatte für die gesamte Schulzeit Helmut und Loki Schmidts eine zentrale Bedeutung. »Mir scheint«, sagt Loki Schmidt Mitte der achtziger Jahre, also gut fünfzig Jahre nach ihrem Abitur, »daß dieser Raum [gemeint ist die Aula, R. L.] mit der Orgel im Mittelpunkt mehr als alles andere, mehr als die jährlichen Klassenreisen und die engen Klassengemeinschaften uns das Gefühl vermittelte: Wir sind ein Ganzes, wir sind die Lichtwarkschule. (...) Hier in diesem Raum da waren wir die eine große Schulgemeinde. Und die Orgel, die war immer dabei als Mittelpunkt, ob sie gespielt wurde oder ob sie stumm blieb – immer lenkte sie den Blick auf sich.«[25]

Lilli Sington-Rosdal:
Die »jüdische« Klavierlehrerin

»... *mein gut zwei Jahre jüngerer Bruder und ich mußten
Klavier lernen. Ich liebte das nicht; denn ich hatte keine Lust
zum Üben, und außerdem mußte man jede Woche einmal
den weiten Weg zur Klavierstunde zurücklegen; zu Fuß von
der Schellingstraße in Eilbek, wohin wir Anfang der dreißiger
Jahre umgezogen waren, zum Winterhuder Weg auf der
Uhlenhorst und zurück. (...) Daß meine langjährige Klavierlehrerin Lilly Sington-Rosdal [sic] Jüdin war, habe ich erst
Jahrzehnte nach der NS-Zeit zufällig erfahren.*« [1]

(Helmut Schmidt, 1992)

In Hamburg-Langenhorn befindet sich auf dem Gelände der
privaten Wohnanlage des Ehepaars Schmidt das Helmut-
Schmidt-Archiv. Es ist das mit Abstand umfangreichste privat
erstellte Archiv eines deutschen Politikers nach 1945, Helmut
Schmidt hat dafür ein eigenes Gebäude errichten lassen. Bis
zu seinem Tode war es ein Privatarchiv, inzwischen ist es in die
Obhut des Bundeskanzleramts überführt und zur öffentlichen
Einrichtung geworden. Unter den ungezählten Dokumenten,
Fotos und Schriften findet sich auch eine Postkarte der Klavierlehrerin von Helmut Schmidt, Lilli Sington-Rosdal, das wohl
einzige Dokument, das die persönliche Verbindung der beiden
belegt. Mehr als zehn Jahre, von 1926 bis 1936/37, dürfte diese
musikalische Beziehung der beiden angedauert haben.

Die vom März 1952 datierte Postkarte [2] ist ein Glückwunsch zu einer Beförderung Helmut Schmidts in der öffentlichen Verwaltung und zeigt, dass Lilli Sington-Rosdal auch nach dem Kriege die Entwicklung ihres ehemaligen Klavierschülers mit Aufmerksamkeit verfolgt hat. Da es in diesem ehemaligen privat geführten Archiv noch kein Findbuch für die Archivalien gibt, war die Postkarte eher ein Zufallsfund. Das Finden und die Zuordnung waren nur möglich, weil Helmut Schmidt in handschriftlichen Notizen aus dem Jahr 1945 »Frl. Sington« erwähnt und in dem autobiographischen Text »Politischer Rückblick auf eine unpolitische Jugend« aus dem Jahr 1992 den Namen seiner Klavierlehrerin auch zum ersten Male öffentlich gemacht hat. Dort berichtet er über sie in einigen wenigen, aber durchaus bemerkenswerten Sätzen, wenn er schreibt:

> »Dass meine langjährige Klavierlehrerin Lilly Sington-Rosdal Jüdin war, habe ich erst Jahrzehnte nach der Nazizeit zufällig erfahren. Mein Bruder meint heute, dieses Nichtwissen zeige auf typische Weise, dass es in unserem Umfeld bis in die Nazizeit hinein ganz ohne Bedeutung blieb, ob jemand Jude war, und dass darüber zu Hause nicht gesprochen wurde. Später, als ich schon eingezogen worden war,[3] hat Fräulein Sington ihren Beruf offiziell vermutlich nicht mehr ausüben können, trotzdem hat sie meinen Bruder noch einige Zeit unterrichtet, nunmehr jedoch in unserer elterlichen Wohnung.«[4]

»Unpolitische Jugend«

Wie wir sehen, ging es in dieser Textpassage Helmut Schmidt allerdings weniger um die Person seiner langjährigen Klavierlehrerin. Wichtig war es ihm eher, Lilli Sington-Rosdal als Beleg dafür anzuführen, dass er und viele andere in den Anfangsjahren der NS-Diktatur wenig unmittelbare Kenntnis von den judenfeindlichen Aktionen der Nazis erlangt hatten. Man habe ja in seinem Umfeld nicht einmal gewusst, wer jüdisch oder wer christlich gewesen sei. Das macht er auch für seine Lichtwarkschule geltend, die in der Weimarer Republik und dem schon damals zunehmenden Antisemitismus gern als höhere Schule für die Kinder jüdischer Eltern angewählt wurde. Die Lichtwarkschule galt als eine demokratische Bildungseinrichtung, hier waren jüdische Kinder vor Anfeindungen und Benachteiligungen sicher. Nach der Machtübernahme der Nationalsozialisten veränderte sich aber die Lage der jüdischen Kinder auch an der Lichtwarkschule, sie wurden abgeschult oder gingen mit ihren Eltern in die Emigration.[5]

Helmut Schmidts autobiographischer Text aus dem Jahr 1992 erschien in einem von ihm selbst, seiner Frau und einigen engen Freunden herausgegebenen Band *Kindheit und Jugend unter Hitler*.[6] Es ist der Versuch von Zeitzeugen, die 1933 als Kinder oder Jugendliche den Beginn der NS-Zeit erlebten, das Aufwachsen und Erwachsenwerden in diesen zwölf Jahren der Diktatur zu beschreiben und einen Beitrag zum Verständnis des Lebens unterm Hakenkreuz zu leisten. Für sie alle, die 1933 noch Kinder oder Jugendliche gewesen seien, habe es, so die Argumentation Schmidts, an prägender demokratischer Erziehung gefehlt, sie alle hätten lange gebraucht, um das Verbrecherische des Nazisystems zu erkennen, sie hätten sich angepasst, den Mut zum Widerstand hätten sie, wie die meisten ihrer Mitbürger, nicht aufgebracht.[7] So oder sehr ähnlich dachten wohl auch alle anderen Autoren dieses Bandes, eine Haltung, die wir Nachgeborenen nicht leichtfertig als unverständlich oder inakzeptabel verurteilen sollten.

Aus heutiger Sicht muss jedoch zumindest verwundern, dass Helmut Schmidt in diesem Text, wie an anderer Stelle auch, behauptet, von der systematisch verfolgten Ausgrenzungs- und Vernichtungspolitik des NS-Regimes gegen die deutschen und europäischen Juden keine Kenntnis gehabt zu haben. Ja, die Nazis waren Verbrecher, das habe er spätestens als Soldat gewusst, aber von der systematischen Vernichtung der Juden habe er erst im Gefangenenlager im belgischen Jabbeke erfahren.[8]

Die Klavierlehrerin

Helmut Schmidt stellt die Passage zu Lilli Sington-Rosdal in seinem detailreichen autobiographischen Text in den Kontext der musikalischen Einflüsse, die er aus der Familie seiner Mutter erfahren hat. Es verwundert da schon, dass er dennoch so gar keine Anmerkungen zur Persönlichkeit seiner Lehrerin oder ihrem Unterricht macht. Gern hätte man gewusst, ob sie ihren Unterricht zum Beispiel reformorientiert oder eher konventionell angeboten hat. Für den Klavierschüler war dies ein merklicher Unterschied. Die Reformströmung propagierte nach der Jahrhundertwende insbesondere im Anfangsunterricht eigene kreative Erfahrungen am Klavier, das Einüben kindgemäßer Stücke. Konventionell bedeutet andererseits eine strikte Entwicklung analog zur Notenschulung.

Zum eigentlichen Unterricht sagt Helmut Schmidt also nichts, und selbst sein Hinweis auf den Ort der Klavierstunden im Winterhuder Weg wirft Fragen auf, da im Hamburger Adressbuch der späten zwanziger und dreißiger Jahre kein Hinweis zu finden ist, dass Lilli Sington-Rosdal dort ihre Stunden gab: weder für ein Mietverhältnis noch für ein Gewerbe als Klavierlehrerin finden sich Belege. Gewohnt hat sie gemäß dem Hamburger Adressbuch in diesen Jahren in der Moltkestraße 19 in Hamburg-Eimsbüttel.[9] Allerdings gab es im Winterhuder Weg 18 die Musikschule von Else Timm-Körner. Es mag eine plausible, wenngleich nicht belegbare Erklärung sein, dass Lilli Sington-Rosdal dort angestellt war oder mit der Musikschule kooperierte und hier ihre Klavierstunden erteilte.

Aus den frühen handschriftlichen Aufzeichnungen des Jahres, erstellt 1945 im Kriegsgefangenenlager, erfahren wir jedoch einige weitere Details, wenn Helmut Schmidt zum Beispiel schreibt, dass er anfänglich mit seinem »Schnelläufer – heute sagen die Jungens Roller« zur Klavierschule gefahren sei. Später habe er sich zusammen mit seinem Bruder Wolfgang die Stunden geteilt und der Weg habe mit dem Bruder an der Hand zu Fuß absolviert werden müssen. Auch zum Erfolg des Unterrichts hält er 1945 einige Bemerkungen fest: »Ich spielte als kleines Kerlchen ganz nett, holte in der Fertigkeit auch meine Mutti ein, aber nicht viel mehr als dies.«[10]

Näheres zu seiner Klavierlehrerin findet sich allerdings auch in diesen frühen Aufzeichnungen von 1945 nicht, und so bleiben die wenigen späteren Sätze, dass er Jahrzehnte nach der NS-Zeit zufällig erfahren habe, Lilli Sington-Rosdal sei Jüdin gewesen und habe ab 1937 vermutlich wegen ihres Berufsverbots seinem Bruder in der Wohnung der Eltern Klavierstunden erteilt. Mit dieser kurzen Passage lässt Helmut Schmidt seine Leser zurück, auch der naheliegenden Frage, was aus seiner Klavierlehrerin in den weiteren Jahren der NS-Diktatur geworden ist, geht er nicht nach.

Wäre Lilli Sington-Rosdal tatsächlich im Jargon der Nationalsozialisten eine »Volljüdin« gewesen, und wäre es ihr nicht gelungen, vor Kriegsbeginn zu emigrieren, hätte sie mit großer Gewissheit das Schicksal der meisten der in Deutschland lebenden Juden ereilt: Deportation und Ermordung. Eine der wenigen Möglichkeiten zu überleben wären vielleicht ihr musikalisches Talent und ihr Einsatz in einem der in vielen Lagern von den Nazis eingerichteten Häftlingsorchester gewesen.[11]

Anders als Helmut Schmidt schreibt, war Lilli Sington-Rosdal jedoch keine Jüdin, sondern Christin. Sie hatte aber mütterlicherseits jüdische Vorfahren und galt daher nach den Nürnberger Rassegesetzen als »Mischling ersten Grades« – oder in der damaligen Umgangssprache als »Halbjüdin«. Am 29. April 1878 war sie in Hamburg-Rotherbaum als älteste Tochter des christlich getauften Kaufmanns Ferdinand Heinrich Theodor

Sington-Rosdal und seiner jüdischen Frau Minna, geborene Emden, zur Welt gekommen.[12] Wenige Wochen nach ihrer Geburt wurde Lilli Sington-Rosdal in St. Pauli christlich getauft, und da eine Konfirmationsurkunde vorliegt,[13] kann man annehmen, dass sie auch eine christliche Erziehung erhielt. Inzwischen gehörte die Familie der Gemeinde der Christuskirche in Ham

Lilli Sington-Rosdal, circa 1930.

burg-Eimsbüttel an. Als Helmut Schmidt seine Klavierlehrerin Lilli Rosa Johanna Sington-Rosdal 1926 kennenlernte, war sie ungefähr fünfzig Jahre alt. Lilli Sington-Rosdal wurde von ihrem Schüler Helmut und seinen Eltern als »Fräulein« angeredet, sie war unverheiratet und blieb dies auch bis an das Ende ihres Lebens; mit dem Klavierunterricht verdiente sie ihren Lebensunterhalt. Einfach war dies sicher nicht, aber aus den Berichten eines Nachfahren der Familie, der sie als Kind noch selbst erlebt hatte, war sie bis zu ihrem Tod am 27. November 1956 in Bruchhausen im Kreis Neuwied eine musikbegeisterte, freundliche und keineswegs verbitterte alte Dame.[14]

Die Liebe zur Musik wurde ihr und ihren beiden Geschwistern, der Schwester Elsa und dem Bruder Cäsar, quasi in die Wiege gelegt. Ihre Mutter war ausgebildete Konzertpianistin, die Schwester lernte Bratsche und Geige, der Bruder, wie Lilli, das Klavier, nach Aussagen aus der Familie komponierte er sogar. Cäsars Frau Anna war ebenfalls ausgebildete Konzertpianistin, in der Familie gibt es die Erzählung vom gemeinsamen Spiel der beiden, ja sogar mit Lilli zu dritt, auf dem Bechstein-Flügel von Cäsar und Anna Sington-Rosdal in der gutbürgerlichen Wohnung des Kaufmanns in der Eichenstraße 46 in Eimsbüttel, nach dem Kriege in der Schenefelder Straße im Hamburger Westen.

Die »Halbjüdin«

Als sogenannter Mischling ersten Grades war Lilli Sington-Rosdal nicht allen Schikanen der zunehmenden Entrechtung der Juden in Deutschland unterworfen, so musste sie zum Beispiel den gelben Stern nicht tragen und konnte, solange es finanziell möglich war, in der eigenen Wohnung bleiben. »Mischlinge ersten Grades«, die in kaufmännischen und technischen Berufen arbeiteten, durften ihre Tätigkeiten bis Ende 1944 ausüben, und sie waren letztendlich auch wegen dieses Status vor den Deportationen und der Ermordung geschützt gewesen.

Natürlich hat Lilli Sington-Rosdal aber als »Mischling ersten Grades« alles andere als ein normales oder geschütztes Leben führen können. Im Gegensatz zu den Technikern oder Kaufleuten durfte sie ihren Beruf nur nach ausdrücklicher Genehmigung durch die Reichskulturkammer ausüben. Dafür hatte sie eine Mitgliedschaft in der Kammer beantragen müssen, ist aber wohl spätestens 1936/37 wieder ausgeschlossen worden.[15] 1938 erscheint ihr Name in einem

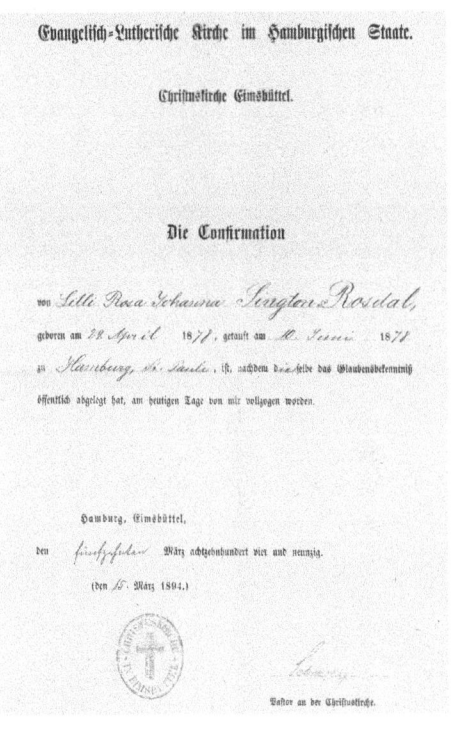

Konfirmationsurkunde der christlich getauften Lilli Sington-Rosdal.

Verzeichnis mit dem Titel »Judentum und Musik mit dem ABC jüdischer und nichtarischer Musikbeflissener«,[16] später dann auch in dem parteioffiziellen »Lexikon der Juden in der Musik«, das ausdrücklich als »Handhabe zur schnellsten Ausmerzung aller irrtümlich verbliebenen Reste [jüdischer Musiker, R.L.] aus unserem Kultur- und Geistesleben«, und zwar »im Auftrag der Reichsleitung der NSDAP« zusammengestellt worden war. In dieser Schrift waren alle Musiker, die die Nazis als »Juden oder Halbjuden« klassifiziert hatten, registriert.[17]

Da Lilli Sington-Rosdal ab 1936/37 ihren Beruf nicht mehr ausüben durfte, musste sie die Wohnung in der Moltkestraße wohl aus wirtschaftlichen Gründen aufgeben, fand aber Unterkunft als Untermieterin in der Tornquiststraße 46 in ihrem Stadtteil Eimsbüttel. Dort teilte sie sich die Wohnung offenbar mit mehreren anderen alleinstehenden Frauen.[18] Für die im Sinne der Nazigesetze sogenannten volljüdischen Bürger war die Wohnsituation noch schwieriger. Erst wurden sie aus ihren Wohnungen verdrängt und mussten sich kleinere Unterkünfte suchen oder mit anderen zusammenziehen. Seit 1942 begannen die Nazis, jüdische Bürger in Hamburg in sogenannte Judenhäuser zwangseinzuweisen, von dort ging der Weg für fast alle weiter zur Deportation.

Dieses Schicksal blieb der »Halbjüdin« Lilli Sington-Rosdal erspart. Seit 1942 konnten die sogenannten Mischlinge ersten Grades nach den Gesetzen der Nazis zu Zwangsarbeiten verpflichtet werden; Frauen, vor allem ältere, blieben jedoch meist davon ausgenommen. Dies traf auch auf Lilli Sington-Rosdal zu, denn die nach 1945 sonst üblichen Entschädigungen für eine solche Zwangsarbeit können im Dokumentenbestand des Hamburger Staatsarchivs für die Klavierlehrerin Lilli Sington-Rosdal nicht belegt werden.

Interessanterweise findet sich im Hamburger Adressbuch von 1939 für Lilli Sington-Rosdals neue Wohnanschrift Tornquiststraße 46 auch der Hinweis auf die Diakonisseneinrichtung »Siloah« als Mietpartei in dieser Immobilie. Siloah war eine 1907 von der Baptistin Albertine Assor (1863–1953) gegründete wohltätige Einrichtung von Diakonissen, zunächst zur Unterstützung von jungen, alleinstehenden berufstätigen Frauen, in den zwanziger Jahren kamen Kranken- und Alterseinrichtungen hinzu.[19]

1940 musste auf Druck der Nationalsozialisten der hebräische Name Siloah[20] aufgegeben werden. Als Würdigung der Gründerin Albertine Assor wählte man fortan den Namen Albertinenhaus, später Albertinen-Krankenhaus, heute fortgeführt in der Unternehmensgruppe »Immanuel Albertinen Diakonie«.

Dass Lilli Sington-Rosdal Unterkunft bei den Albertinen-Schwestern in der Tornquiststraße 46 gefunden haben könnte, ist aus zweierlei Gründen plausibel. Zum einen ist bekannt, dass die Albertinengemeinschaft sich um eine fürsorgliche Haltung gegenüber den bedrängten Juden in der NS-Zeit bemühte, zum anderen lässt auch Lilli Sington-Rosdals Wohnanschrift Mittelweg 111, die sie 1952 auf der Postkarte an Helmut Schmidt als Absenderadresse angibt, darauf schließen, dass sie auch nach dem Krieg in einer Einrichtung des Albertinenhauses unterkam. Seit 1935 war die Immobilie Mittelweg 111 im Besitz des Albertinenhauses und wurde bis ins Jahr 1956 als sogenanntes Leichtkrankenhaus für Männer geführt. Gestorben ist Lilli Sington-Rosdal in Bruchhausen/Kreis Neuwied am 27.11.1956.[21] Dorthin war sie laut Melderegister im August 1952 verzogen. Und auch der Meldebogen der Gemeinde gibt als letzte Adresse das »Leichtkrankenhaus, Hamburg Mittelweg 111« an.

Relativ unbeschadet kam Lillis Bruder Cäsar Sington-Rosdal durch die Nazijahre. Als Kaufmann konnte er seinem Beruf weiter nachgehen. Auch die Ehe mit seiner »arischen« Frau Anna gab ihm als »Mischling ersten Grades« einen gewissen Schutz.

Für Lillis jüngere Schwester Elsa Niny Theodora Elias, geborene Sington-Rosdal, war die Lebenssituation eine andere.[22] Elsa hatte mit Dr. Bernhard Elias einen jüdischen Zahnarzt geheiratet und galt als »Mischling ersten Grades« durch diese Heirat nach den Rassegesetzen der Nazis selbst als »jüdisch«. Jüdisch galt Bernhard Elias den NS-Behörden wegen seiner Vorfahren, wiewohl er selbst Christ war. Die Zulassung seiner Kassenpraxis hatte Dr. Elias bereits am 1.7.1933 verloren, am 30.9.1938 wurde ihm die Approbation entzogen und die Praxis stillgelegt.

Dies alles vollzieht sich in der Familie der Lilli Sington-Rosdal in einem Zeitraum, in welchem Lilli den Brüdern Helmut und Wolfgang Schmidt Klavierunterricht erteilt. Die Geschehnisse im Hause ihrer Schwester, der Verlust ihrer bürgerlichen Existenz, dürfte Lilli Sington-Rosdal bedrückt haben. Bis in die dreißiger Jahre hatte im Hause des Dr. Elias auch ein Klavierflügel gestanden. Man kann annehmen, dass Lilli auf diesem Flügel für die Familie ihrer jüngeren Schwester musiziert hat.

Dem weiteren Zugriff der NS-Behörden konnten sich Elsa und Dr. Bernhard Elias in nahezu letzter Minute vor Kriegsbeginn durch die Emigration nach England entziehen. Das Schicksal aber meinte es nicht gut mit ihnen. Bereits im Dezember 1939 verstirbt Dr. Bernhard Elias im Londoner Exil, das Leben seiner Frau endet zwei Jahre später.[23]

Lilli Sington-Rosdal, ihr Bruder und dessen Frau Anna haben den Krieg und die Nazizeit überlebt. Im Mittelweg 111 konnte Lilli eine neue Unterkunft finden, ob sie im fortgeschrittenen Alter noch einmal Klavierunterricht erteilt hat, wissen wir nicht. In den ersten Jahren nach dem Kriege wird die Nachfrage nach privatem Klavierunterricht ohnehin gering gewesen sein. Ein eigenes Klavier hatte sie gewiss nicht mehr, spätestens seit dem Auszug aus der Moltkestraße war das Ende des Musizierens am eigenen Klavier gekommen. Mit dem Bruder Cäsar und seiner Frau pflegte sie weiter einen engen Kontakt, hier konnte sie auch Klavier spielen, denn der Bechstein-Flügel des Bruders hatte den Krieg überstanden.

Doch noch einmal zurück zu der eingangs erwähnten Postkarte. Ende Februar oder Anfang März 1952 liest Lilli Sington-Rosdal in der Tageszeitung *Die Welt* einen Bericht über ihren ehemaligen Klavierschüler Helmut Schmidt. Die Zeitung berichtet über seine Ernennung zum Leiter des Amtes für Verkehr in der Hamburger Wirtschaftsbehörde.

Helmut Schmidt hatte in der Tat eine bemerkenswert rasche und steile Karriere in der Hamburger Verwaltung gemacht. Im Frühsommer 1949 hatte er sein Studium der Volkswirtschaftslehre an der Universität Hamburg abgeschlossen. Karl Schiller, einer seiner Professoren, war zu diesem Zeitpunkt zum Hamburger Wirtschaftssenator aufgestiegen und stellte den frisch examinierten Helmut Schmidt als persönlichen Referenten ein. Schmidt war ihm als leistungsfähiger, kompetenter und debattentauglicher Student aufgefallen, Karl Schiller wurde von Schmidt wiederum als einer der wenigen Professoren geschätzt, die ihr Fach auch auf der Basis ausländischer, insbesondere angelsächsischer Wirtschaftstheorien vertreten konnten. Eine Zusammenarbeit schien da fast die logische Folge zu sein, zumal da beide Mitglied der SPD waren. Nur wenige Monate nach seiner Einstellung erfolgte im Frühjahr 1950 bereits seine Beförderung zum Abteilungsleiter in der von Schiller geleiteten Behörde für Wirtschaft und im Februar 1952 gar zum Leiter des Amtes für Verkehr. Nicht nur in der Hierarchie, sondern auch in der Gehaltsstufe war dies ein bedeutender Karrieresprung.[24]

Über diese Beförderung berichtete nun die Hamburger *Welt*, es könnte vielleicht sogar der erste Bericht über Helmut Schmidt überhaupt in einer Zeitung gewesen sein. Noch war er sich nicht sicher, dass sein weiteres Leben einmal von öffentlichem Interesse sein könnte, der Bericht der *Welt* zumindest wurde vom Ehepaar Schmidt nicht aufbewahrt. Die vielen sorgsam geführten Bände mit Presseausschnitten im Privatarchiv am Neuber-

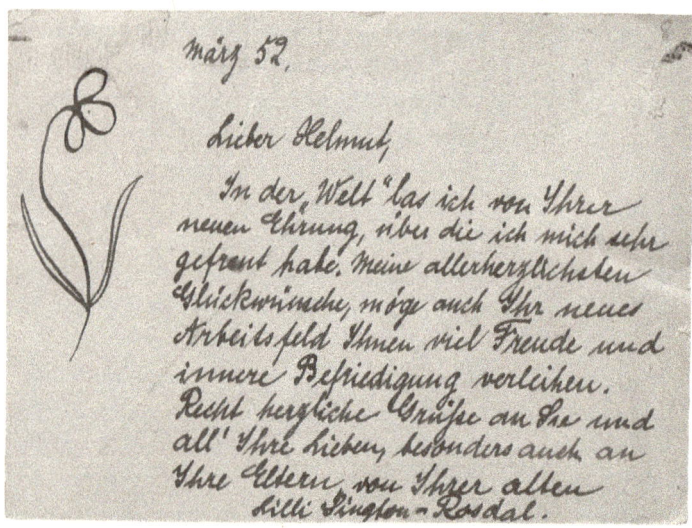

Postkarte aus dem März 1952 von Lilli Sington-Rosdal an Helmut Schmidt.
Trotz falscher Adresse konnte sie zugestellt werden.

gerweg setzen erst mit dem Beginn der politischen Laufbahn Helmut Schmidts ein, dem nachfolgenden Jahr 1953 also.

In klarer Schrift, gewähltem Ausdruck und unter Nutzung des sogenannten »Hamburger Sie« beglückwünschte die inzwischen 74-jährige Lilli Sington-Rosdal Helmut Schmidt, wie sie schreibt, zu seiner »Ehrung« durch die oben angeführte Beförderung:

> »Lieber Helmut, in der ›Welt‹ las ich von Ihrer neuen Ehrung, über die ich mich sehr gefreut habe. Meine allerherzlichsten Glückwünsche, möge auch Ihr neues Arbeitsfeld Ihnen viel Freude und innere Befriedigung verleihen.«[25]

Die wenigen Sätze der Lilli Sington-Rosdal sind voller Respekt geschrieben, sie schmückt die einfache Postkarte mit einer von ihr gemalten Frühlingsblume. Es gibt keinerlei Anzeichen von Ressentiments, die aus den Jahren ihrer Ausgrenzung und der Verfolgung ihrer Schwester durch die Nazis hätten entstanden sein können.

Darüber hinaus könnten die Begriffe »neue Ehrung« und »neues Arbeitsfeld« nahelegen, dass diese Postkarte nicht der erste Kontakt nach dem Kriege zwischen der Klavierlehrerin und ihrem ehemaligen Schüler gewesen sein kann. Andererseits kannte sie ganz offensichtlich die Adresse der Familie Schmidt in der Lindenallee 23 nicht und gab mit der Griegstraße 23 eine falsche, aus der Zeitung erschlossene Anschrift an, allerdings im selben Stadtteil Hamburg-Othmarschen und tatsächlich nur unweit von den Schmidts in der Lindenallee. Es ist wohl nur einem findigen Postbeamten zu verdanken, dass die Postkarte, die schon mit einem Stempel »Zurück« versehen war, schließlich doch im Briefkasten der Schmidts landete und damit für uns in deren späterem privatem Archiv als kleine Spur dieser besonderen Bekanntschaft von Helmut Schmidt zu seiner Klavierlehrerin überliefert und zugänglich wurde.

Es bleibt ein Blick auf die letzten Sätze der Lilli Sington-Rosdal auf ihrer Postkarte an Helmut Schmidt vom 4. März 1952: »Herzliche Grüße an Sie und all' Ihre Lieben, besonders auch an Ihre Eltern von Ihrer alten Lilli Sington-Rosdal.«

Was so bemerkenswert und gar nicht floskelhaft erscheint, sind die besonderen Grüße an die »lieben Eltern«. Zumindest belegen diese Grüße, dass es offenbar auch ein besonderes Verhältnis von Lilli Sington-Rosdal zu Ludovika und Gustav Schmidt gegeben haben muss. Schließlich hatten diese mit ihr die Klavierstunden für die Söhne vereinbart und ihre Arbeit wertgeschätzt, denn ansonsten wäre es sicher kaum zu einer langjährigen Verbindung zu beiden Schmidt-Söhnen gekommen. Besonders dankbar wird Lilli Sington-Rosdal den »lieben Eltern« der Söhne Helmut und Wolfgang vor allem auch deshalb gewesen sein, da diese der Klavierlehrerin auch in den Jahren der NS-Zeit die Treue gehalten hatten, ihr sogar ab 1937 die Möglichkeit gaben, den Unterricht für den jüngeren Sohn Wolfgang bei ihnen in der Schellingstraße zu erteilen. Die Ausübung ihres Berufs war ihr aufgrund ihrer Einstufung als »Mischling ersten Grades« an alter Stelle nicht mehr möglich gewesen. Nicht alle Familien ihrer Schülerinnen oder Schüler werden sich so verhalten haben. Bei nicht vielen wird sie sich auch getraut haben, überhaupt darum zu bitten.

Spätestens hier wird allerdings deutlich, dass die Beschreibung Helmut Schmidts, man habe über die »nicht-arische« Herkunft von »Fräulein Sington« nichts gewusst und in der Familie nicht darüber gesprochen, schwer nachvollziehbar ist. Bereits der Name »Sington« dürfte den Eltern, vor allem aber Gustav Schmidt, Hinweise auf eine jüdische Verwandtschaft von »Fräulein Sington« gegeben haben. Der Name Singer und Variationen wie Singmann, Singbaum, Singermann oder auch – zugegebenermaßen seltener – Sington waren und sind als jüdische Namen und dem möglichen Verweis auf Vorfahren, die als (Vor-)Sänger in der Synagoge gewirkt haben, nicht unbekannt.

Zudem mussten Gustav und Ludovika Schmidt nicht nur um den Grund für den notwendigen Ortswechsel der Klavierstunden des Sohnes Wolfgang in ihre eigene Wohnung gewusst haben, denn dieser war ja auf jeden Fall erklärungsbedürftig, sie zeigten an dieser Stelle auch eine bemerkenswert mutige Haltung. Eine Denunziation hätte in dieser Angelegenheit sicher unangenehme Folgen und vielleicht sogar weitere Nachforschungen für die Schmidts bewirkt.

Auch will dieser Sachverhalt nicht so ganz in Helmut Schmidts Charakterisierung seines Vaters in den Jahren der NS-Zeit passen. Mehrfach hat er beschrieben, dass Gustav Schmidt wegen seines jüdischen Vaters seit der Machtübernahme der Nazis in großer Sorge um die eigene Zukunft gewesen sei. Zwar war der Name Ludwig Gumpel wegen der unehelichen Geburt des Sohnes Gustav auf dessen Geburtsanzeige nicht registriert und mit »Vater unbekannt« ersetzt worden, die Angst um die Entdeckung der jüdischen Herkunft und damit seine Einstufung als »Mischling ersten Grades« habe ihn aber geradezu besessen gemacht. Als eine Art Familiengeheimnis hat Helmut Schmidt diesen Sachverhalt um den jüdischen Großvater und die daraus resultierenden Folgen beschrieben.[26]

Doch wenn dem so war, bleibt die Frage offen, warum sich Gustav Schmidt mit der Weiterbeschäftigung der Klavierlehrerin seiner Söhne nach 1933, vor allem aber nach deren Berufseinschränkung Mitte der dreißiger Jahre, einer zusätzlichen Gefährdung ausgesetzt hat. Man sieht, die langjährige Bekanntschaft von Helmut Schmidt zu seiner Klavierlehrerin Lilli Sington-Rosdal wirft bis heute Fragen auf.

Das Gleiche gilt auch für seine Haltung zu der Thematik des »jüdischen Großvaters«. Öffentlich spricht er über Ludwig Gumpel zum ersten Mal Ende der siebziger Jahre. Spätestens seit der Publikation *Gumpel, Wenzel, Schmidt* der Autoren Gerrit Aust und Irmgard Stein aus dem Jahre 1994 wusste er auch Genaueres über das Leben und Schicksal Ludwig Gumpels

und seiner Familie.[27] Dieser hatte mit seiner 1894 geehelich-
ten Frau Hedwig Gumpel eine Tochter und drei Söhne und war
mit der Familie 1896 zurück in seinen Geburtsort Bernburg an
der Saale gezogen. Im Juli 1935 verstarb Ludwig Gumpel, er
hatte aber noch die bereits gleich nach der Machtübernahme
der Nationalsozialsten vom 30. Januar 1933 einsetzende Hetze,
Verfolgung und zeitweise Verhaftung seines Sohnes Max, der
das Bankgeschäft des Vaters fortgeführt hatte, miterleben müssen. 1937 war die Familie Max Gumpel nach England emigriert,
Mutter Hedwig war in Deutschland zurückgeblieben und ent-
zog sich, als die Deportationen der Juden begannen, den Verfolgungen durch wechselnde Verstecke. Am 26. November 1942
wählt sie den Freitod und vergiftet sich, offenbar erschöpft und
verzweifelt, an der Grabstelle ihres Mannes auf dem jüdischen
Friedhof zu Bernburg. Es ist bemerkenswert und schwer verständlich, dass Helmut Schmidt über diese tragischen Schick-
sale in seiner eigenen Verwandtschaft zumindest öffentlich
nicht gesprochen hat.[28] Die Grabstelle der Familie ist bis heute
erhalten, der eingemeißelte Schriftzug »Familie Ludwig Gumpel« ist für den Besucher gut lesbar. Um die Tragödie, die dar-
untersteckt, weiß jedoch nur der, dem sie berichtet wird.

Grabmal der Familie Ludwig Gumpel in Bernburg. Das Foto zeigt den aktuellen
Zustand.

5

Fischerhude und Olga Bontjes van Beek: Kunst, Musik und Politik

>*Fischerhude ist für mich als jungen Heranwachsenden die einzige Oase in der Nazizeit gewesen. Der Krieg und die Zeitläufe haben später den persönlichen Kontakt unterbrochen. Aber ich meinte immer zu wissen: Da hinten ist Fischerhude, dahin kannst du immer gehen, wenn es dir einmal ganz dreckig gehen sollte.«[1]*

(Helmut Schmidt, 1985)

Im Hause des Malers Heinrich Breling im Künstlerdorf Fischerhude, nicht weit von Bremen entfernt, steht seit mehr als einem Jahrhundert ein eindrucksvoller Bechstein-Flügel. Nachdem ich Kontakt mit der heutigen Bewohnerin des Hauses, Heinrich Brelings Urenkelin Saskia Bontjes van Beek, aufgenommen hatte, schickte sie mir ein Foto und fügte den Satz an: »Der Flügel steht seit 1916 genau an dieser Stelle, unter dem Heinrich-Breling-Selbstporträt – auf ihm hat Helmut Schmidt, wenn er hier war, gespielt.«[2]

Für Schmidts Kunst- und Musikliebe sind seine Verbindungen zu dem Künstlerdorf Fischerhude, und hier vor allem zu Olga Bontjes van Beek, der jüngsten Tochter Heinrich Brelings und seiner Frau, der Pianistin Amalie Breling, ein tragendes Fundament. Es scheint, als hätte sich hier seine Affinität zu den Künsten als wesentlicher Teil seiner Persönlichkeit gefestigt und durch die lebenslangen Verbindungen zu Künstlern dieses Ortes auch immer wieder erneuern können. Hier hat er Einblick in den Schaffensprozess von Künstlern nehmen können, er hat sich mit ihnen über ihre Kunst unterhalten und viel von ihren Intentionen, den eingesetzten künstlerischen Mitteln und verschiedenen Materialien in Erfahrung gebracht. Hier festigte sich seine Liebe zu den Motiven seiner norddeutschen Heimat, und nicht zuletzt hat er in Fischerhude auch sein Klavier- und Orgelspiel weiterentwickeln können.

Mitte der dreißiger Jahre kam Schmidt zum ersten Male in dieses Künstlerdorf und das Haus des seit 1914 verstorbenen Malers Heinrich Breling. Zu diesem Zeitpunkt lebten Olga Bontjes van Beek mit ihren drei Kindern und ihre älteste Schwester, die unverheiratet gebliebene Bildhauerin Amelie Breling. Nach dem Krieg gab es eine längere Pause in den Verbindungen Schmidts zu den Fischerhudern, Mitte der sechziger Jahre nahm er sie wieder auf. Fortan hielten diese Verbindungen bis zu seinem Tode, der letzte Kontakt mit Saskia Bontjes van Beek datiert vom Sommer 2015. Sie hatte ihm eine Postkarte aus dem Jahr 1940 zugesandt, die er am 23. 3. 1940 als Ostergruß an die »Fischerhüder« geschickt hatte. Erfreut schrieb der 96-Jährige zurück: »Ihr Brief war eine Überraschung und Freude zugleich. Ich fühle mich Olga Bontjes van Beek immer noch sehr verbunden – vielleicht sollten wir die Verbindung jetzt auf uns übertragen.«[3]

Die Postkarte, die Helmut Schmidt zu Ostern 1940 verschickt hatte, war eine Kunstpostkarte mit einer Reproduktion des Ölgemäldes *Walchensee, Serpentine* von Lovis Corinth. Das Bild, datiert von 1920, ist Teil seines expressionistischen Alterswerks, das die Nazis als »entartet« deklariert hatten.

Fast 300 seiner Bilder aus dieser Periode waren beschlagnahmt und viele davon ins Ausland verkauft worden. Bilder von Corinth wurden auch 1937 in München auf der Propagandaausstellung »Entartete Kunst« gezeigt, die nach München noch in zwölf anderen Städten präsentiert worden war. Es ist bemerkenswert und war damals sicher auch nicht ungefährlich, eine solche

Karte zu verschicken. Vor allem ist diese Karte ein Beleg für das Fortbestehen seiner Nähe zur Kunst des Expressionismus, eine Nähe, die er an der Lichtwarkschule und unter dem Einfluss seiner späteren Frau Loki entwickelt hatte.[4]

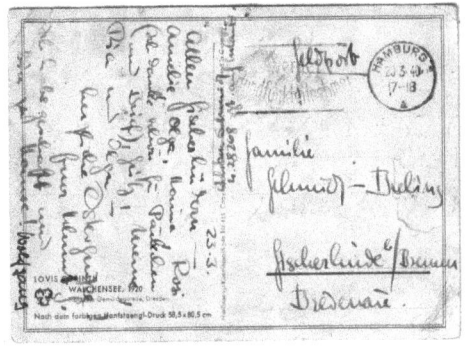

Postkarte von Helmut Schmidt an die »Fischerhüder« aus 1940. Lovis Corinth galt den Nazis als »entartet«.

Fischerhude ist seit je ein Zentrum der bildenden Künste, für Schmidts Beziehung dorthin war jedoch auch die Musik ein wichtiges Element, wie der oben zitierte Hinweis von Saskia Bontjes van Beek bereits andeutet. Darauf wird noch zu kommen sein. Im Hinblick auf Fischerhude und Helmut Schmidt drängen sich zunächst einmal andere Themen auf: sein Eintauchen in die Welt und in das Leben von bildenden Künstlerinnen und Künstlern, das Kennenlernen dreier weitverzweigter und miteinander verwandter Künstlerfamilien, den Brelings, den Bontjes van Beeks und den Modersohns, die intensive Beziehung zu der zwanzig Jahre älteren Breling-Tochter, der Tänzerin und Malerin Olga Bontjes van Beek, und schließlich das Schicksal ihrer Tochter, Cato Bontjes van Beek. Schmidt hatte sie im Hause der Mutter kennengelernt, im September 1942 wurde sie von der Gestapo in Berlin wegen ihrer Verbindung zur Widerstandsgruppe um Harro Schulze Boysen, der sogenannten Roten Kapelle, verhaftet, im Januar 1943 zum Tode verurteilt und am 5. August 1943 in Plötzensee hingerichtet.[5] Helmut Schmidt hatte Cato vermutlich 1941[6] zunächst rein zufällig in Berlin auf der Straße getroffen und war ihrer Einladung zu einem Hausfest in die Wohnung ihres Onkels Hans Schultze-Ritter gefolgt.[7] Seinen späteren Berichten zufolge war Schmidt besorgt über die dort so offen geäußerte Ablehnung des NS-Systems in einem für ihn unübersichtlich großen Kreis von Eingeladenen. Tage später hatte er versucht zu warnen, war aber von Catos Vater, Jan Bontjes van Beek, an der Wohnungstür abgewiesen worden. Dieser kannte Schmidt nicht und hatte sich an dessen Uniform gestört. Es nicht noch einmal versucht zu haben, Cato vor den drohenden Gefahren zu warnen, verband Helmut Schmidt, als er nach dem Krieg von ihrer Ermordung hörte, mit einem Gefühl der Scham.[8]

Während seiner Kanzlerschaft ließ Helmut Schmidt Kunstwerke aus Fischerhude in den Räumen des Bundeskanzleramts ausstellen, er selbst erstand eine Vielzahl an Bildern von Künstlern aus der Region. Nach seiner Amtszeit bemühte er sich um eine stärkere öffentliche Wahrnehmung der Arbeiten von Olga Bontjes van Beek, sprach zur Eröffnung ihrer Ausstellungen, nahm Einladungen zu diversen Veranstaltungen in und um Fischerhude an. Olga Bontjes van Beek war seine erste Wahl für die Erstellung seines offiziellen Porträts im Auftrag des Hamburger Senats, sie lehnte aber aus Altersgründen ab.[9] Als 1991 das örtliche Gymnasium in Achim unweit von Fischerhude sich in Cato-Bontjes-van-Beek-Gymnasium umbenannte, war er zugegen und hielt eine Ansprache.

Fischerhude nimmt in der Biographie Helmut Schmidts eine zentrale Stellung ein, und ja – auch das Klavier- und Orgelspiel gehören dazu. Selbst in seinem letzten Buch mit dem vielsagenden Titel *Was ich noch sagen wollte* erweist sich Fischerhude in all den oben benannten Facetten als ein für ihn »letztes« Thema.

Die Künstlerkolonie

Begonnen hatte die Entwicklung einer Künstlerkolonie Fischerhude mit dem Genre- und Historiennmaler Heinrich Breling.[10]
Breling war 1849 geboren worden und in Fischerhude aufgewachsen. Nach einem Kunststudium in München avancierte er
zum Hofmaler des bayerischen Königs Ludwig II. und wurde
zum Professor an der Kunstakademie der bayerischen Landes-
hauptstadt ernannt. Nach dem Tod seines königlichen Förderers
kehrte er mit seiner Frau Amalie und den gemeinsamen sechs
Töchtern 1908 nach Fischerhude zurück und baute dort sein sich
bis heute im Familienbesitz befindliches Haus an der Adresse
»In der Bredenau«. Ins Haus integriert war sein Atelier, ein nach
Norden ausgerichteter Raum mit großen Sprossenfenstern.

Als Künstler war er in diesem kleinen Flecken nicht ganz allein, seit 1904 lebte und arbeitete hier bereits der Maler und Gra-
phiker Wilhelm Heinrich Rohmeyer.[11] Mit Brelings Zuzug
konnte sich der Ort noch vor dem Ersten Weltkrieg zu einer zunächst kleinen, aber anwachsenden Künstlerkolonie entwickeln.
Die Namen Heinrich Breling und Wilhelm Heinrich Rohmeyer
werden jedoch bis heute im Zusammenhang mit der Gründung
dieser Kolonie genannt. Zwar gab es kein gemeinsames Programm, die Liebe zu der Landschaft und ihren Motiven kann
aber als ein wichtiges Bindeglied der hier tätigen Kunstschaf-
fenden gelten.

In den dreißiger Jahren hatten bekannte Künstler wie Otto
Modersohn, die Maler Hans Buch und Hermann Angermeyer,
die Bildhauerin Clara Rilke-Westhoff und deren Bruder und
Maler Helmuth Westhoff hier residiert.[12] Hinzu kamen die sechs
Töchter der Brelings, die alle unterschiedlich künstlerisch tätig
waren. 1909 hatte Louise, die zweitälteste Breling-Tochter, den
zweifach verwitweten Otto Modersohn geheiratet und begründete damit die Verwandtschaft der beiden Künstlerfamilien.
Auch der Ehemann von Olga, Jan Bontjes van Beek, entwickelte

sich nach einer vorübergehenden Karriere als Tänzer zu einem renommierten bildenden Künstler. 1922 gründete er mit seiner Schwägerin Amelie Breling eine Keramikwerkstatt und schuf das Markenzeichen »Fischerhuder Kunst-Keramik«.

Helmut Schmidt und die Künstlerfamilie Breling

Mit diesen weitverzweigten und für Außenstehende nicht leicht zu durchschauenden Familienverhältnissen kam Helmut Schmidt – zusammen mit seinem jüngeren Bruder Wolfgang – erstmals in den Sommerferien 1935 in Verbindung.[13] Die Brüder waren auf einer Radtour zum Rhein und an die Mosel und hatten in Fischerhude Station gemacht. Allerdings blieb dieser erste Ausflug in das Künstlerdorf noch ohne großen Einfluss auf die beiden Jungen aus Hamburg-Barmbek. Anlaufpunkt war das Haus von Fritz Schmidt, Kriegskamerad und enger Freund von Helmuts Lieblingsonkel Heinz Koch. Beide waren am Ende des Ersten Weltkriegs an den Aufständen der Matrosen beteiligt gewesen. Dieser Fritz Schmidt war Ende 1918 zusammen mit seinem Kameraden Jan Bontjes van Beek auf den Barkenhoff des damals schon berühmten Künstlers und Sozialisten Heinrich Vogeler nach Worpswede gekommen. Beide wurden in Fischerhude sesshaft, denn beide hatten eine Breling-Tochter geheiratet: Fritz Schmidt Henriette, oder auch Haina genannt, Jan Bontjes van Beek die jüngste Breling-Tochter Olga. Das Haus von Haina und Fritz Schmidt lag wie das des Heinrich Breling und seiner Familie an der sich langziehenden Straße »In der Bredenau«. Beide Häuser befinden sich bis heute im Familienbesitz und sind nur wenige hundert Meter voneinander entfernt. Von Beruf war Fritz Elektriker, natürlich aber wurde auch er in die Kunstproduktion der Breling-Töchter einbezogen. Das von Haina und Fritz Schmidt auch Gästen offenstehende Haus wurde für den von Ende 1937 bis 1940 in Grohne bei Bremen stationierten Soldaten Helmut Schmidt zu einem wichtigen Anlaufpunkt. Hier konnte er übernachten und wurde verköstigt. Das einzige Foto von Helmut Schmidts zahlreichen Besuchen in Fischerhude stammt aus dem Garten von Haina und Fritz mit deren junger Tochter Olgi auf seiner Schulter.

Fischerhude war für Schmidt eine besonders intensive Erfahrung, seine Beschreibungen wirken manchmal schwärme-

Helmut Schmidt mit Olgi, im Garten seiner Gastgeber um 1940. Dies ist das einzige überlieferte Foto von seinen vielen Besuchen in Fischerhude während der Soldatenzeit.

risch; folgt man seinen Einschätzungen, waren die Impulse, die er hier erfahren hat, bedeutender als die des Elternhauses. Zumindest für die Vertiefung seines Kunst- und Musikverständnisses muss dies auch so gewesen sein.

Besonders eindrücklich – und öffentlich wohl auch zum ersten Mal – beschreibt er sein Verhältnis zu Fischerhude in einer Ansprache zur Eröffnung des Erweiterungsbaus des Modersohn-Museums vom Oktober 1985. Ihm selbst muss diese Rede wichtig gewesen sein, denn er ließ sie in dem Band

Vom deutschen Stolz. Bekenntnisse zur Erfahrung von Kunst abdrucken und machte sie so auch einer breiteren Öffentlichkeit zugänglich.

Christian Modersohn, der jüngste Sohn Otto und Louise Modersohns und Begründer des seit 1974 bestehenden Otto-Modersohn-Museums in Fischerhude, hatte den Altkanzler um eine Ansprache gebeten, eine Bitte, der dieser bereitwillig nachgekommen war. Es war eine sehr persönliche Rede, die Schmidt hier hielt, die anwesenden Künstlerfamilien Modersohn und Bontjes van Beek, die nur allzu gut um Helmut Schmidts enge Verbindung zu ihrem Künstlerdorf wussten, wird das nicht verwundert haben. Auch die damals fast 90-jährige Olga Bontjes van Beek war anwesend.

»Drei Jahre bin ich als wehrpflichtiger Soldat so jedes zweite oder dritte Wochenende in Fischerhude gewesen. (...) Damals wie heute brauchte man in Fischerhude um Gastfreundschaft nicht zu bitten. Man wurde gleichsam wie selbstverständlich zugehörig einbezogen. So war das im Hause von Hainas Schwestern Amelie Breling und Olga Bontjes van Beek oder im Hause Clara Rilke-Westhoff oder in dem Otto Modersohns. Man durfte die Bilder ansehen, mittun in der keramischen Werkstatt, Musik hören und selbst musizieren. Und vor allem: Man traf Menschen sowohl aus Fischerhude als auch Gäste aus jenen Teilen Deutschlands, die offen waren. Sie waren alles andere als Nazis. Aber sie waren wirklich alles andere: Ich denke, die Palette reichte von weit links bis rechts. In einem zentralen Punkt stimmten sie überein: Aus ihrem Künstler-Sein entsprang ihr unbedingter Wille zur Unabhängigkeit und Freiheit der Person.«[14]

Nicht allein seine enge Bindung an diesen Ort hatte Schmidt bewegt, diese Eröffnungsrede zu halten, nach eigenen Schilderungen lag der Grund auch in seiner hohen Wertschätzung des Malers Otto Modersohn. 1936 wohl war er das erste Mal in dessen Haus und Atelier gewesen, Modersohns Bilder wie die seiner zweiten Frau Paula Modersohn-Becker hatte er aber bereits seit seiner Lichtwarkschulzeit gekannt. Vor allem Modersohns Landschaftsbilder berührten Schmidt. Otto Modersohn sei einer der Maler gewesen, »die mein eigenes, mein ganz subjektives Landschaftsgefühl zum Ausdruck brachten und die meine Heimat in Stimmungen darstellten, wie ich sie selbst empfand – unter dem großen Himmel des norddeutschen Tieflandes«. Und dann spricht Schmidt vom Tagebuch der Paula Modersohn-Becker. »Das Tagebuch und die Briefe Paula Modersohn-Beckers sind nach meiner Erinnerung meine erste Begegnung mit dem Denken eines Künstlers gewesen. Als ich (…) zum ersten Mal an der Straße nach Quelkhorn zu Gast bei Otto Modersohn war, war das für mich in zweierlei Hinsicht eine Sensation: Er war der Mann, an den die mich so bewegenden Briefe gerichtet waren. Und er war der Maler jener Bilder der Hamme- und Moorlandschaft, deren Reproduktionen mich so sehr begeistert hatten.«[15]

Weiß man von diesen frühen Vorlieben und Prägungen, so ist man nicht erstaunt, dass sich zahlreiche Bilder von Paula Modersohn-Becker und Otto Modersohn, aber auch von deren Sohn Christian Modersohn, ebenfalls Maler, in der späteren Kunstsammlung der Schmidts am Neubergerweg in Langenhorn finden.

In seiner Rede vom Oktober 1985 spricht Helmut Schmidt aber nicht nur von Otto Modersohn, er widmete sich auch seiner engen Freundschaft zu der Malerin Olga Bontjes van Beek und ihrer Kunst. Als diese in den dreißiger Jahren begann, sich ernsthaft der Malerei zu widmen, zeichnete sie zuerst Porträts ihrer Kinder und Landschaften. »Behutsam« habe sie gemalt, »genau und zart«, »ich glaubte damals die gewesene Tänzerin in ihren Bildern zu spüren«, beschreibt Schmidt seine Eindrücke aus dieser Zeit. Nach dem Krieg sollte sich ihre Malerei deutlich verändern, ihr neuer Stil beeindruckte den inzwischen zum Kunstkenner und Sammler avancierten Helmut Schmidt, er sah sogar eine Nähe zu dem von ihm so sehr geschätzten Expressionismus. »Kraftvoll in Farbe und Form, großzügig, erdig, eher den Landschaften der deutschen Expressionisten verwandt als den Worpswedern (…). Welch ein Wandel, welch eine Steigerung innerhalb eines Lebens.«[16]

In seiner Rede belässt er es aber nicht bei der Würdigung der Malerei von Olga Bontjes van Beek. Zum ersten Male bekundet er in einer größeren Rede auch seine persönliche Zuneigung zu ihr. Nach dem Krieg habe man sich aus den Augen verloren, »Olga Bontjes aber ist meine große Liebe geblieben – bei zwanzig Jahren Altersunterschied darf ich das vielleicht so sagen«, heißt es.

In seinen späteren autobiographischen Schriften greift er diese Bekundungen der Wertschätzung und Sympathie von 1985 erneut auf. Die Formulierungen wechseln, immer aber berührt den Leser die zu spürende Intensität. Im privaten Archiv der Familie Bontjes van Beek findet sich ein bis heute unveröffentlichter, 1967 einsetzender Briefwechsel zwischen den beiden, in dem beinahe noch eindrücklicher als in den öffentlichen Auslassungen des Helmut Schmidt die Intensität und Tiefe seiner Beziehung zu der Malerin Olga Bontjes van Beek lesbar wird.[17]

Im Juni 1967 hatte er eine Ausstellung von ihr in Fischerhude besucht und war auch zum ersten Male nach dem Krieg zu ihr in das Haus In der Bredenau gekommen. Am 19.6.1967 schreibt er, inzwischen Fraktionsvorsitzender in Bonn: »Ich war bei meinem Versuch, Dich in Fischerhude zu sehen, sehr unsicher, wie wohl nach so vielen Jahren und ob überhaupt wir uns verstehen könnten. Da ich in der Kunstschau einige Deiner Bilder gesehen hatte, habe ich aber gemeint: auf jeden Fall sollte ich es versuchen. Dein Brief hat alle leisen Zweifel beiseite geschoben. Ich führe leider ein schrecklich unruhiges Leben und habe kaum je einen halben Tag für mich allein. Aber ich komme bestimmt dieses Jahr Dich besuchen und freue mich darauf. (Ich rufe vorher an).«

Am 23.5.1969 schreibt er aus einem Kurzurlaub am Brahmsee: »Ich war gerade mitten in einem Diktat, als ich eben Deinen
Brief erhielt. Entschuldige bitte, daß ich die Antwort diktiere.
Mir ist es ähnlich gegangen wie Dir; ich habe die 30 Jahre kaum
empfunden, die beinahe seit unserer letzten Begegnung vergangen sind. Ich freue mich zu dem Bild. Wenn Dein dortiger Tisch-
ler nach Deinem Geschmack einen Rahmen macht, so bin ich
jetzt schon im Vorwege mit dem Ergebnis einverstanden. Laß
mich bitte auf einer Postkarte wissen, wann es fertig ist. (...)
Mach aber bitte einen anständigen Preis – und gib mir nicht das
Gefühl, daß ich zu wenig bezahle!«

Am 2. September 1969, im Endspurt des Wahlkampfs zur
Bundestagswahl vom 28.9.1969, schreibt er: »Seit tausend Jahren trage ich Deine Grüße aus Orvieto [hier suchte O. Bontjes
van Beek immer wieder künstlerische Inspiration, R. L.] und
aus Fischerhude mit mir herum. Meine Briefschulden sind im
allgemeinen enorm, und in Deinem Fall bedrücken sie mich
besonders. (...) Ich denke oft an die menschliche Berührung
zurück, die ich Anfang des Krieges an schönen Sommertagen
in Fischerhude erlebt habe.«

Am 18.2.1971 dann, als Bundesminister der Verteidigung von
der Hardthöhe: »Liebe Olga! Von Dir zu hören, ist immer eine
Freude. Das Foto mit dem Eingang Deines Hauses habe ich auf
meinen Schreibtisch gestellt!«

Am 5.1.1977 meldet er sich als Bundeskanzler aus einem Ur-
laub zum Jahreswechsel in Marbella: »(...) Ich denke oft an
Dich, weil ja vier Deiner Bilder in meiner Hamburger Wohnung
hängen.«

Ein Jahr später, am 26.6.1978: »Ich hoffe sehr auch 1978
Dich wieder in Fischerhude besuchen zu können. Es tut jedes-
mal wohl: Ihr guten alten Freunde, Eure Bilder und auch die
vertraute Landschaft.«

Am 4.11.1991 in einer Rede anlässlich einer Ausstellung in
Verden mit dem Titel »Heinrich Breling / Bontjes van Beek – drei

Generationen einer Fischerhuder Künstlerfamilie« führt er aus: »(...) [L]iebe Olga. Ich habe Dich geliebt, seit ich zwanzig war. Heute bist Du fünfundneunzig, aber meine Zuneigung ist die gleiche, weil nämlich Du selbst immer die gleiche geblieben bist, immer zurückhaltend und leise, aber stets von ganz großer Kraft, wie die Bilder, die Du mit Farbe und Sand malst, an denen wir uns heute freuen wollen.«

Und am 14. Februar 1995, zwei Tage nach Olga Bontjes van Beeks Tod, kondoliert er der Familie aus Gran Canaria, seinem Schreib- und Urlaubsort, den er für viele Jahre immer wieder zum Jahresbeginn aufsuchte: »Der Tod Eurer Mutter betrübt mich tief. Ich teile Eure Trauer tief in meinem Herzen. Olga ist für mich seit den späten dreißiger Jahren immer ein ganz wichtiger Pol in meiner Erlebnis-Welt gewesen, fast über ein halbes Jahrhundert. Sie war immer da, was auch sonst an Bösem geschah, man konnte sie immer besuchen, mit ihr reden, ihr zuhören und ihre Bilder ansehen. Es war Olga wahrscheinlich nicht bewußt, aber für mich war sie – und niemand anderes und nichts sonst – Fischerhude. Und Fischerhude war meine seelische Heimat. Es genügte zu wissen: dahinten, im flachen Land irgendwo, liegt Fischerhude. Das war so im Krieg und auch später, wenn ich jede Woche mit dem Flugzeug zwischen Bonn und Hamburg hin und her gependelt bin. Ich hab' immer aus dem Flugzeugfenster geschaut und nach der Wümme gesucht – und war glücklich, die Wümmewiesen und Fischerhude zu finden. Weil ich immer gewußt habe: da ist Olga.«

Man muss lange in Helmut Schmidts vielen Beschreibungen von Weggefährten, Freunden und Orten suchen, um einen Ausdruck ähnlich starker Gefühle und Bindungen zu finden wie denen zu der Künstlerin Olga Bontjes van Beek. In seiner Verbindung zu ihr lernt man den ›anderen‹ Helmut Schmidt kennen.

Olga Bontjes van Beek

Wer war diese Frau und was machte ihre besondere und über die Jahre ungebrochene Anziehungskraft für Helmut Schmidt aus?

1896 als jüngste der sechs Töchter von Amalie und Heinrich Breling geboren, wuchs sie in einem aufs engste mit den Künsten verbundenen Haus auf.[18] Als Kind erlernte die junge Olga das Klavierspiel von der Mutter, einer ausgebildeten Konzertpianistin, später übte sie auch mit den älteren Schwestern. Spielte die Mutter für sich auf dem Flügel, tanzte Olga dazu, Duette aus der *Zauberflöte* und *Fidelio* kannte sie bald auswendig und sang sie mit. Die Malerei erlebte Olga hautnah im Haus und Atelier beim Vater, die Bildhauerei bei dem mit dem Vater befreundeten Bremer Künstler Bernhard Hoetger, für ihn stand sie immer wieder Modell.[19] Dieser und seine Frau Helene, genannt Lee, nahmen die Fünfzehnjährige sogar auf eine sechsmonatige Reise nach Florenz mit. Für ihre spätere Malkunst war dieser Aufenthalt von stilbildender Bedeutung, und sie kehrte nach dem Kriege immer wieder nach Italien zurück. In ihren unveröffentlichten Erinnerungen schreibt sie: »Ich begriff damals schon einiges, die Farben in der Landschaft, die Ölbäume, welche den silbrigen, graugrünen Ton in den Blättern hatten, wo die Terrakottaerde und heller, bläulicher Himmel waren, ja die Farbskala der Florentiner Schule.«[20]

Doch Olgas Berufswunsch war es nicht, Malerin zu werden, sondern sie studierte nach Abschluss der Schule modernen Tanz bei Isadora Duncan in der von dieser und ihrer Schwester Elizabeth 1910 gegründeten Elizabeth-Duncan-Schule auf der Mathildenhöhe bei Darmstadt. Nach dem Ersten Weltkrieg feierte sie also nicht als Malerin erste künstlerische Erfolge, sondern als Tänzerin mit Auftritten in Berlin und Tourneen durch Großstädte im Osten und Norden Deutschlands.

Bis Prag führte ihr Weg, sogar eine Tournee in die USA war

Olga Bontjes van Beek beim Ausdruckstanz in den frühen zwanziger Jahren.

geplant. Sie tanzte zur damals als avantgardistisch empfundenen Musik von Claude Debussy und Cyril Scott, begleitet am Klavier von dem später berühmten Walter Gieseking. Für die Ausstattung ihrer Tanzaufführung hatte sie die Familie Breling und Freunde als Künstlergemeinschaft an ihrer Seite: So schneiderte Schwester Amelie die expressionistisch anmutenden Kostüme, Bernhard Hoeger steuerte Kulissen und Plakate bei, Schwester Jossie versorgte sie mit Noten und eigenen Kompositionen. Jossie hatte am Berliner Konservatorium Klavier und Komposition studiert, seit 1918 war sie mit dem Musiker Hans Schultze-Ritter, Korrepetitor an der Berliner Oper, später Kapellmeister und Lehrer an der Hochschule für Musik, verheiratet. Auch die Angeheirateten der Breling-Töchter waren überwiegend künstlerisch tätig.

1920 heiratete Olga Jan Bontjes van Beek, Sohn holländischer Eltern – und wie Olga tanzbegeistert. Kennengelernt hatten sie sich auf dem Barkenhoff von Heinrich Vogeler. Natürlich gab es enge Kontakte zwischen den beiden Künstlerkolonien in Worpswede und Fischerhude. So berühmt wie Worpswerde wurde Fischerhude jedoch nie. Für kurze Zeit traten Olga und Jan sogar miteinander als Tanzpartner auf. Im November 1920 brachte sie Tochter Cato, im Mai 1922 Mietje zur Welt. 1923 wurde ihr drittes Kind, Sohn Tim, geboren. Ihre Tanzkarriere gab sie auf. »Mein Timbursche hat sich durchgesetzt und meinem anstrengenden Vagabundenleben ein Ende gemacht«, hielt sie in ihren unveröffentlichten Memoiren fest.[21] Sie widmete sich wie Ehemann Jan der Keramikarbeit, ab 1926 begann sie unter dem Zuspruch des Malers Fritz Mühsam mit der Malerei, aber erst zehn Jahre später stellte sie ihre Arbeiten zum ersten Mal aus. Es sind keine leichten Jahre, ihr Mann war zu Studienzwecken oft weg von Frau und Kindern, die Beziehung ging schließlich auseinander, 1933 folgte die offizielle Scheidung. Im selben Jahr noch heiratete Jan Bontjes van Beek in Berlin die jüdische Innenarchitektin Rahel-Maria Weisbach. Mit ihr zusammen gründete er eine große und erfolgreiche Keramikwerkstatt. Nach dem Kriege galt er als einer der bedeutendsten Keramiker des Landes, wird Professor an der Kunsthochschule Berlin-Weißensee, dann an der Meisterschule für das Kunsthandwerk in West-Berlin. Am Ende seiner Lehrtätigkeit hatte er eine Professur für Keramik an der Hamburger Hochschule für Bildende Künste inne. Im Fischerhuder Haus der Bontjes van Beeks steht heute noch eine glasierte Figur von ihm auf dem Klavierflügel der Familie, die ihn in expressiver Tänzerpose zeigt.

Nach ihrer Scheidung widmet Olga Bontjes van Beek sich wieder stärker ihren künstlerischen Wurzeln, der Musik. In ihren Erinnerungen schreibt sie: »Neben der Malerei fing ich [um 1933, R.L.] wieder ernsthaft an, Musik zu treiben, Klavier und

Orgel, Partituren zu studieren, Bachsche Fugen zu analysieren. Durch die Linienführung bekam ich Kontakt zu Graphik und Bildkomposition, wie doch der Faden durch die Kunstgattungen sich hinzieht. Eine Partitur, die gesetzmäßig ist, sieht gut aus, und sie klingt immer. So auch ein Bild, die Komposition ist das Primäre. Ist sie ausbalanciert, so steht sie im Raum, und die Farbe bringt sie zum Klingen. Beim Tanz schwingt dieses alles genauso und hängt von einer ausgewogenen Komposition ab. So pendelte ich zwischen Musik und Malerei, und ich konnte es großartig vereinen.«[22]

Liest man dies, dann ahnt man, dass der junge Helmut Schmidt mit seiner Leidenschaft für Johann Sebastian Bach in Olga auch eine gute Gesprächspartnerin gefunden haben wird. Hinzu kam, dass Olga Bontjes van Beek nicht nur Klavier, sondern auch Orgel spielte. Im Archiv der Familie finden sich gleich mehrere Fotos, die sie an der Orgel der örtlichen Liebfrauenkirche zeigen (s. Bildteil S. III). Man kann an dem Notenwerk wie auch an den Handstellungen erkennen, dass Olga Bontjes van Beek eine versierte Organistin war. Auf einem Foto sind Noten eines Werks von Johann Sebastian Bach auszumachen, auf dem anderen spielt sie gerade ein sogenanntes Trio. Die Hände bewegen sich auf unterschiedlichen Manualen, mit den Füßen muss das Pedal bedient werden. Für die Organistin stellte das eine große Herausforderung dar, auch weil die Arme sich teils überkreuzen müssen. Die Orgel selbst war ein in Dorfkirchen der damaligen Zeit recht übliches kleineres Instrument mit zwei Manualen, Pedal und mechanischer Registratur. In dieser Kirche begleitete Olga Bontjes van Beek die sonntäglichen Gottesdienste der evangelisch-lutherischen Gemeinde. Den orgelbegeisterten Helmut Schmidt nahm sie bei seinen Wochenendbesuchen mit zum Orgelspiel in die Liebfrauenkirche, sie wird nun auch zu seiner Orgellehrerin.[23]

Noch als 95-Jähriger wusste er von seinem Fischerhuder Orgelspiel zu berichten, es muss eine starke Erinnerung gewesen sein. »Später [nach seinem Orgelspiel an der Lichtwarkschule, R. L.] habe ich in Fischerhude auf der Dorforgel zum Gottesdienst gespielt – heimlich. Olga Bontjes, die Kantorin der Dorfkirche war, hat mich an den Spieltisch gesetzt und gesagt: ›Mach mal!‹ Das war recht ungewohnt. Man sitzt mit dem Rücken zum Pastor und weiß gar nicht, wann man dran ist und wann man wieder aufhören muss. Deshalb guckt man in den Spiegel. Wenn aber der Spiegel verdreht ist, kann man den Pastor nicht sehen – und mein Spiegel war verdreht.«[24]

Olga Bontjes van Beek war eine vielseitige Künstlerin, hatte als junge Frau und Tänzerin in den verschiedensten Großstädten und interessanten Etablissements wie dem Wintergarten in der Hauptstadt Berlin Erfahrungen gesammelt. Sie kannte zahlreiche auch über die Künstlerkolonien Fischerhude und Worpswede hinaus bekannte Kulturschaffende. In dem für Besucher offenen Haus der Olga Bontjes van Beek waren immer wieder Künstler und Intellektuelle zu Gast, Gedankenaustauch und lebhafte Diskussionen prägten die Atmosphäre des Hauses. Für den jungen Helmut Schmidt waren das beeindruckende Erlebnisse. In seiner Erinnerung kam es dabei zuvorderst zu Debatten über Kunst und Literatur, aber auch politische Themen seien angesprochen worden.

»Ihr Haus – wie auch Fischerhude insgesamt – ist in den für mich entscheidenden, prägenden Jahren unmittelbar vor dem Kriege und zu Kriegsbeginn Quelle geistiger Orientierung gewesen und zugleich in höherem Maße Heimat als Hamburg und mein Elternhaus.«[25] Die Künstlergemeinde der Fischerhuder hatte ihn fasziniert, auch die spürbare Ablehnung des Nationalsozialismus in diesen Kreisen mag Wirkung entfaltet haben, »die einzige geistige Oase in der Nazi-Zeit«[26] sei die Künstlergemeinschaft in Fischerhude und insbesondere das Haus von Olga Bontjes van Beek für ihn gewesen.

Die deutlich ältere Olga Bontjes van Beek blickte bereits auf reiche und vielfältige Lebenserfahrungen zurück, als Helmut

Schmidt auf sie traf, nicht zuletzt auch durch ihre Auslands-
aufenthalte, die seinerzeit nicht die Regel waren. Dazu war sie
Mutter dreier Kinder. Im Familienarchiv finden sich Fotos von
ihr aus den Jahren, als Helmut Schmidt hierherkam.

Olga Bontjes van Beek war eine attraktive Erscheinung, mit
einem aparten Gesicht und anmutiger Haltung, wie es in der
Familie heißt. Noch als ältere Frau habe sie sich diese Anmut
erhalten, so ihr Bewunderer Helmut Schmidt.

Olga Bontjes van Beek aus der Zeit, als Helmut
Schmidt sie kennenlernte.

Der junge Soldat Helmut Schmidt schwärmte für Olga Bontjes van Beek ebenso wie der ältere Schmidt. 1968 erinnert er
sich – wie bereits erwähnt – in einem Brief »an die menschliche
Berührung (...), die ich Anfang des Krieges an schönen Sommertagen in Fischerhude erlebt habe«.[27] Von seiner Jugendliebe
Loki Glaser will er zumindest in diesen Jahren 1938 bis 1940
nichts mehr wissen. Bereits im Jahr 1937 habe seine »endgültige Emanzipation von Loki« begonnen, wie er in seinen Aufzeichnungen notiert.[28] Von Mitte 1939 bis 1940 gab es keinen

Kontakt mehr zwischen den beiden. Loki Schmidt selbst bestätigt dies in ihren eigenen Erinnerungen: »Wir waren uns damals (…) recht fremd, und für einige Zeit riß die Verbindung ab.«[29]

Fischerhude und die Musik

In jeder Beziehung verkörperte Olga Bontjes van Beek für den jungen Helmut Schmidt eine andere und größtenteils fremde Welt. Und dennoch boten sich für ihn viele Anknüpfungspunkte. In Olgas Haus konnte er seine Leidenschaft für die Künste vertiefen und sich in das für diese Familie so wichtige Musikgeschehen einbringen. Und so wird der eingangs erwähnte Flügel im Hause in der Bredenau zu einem Anziehungspunkt. Seit 1916 spielte man hier nicht an einem einfachen Klavier, sondern an einem kleineren sogenannten Stutzflügel, eigens für bürgerliche Wohnungen und Häuser von den großen Klavierbauern im 19. Jahrhundert entwickelt.

Als ich mit der Enkelin von Olga Bontjes van Beek Kontakt aufnahm und erfuhr, dass sie im Hause der Großmutter in Fischerhude wohnte, war eine meiner ersten Fragen die nach der musikalischen Tradition in den Familien Breling und Bontjes van Beek. Ich solle doch bitte anrufen, denn zu diesem Thema gäbe es viel zu berichten, antwortete sie.

Es war die Frau Heinrich Brelings, Amalie Breling, geborene Mayer aus München, die »die Musik ins Haus gebracht hatte«.[30] Alle ihre Töchter hatten durch ihren Einfluss eine enge Beziehung zur Musik, für alle blieb das eigene Musizieren ein Lebensthema. Vier der Breling-Töchter durchliefen sogar eine professionelle musikalische Ausbildung. Louise studierte Gesang und trat als Konzert- und Opernsängerin auf, Jossie studierte Klavier und Komposition, Haina Geige, Olga erhielt ihre Klavierausbildung von der eigenen Mutter und studierte Tanz.

Der Flügel im Künstlerhaus Breling. Foto 2020.
Der Raum ist im Originalzustand erhalten.

Neben Olga reüssierten später auch zwei ihrer Schwestern als bildende Künstlerinnen: Amelie als Malerin, Bildhauerin und Keramikerin, Louise, die nach der Heirat mit Otto Modersohn ihre Opernkarriere aufgab, wurde eine anerkannte Malerin, die den Stil des expressiven Realismus für sich entdeckt hatte.

1915 wurde das Klavier im Hause Breling durch den besagten imposanten Flügel aus der Klaviermanufaktur Bechstein ausgetauscht. 1300 Mark kostete er, war »gebraucht, aber bestens hergerichtet«, so steht es auf der Quittung für »Frau Prof. Breling«.[31] Das alte Klavier wurde in Zahlung genommen, für 300 Mark der Ankauf von Kunst in Rechnung gestellt, die stattliche Restsumme in monatlichen Raten abbezahlt. Nach seiner

Zeit als Hofmaler in München waren die finanziellen Mittel im Hause Heinrich Brelings knapp geworden.

Der Flügel der Amalie Breling hat die Zeitläufe überstanden, ihre Tochter Olga hat an ihm ungezählte Stunden verbracht, und bis heute bildet der Bechstein-Flügel ein Zentrum im Wohnbereich des ehemaligen Breling-Hauses in Fischerhude.

Auch für Helmut Schmidt wurde dieser Flügel und das Klavierspiel in diesem Hause zu einem besonderen Anziehungspunkt. Wenn er hier unter dem Selbstporträt des Heinrich Breling spielte, war es für ihn nicht nur die Freude am eigenen Spiel, die ihn hierherzog, sondern auch die Tatsache, dass er sich in eine Welt einbringen konnte, die so verschieden von der seinen war. Malerei, Bildhauerei, Keramik, all das galt es erst zu entdecken – um selbstbewusst mitreden zu können, war das Terrain noch zu fremd. Beim Klavierspiel war dies anders, hier war er Akteur und konnte bei Olga unter Umständen sogar Eindruck hinterlassen. Musik machen ist immer auch eine Form der Kommunikation, und genau so mag das der junge Soldat am Klavier im Breling-Haus empfunden haben.

Gewiss trifft das auf das gemeinsame Klavierspiel mit Olgas Sohn Tim am Flügel des Hauses zu.[32] 1923 geboren, war Tim keine fünfzehn Jahre alt, als Helmut Schmidt ihn kennenlernte, er besuchte das Gymnasium in Bremen und zeigte sich schon zu diesem Zeitpunkt als ein begabter und versierter Klavierspieler. Dass ihm gar eine Karriere als Pianist möglich sein würde, war bei seinem außergewöhnlichen Talent wohl schon zu diesem Zeitpunkt deutlich zu bemer-

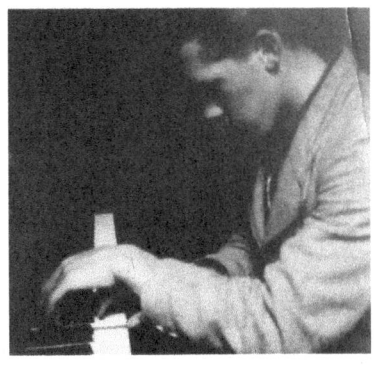

Tim Bontjes van Beek.

ken. Eine schwere Kriegsverwundung an der rechten Hand sollte diese Karriere aber verhindern.

Das vierhändige Klavierspiel ist eine besondere Form des sozialen Miteinanders. Man teilt eine Leidenschaft und eine besondere Fähigkeit, man verlässt sich auf den anderen, auf seine Fertigkeit, aber auch auf seine Toleranz, wenn beim Spiel nicht alles sofort klappt. Man ist abhängig und gleichzeitig trägt das gemeinsame Spiel einen mitunter über die eigenen Möglichkeiten hinaus. Das Spiel zu zweit schafft eine temporär enge Beziehung zwischen den Musikern.

So oder so ähnlich wird es wohl auch für Helmut Schmidt in Fischerhude gewesen sein. Auf dem Gebiet der bildenden Künste war er eher ein Lernender oder gar Außenseiter in diesem Kreis. Bei der Musik konnte er sich kompetent einbringen, allein vorspielen, allein für sich spielen und nicht zuletzt qualifiziert über Musik reden. Olga Bontjes van Beek war auch eine gute Gesprächspartnerin. 1941 schreibt sie in einem Brief an ihren Sohn Tim über die Musik der beiden Bachs. Es ist vorstellbar, dass sie so auch mit Helmut Schmidt gesprochen, ihm Ratschläge und Korrekturen mitgegeben haben könnte: »Über die beiden Bäche möchte ich Dir mal etwas sagen. Denke an Arrau [den chilenischen Pianisten Claudio Arrau, der von 1913 bis 1940 in Berlin lebte, R.L.], dessen Vortrag sich ganz nach der Verschiedenheit der Stile richtete. Bei Dir ist jetzt leicht die Gefahr, daß du Bach nicht mit der nötigen Festigkeit spielst. Denke daran, daß Du die *Präludien* nicht zu schnell spielst. Die haben mit Virtuosität nichts gemein! Die Virtuosität musst Du dem 19. Jahrhundert überlassen. Du mußt trennen! (…) das ist meine Meinung, und ich glaube, daß Du auch so fühlst.«[33]

Solche Passagen aus der Feder von Olga Bontjes van Beek lassen vermuten, dass Helmut Schmidt hier bei seinen Besuchen in Fischerhude nicht nur eine Erweiterung seines Kunstverständnisses, sondern auch eine Vertiefung seines Verständnisses der klassischen Musik erfahren haben könnte. Sicher konnte er in dieser Umgebung auch das Raue und Eintönige der Wehrausbildung in der Grohner Kaserne für eine kurze Zeit vergessen. Nicht, dass er sich dort unwohl gefühlt hatte. Später schreibt er, dass sich nach dem stumpfen und anstrengenden Arbeitsdienst die Ausbildung als Soldat in der Grohner Kaserne und die endgültige Distanz zum Elternhaus als eine Art Befreiung erwiesen habe, aber den Kontrast, den das Leben in Fischerhude zum Leben in der Kaserne bot, hat er offensichtlich noch viel stärker empfunden.

Fischerhude – kein unpolitischer Ort

Allerdings ein Idyll oder eine Oase, wie Helmut Schmidt es beschrieb,[34] war auch das Künstlerdorf Fischerhude in den Jahren von Nazidiktatur und Krieg gewiss nicht. Im Gegenteil, in der Landbevölkerung des Ortes war die Zustimmung zur NSDAP bei Wahlen außergewöhnlich hoch, und schon sehr früh hatte sich ein Ortsverein der Hitler-Partei gegründet. Im Nachbarort Worpswede war es nicht anders. Bei den letzten freien Reichstagswahlen vom November 1932 erhielt die NSDAP in Fischerhude bereits 57,6 Prozent der Stimmen. Zum Vergleich: Im Nachbarkreis Verden lag die Quote mit 38,3 Prozent erkennbar niedriger. Bei der von den Nazis bereits stark durch vielfältige Repressionen beeinflussten Wahl zum Reichstag vom 5.3.1933 stieg der Stimmenanteil der NSDAP in Fischerhude auf bemerkenswerte 65,4 Prozent, die Zustimmung zur NSDAP lag damit in Fischerhude um mehr als 20 Prozent höher als im Reichsdurchschnitt.[35]

Auch bei den Künstlern in den beiden Künstlerkolonien Worpswede und Fischerhude gab es Zulauf zur Nazipartei, allerdings in unterschiedlichem Ausmaß. Für Worpswede sind inzwischen etliche Fälle der Parteinahme für den Nationalsozialismus belegt, mit Fritz Mackensen hatte das Dorf sogar einen Vorzeigekünstler der Nazijahre in ihren Reihen. In der kleineren Künstlerkolonie Fischerhude blieb die Zustimmung zum NS-Regime überschaubar.

Fritz Mackensen, Mitbegründer der Worpsweder Künstlerkolonie und einer ihrer bekanntesten Repräsentanten, zeigte sich bereits unmittelbar nach der Machtübernahme der Nazis als Prototyp eines überzeugten Nationalsozialisten und wird zu einem Vorzeigemaler in der NS-Zeit.[36] Auf der ersten »großen Deutschen Kunstausstellung« der Nazis im Münchener Haus der Kunst wird er ausgestellt, bereits 1933 avanciert er zum Leiter der »Nordischen Kunsthochschule« in Bremen, ist Vorsitzender vom »Kampfbund für deutsche Kultur«, Mitglied in der NSDAP und in der SA. 1944 wird er auf der offiziellen »Gottbegnadetenliste« des Reichspropagandaministeriums als einer der 1000 wichtigsten deutschen Künstler geführt und von jeglichen Kriegseinsätzen freigestellt.

Zu Ehren kommt auch der von Helmut Schmidt geschätzte und in Fischerhude beheimatete Maler Otto Modersohn.[37] Während die Werke seiner ersten Frau Paula Modersohn-Becker auf der Liste der »entarteten Kunst« standen, bleibt Otto Modersohn nach 1933 ein anerkannter und erfolgreicher Maler. Seine Werke verkaufen sich auch nach 1933 gut, seine Landschaftsbilder passten in die Zeit der Glorifizierung von Scholle und Heimat. Zusammen mit Fritz Mackensen erhält er 1937 den »Niederdeutschen Malerpreis«, 1940 wird ihm die Goethe-Medaille als im NS-Staat wichtige Auszeichnung für Kunst und Wissenschaft, 1942 der Titel eines Professors von der Reichskammer für Bildende Künste verliehen. Belegt ist, dass er in Rolf Hetsch, einem hohen Beamten im Reichspropagandaministerium, einen engagierten Befürworter und Verehrer seiner Kunst hatte.

Ohne Zweifel hat Otto Modersohn mit seiner Kunst von der NS-Zeit profitiert, anders als Mackensen aber hat er sich nicht bei den Nazis angebiedert. Sein Malstil und seine Sujets bleiben auch nach 1933 im Wesentlichen unverändert, auch übernimmt er keine Funktionen in NS-Organisationen. Joachim Woock, ein intimer Kenner der Regionalgeschichte, konstatiert, dass von Modersohn auch keine öffentlichen oder gedruckten Sympathiekundgebungen gegenüber dem NS-System nachweisbar sind.[38] Dem drohenden Krieg sehen er, vor allem aber seine dritte Frau, die Breling-Tochter Louise, mit Sorge entgegen, der Eintritt des Sohnes Ulrich in die SA im Jahre 1934 löst Bedenken aus. 1937 schließt sich Sohn Christian ebenfalls der SA an. Er wählt dafür ein symbolträchtiges Datum, den 9. November, den Tag des Hitler-Putschs in München aus dem Jahre 1923. Nach eigenen Angaben blieb er aber nur bis Juni 1938 in der SA.[39]

Otto Modersohns Haltung in der NS-Zeit unterscheidet sich signifikant von der Fritz Mackensens, ohnehin gilt, dass die Fischerhuder Künstlerkolonie weit schwächer vom Nationalsozialismus infiziert war als die in Worpswede.[40] Ein politikfernes Künstlerleben konnte man aber auch in Fischerhude nicht führen. Das Beispiel der Modersohns macht das hinlänglich deutlich. Durch die enge verwandtschaftliche Beziehung der Modersohn- und der Breling-Familien sind alle Vorgänge in der Familie des Malers Modersohn auch ein Thema bei den Breling-Schwestern. Zu Olga pflegen die Modersohns einen Briefkontakt, wenn sie in ihrem Zweitdomizil im Allgäu sind, Cato hat enge freundschaftliche Verbindungen zu den etwa gleichaltrigen Cousins Ulrich und Christian, sie schreibt an ihre Tante Louise noch aus der Haft.

Nein, eine politische Idylle kann Fischerhude auch für die Künstlerfamilien Breling, Modersohn und Bontjes van Beek nicht gewesen sein. Hinzu kam, dass es bei den Schwestern Olga Bontjes van Beek und Amelie Breling auch finanziell wenig idyllisch zuging. Feste Einnahmen gab es nicht, der große Nutzgarten ihres Hauses In der Bredenau sorgte für den täglichen Bedarf, aber es gab Jahre, in denen der Alltag ohne die

Unterstützung von Schwester Emma, die in Berlin bei Siemens eine Anstellung und ein geregeltes Gehalt hatte, noch deutlich schwerer gewesen wäre. In Helmut Schmidts bewundernder Erinnerung an das gastfreundliche Haus kommt dies alles jedoch nicht vor.

Als er im Frühjahr 1991 an seinem Manuskript über Kindheit und Jugend in der NS-Zeit arbeitete und Mietje Bontjes van Beek, zweite Tochter von Olga Bontjes van Beek, seine Passagen über die von ihm eher als unpolitisch erlebte Fischerhuder Zeit zur Ergänzung und Korrektur schickte, fand diese deutliche Worte: »In der Zeit des National-Sozialismus lebten wir alle in einer Situation, in der man gezwungen war *politisch* zu sein. Es waren in unserem Haus da nicht nur ›ganz freie Unterhaltungen über die Nazis *nebenher*‹. So harmlos ging es nicht zu. Denke nur an *Amelie*, die mit Dir harte Debatten führte gegen Deine damalige Einstellung. *Cato* hat mit Dir, neben vielen Gesprächen über literarische Themen, ebenso sehr heftige *politische* Diskussionen geführt. Es stimmt, daß auch sehr viele Unterhaltungen über Probleme der Kunst diskutiert worden sind, aber die Politik dieser Zeit zog jeden in ihren Bann und nahm ihm die Luft zu atmen. Nein, Fischerhude war nicht die quasi ›Insel der Seligen‹ … Es konnte das nicht sein! Auch für junge und nach Deiner Beschreibung ›unpolitische‹ Menschen nicht. Mit dem Begriff ›Fischerhude‹ meine ich natürlich nur *unser Haus*, von dem Du in Deinem Brief schreibst, daß dies über lange Jahre hinweg Deine zweite Heimat gewesen sei.«[41]

Welche Themen Helmut Schmidt mit den Fischerhudern bei seinen Besuchen der Jahre 1938 bis 1940 diskutiert hat, wissen wir nicht genau, einiges lässt sich aber erschließen. Anlass zu Kontroversen könnte vor allem Schmidts eher positive Einstellung gegenüber der Wehrmacht gewesen sein. Auch sein Bestreben, an die Front versetzt zu werden, dürfte auf Unverständnis gestoßen sein. Und anders als Cato Bontjes van Beek war Schmidt nicht zu einem aktiven Widerstand gegen das Regime bereit. In der Kriegsgefangenschaft im belgischen Jabekke im Frühsommer 1945 macht sich Helmut Schmidt Aufzeichnungen zu seiner Entwicklung seit seiner Kindheit. In den teils nur stichwortartigen Einträgen zu seiner Haltung gegenüber dem Nationalsozialismus in den Jahren vor und nach dem Kriegsbeginn zeigen sich Unsicherheiten und Ambivalenzen. Für das Jahr 1938 konstatiert er: »Nunmehr klare Kontra-Stellung zum N. S., lediglich Hitler ausgenommen.« Für 1939 heißt es: »Klare Frontstellung zum NS.« 1940 hingegen: »Immer wieder noch Annäherung an einzelne NS-Ideen.«[42] Man kann sich gut vorstellen, dass er mit einer solchen Haltung im Hause der Olga Bontjes van Beek »heftige Diskussionen« hat auslösen können.

Dass er sich in den neunziger Jahren daran nicht mehr erinnern wollte oder konnte, hat allerdings keine dauerhafte Verstimmung zwischen den Beteiligten ausgelöst. Wie sollte es auch, denn wiederholt hatte er zugestanden, dass das Haus der Olga Bontjes van Beek auch ein Ort der geistigen Orientierung gewesen sei. Nur wollte er diese nicht allzu sehr auf das Politische beziehen, denn dann hätte sich ja auch die Frage gestellt, warum diese Orientierung ihn nicht früher und entschiedener zu einer Gegnerschaft des NS-Systems geführt habe. In seinem Antwortbrief an Olgas Tochter verspricht er, sich die Kritik zu Herzen zu nehmen,[43] und kündigt gleichzeitig seinen nächsten Besuch im Hause In der Bredenau an, dem noch viele folgen sollten. Die Beziehungen nach Fischerhude haben ihn nicht mehr losgelassen.

Am Ende seines Lebens waren die vielfältigen Erfahrungen des jungen Helmut Schmidt in Fischerhude ohnehin vor allem mit Olga Bontjes van Beek verknüpft. Real geblieben waren ihm ihre Bilder. Immer wieder hatte er sie sich angeschaut, er konnte sie präzise, ja man kann sagen, fast professionell beschreiben. Es sind Bilder – so schreibt er – »von norddeutschen Landschaften in kräftig leuchtenden, pastos aufgetragenen Farben. Um die skulpturale Wirkung ihrer Bilder zu erhöhen, mischte

Olga Bontjes van Beek Sand in die Ölfarben. Vielleicht habe ich ihre Malerei künstlerisch überschätzt, vielleicht steht ihre Entdeckung noch bevor – ich vermag das nicht zu entscheiden. In meinem Schlafzimmer hängen jedenfalls fünf Landschaften aus ihrer späteren Schaffensperiode, an denen ich mich jeden Abend und jeden Morgen erfreue.«[44] Und da die Bilder, wie er schreibt, in seinem eigenen Schlafzimmer hingen, musste er sie auch mit niemandem teilen, nicht einmal mit seiner Frau. Die Landschaften der Olga Bontjes van Beek hängen noch heute dort.

6

Orgel- und Klavierspiel im Krieg: Das Klindworth-Scharwenka-Konservatorium und zwei Leihklaviere

> »Während des Krieges habe ich (…) Orgelunterricht ge-
> nommen. Das scheint aus heutiger Sicht absurd, aber
> im Krieg war jede Abwechslung willkommen.«[1]
>
> (Helmut Schmidt, 2015)

In Kriegszeiten Orgelunterricht zu nehmen ist an sich schon bemerkenswert, Helmut Schmidt aber hat in den Kriegsjahren nicht nur Orgelunterricht genommen. Er hat darüber hinaus auch zwei Mietverträge für Leihklaviere unterschrieben, einen in Hamburg, den anderen für seine Wohnung in Schmetzdorf bei Bernau, seinem Standort ab Herbst 1943. Das Spiel an Orgel und Klavier scheint fast unabdingbar für sein Wohlbefinden in jenen Jahren gewesen zu sein, anders kann man den Aufwand, den er dafür betrieben hat, gar nicht erklären.

Kriegsjahre

Die Kriegsjahre waren für Helmut Schmidt wie für alle Menschen, die diese Zeit durchlebt und durchlitten haben, eine unauslöschbare Zäsur, sie brachten Leid, persönliches Elend und immer wieder neue Herausforderungen im täglichen Leben. Er selbst sprach gelegentlich von der »Kriegsscheiße«,[2] und es bedurfte wohl eines so starken Ausdrucks, um die Heftigkeit seiner damit verbundenen Erfahrungen und Erinnerungen zum Ausdruck zu bringen. Nach allem, was wir aus diesen Jahren von Helmut Schmidt wissen, sind es nicht nur Jahre des erlebten Grauens, es sind auch Jahre innerer Widersprüche und, man kann es sich zumindest kaum anders vorstellen, auch der inneren Zerrissenheit: seine Loyalität gegenüber dem, was er die soldatische Pflicht nennt, bei gleichzeitig wachsender Einsicht in die Ausweglosigkeit der Kriegsführung an so vielen Fronten; anfängliche Übereinstimmungen mit den sozialpolitischen Elementen der NS-Ideologie bei zunehmender Distanz zu den Oberen dieses Systems; und nicht zuletzt die eigene Unfähigkeit zu ertragen, sich von dem inneren Drang zu einem eigenen Fronteinsatz zu lösen, obwohl er längst auch Verantwortung für seine Frau und dann später für den im Juni 1944 geborenen Sohn Helmut Walter empfindet.

Am 1. Februar 1940 wird er zum Leutnant ernannt, wenige Wochen danach, im Frühjahr 1940, bemüht er sich erstmals aus eigenen Stücken, an die Front abkommandiert zu werden. Nach seinem ersten Einsatz von August 1941 bis Januar 1942 an der Ostfront gibt es weitere Bemühungen für eine Versetzung zur kämpfenden Truppe. Selbst nach der Geburt des Sohnes drängt es ihn erneut zum Kampfeinsatz. Das Leitbild der Wehrmacht war der kämpfende Soldat und nicht der Dienst in der Etappe, also hinter der Front. Zu den abwertend so genannten Etappenhengsten wollte Schmidt offenbar nicht gezählt werden. Er selbst hat seine Haltung später mit einer Art Bewusstseinsspaltung zu erklären versucht: »Damals begann für mich das, was man eine gespaltene Bewußtseinslage nennen könnte: Während ich einerseits den Nationalsozialismus ablehnte und ein schlimmes Ende des Krieges erwartete, zweifelte ich andererseits nicht an meiner Pflicht, als Soldat für Deutschland einzustehen.«[3] In einer anderen Publikation fügt er dieser Erklärung hinzu: Diese »Schizophrenie ist wahrscheinlich für spätere Generationen nicht zu begreifen«.[4] Man darf anmerken, dass seine Frau sein Verhalten schon damals nicht nachvollziehen konnte.

Zu Kriegsbeginn ist er noch bei Bremen stationiert und erlebt die Künstlergemeinde in Fischerhude, die Gespräche im Hause der Olga Bontjes van Beek, aber auch das eigene Musizieren hier am Klavier und an der Orgel als eine Zeit, die Krieg und Politik in den Hintergrund geraten lassen. Im Herbst 1940 wird er nach Berlin in die Lehrinspektion IV des Generals der Flakwaffe versetzt, zeitweilig auch an die Flakartillerieschule im pommerschen Stolpemünde entsandt. Helmut Schmidt entwickelt sich zu einem Spezialisten für die leichte Flugabwehr, ist befasst mit der Erstellung von Anleitungen und Vorschriften und wirkt als Ausbilder für Ballistik bei der Schulung von Soldaten auf Truppenübungsplätzen bis in besetzte Gebiete im Ausland.

Auch privat verändert sich in den Kriegsjahren viel für Helmut Schmidt.[5] Zu Beginn des Jahres 1941 nimmt er Kontakt zu seiner ehemaligen Klassenkameradin Loki Glaser auf. Die beiden hatten sich über ein Jahr aus den Augen verloren, er schreibt die Eltern an und bittet um Weiterleitung seines Briefs. Loki Glaser hat inzwischen ihr Lehrerinnenexamen abgelegt, einige Monate Schuldienst in einer Hamburger Volksschule absolviert und ist seit dem Herbst 1940 mit einer ihr anvertrauten Gruppe von mehr als zwanzig Mädchen im Alter von neun bis fünfzehn Jahren in der sogenannten Kinderlandverschickung in einem kleinen Ort in der Nähe des fränkischen Kulmbach. Hier erreicht sie der Brief des früheren Klassenkameraden, beide scheinen Halt zu suchen. Aus dem Briefverkehr wird eine Verabredung in Berlin in den Sommerferien im August 1941. Nach nur wenigen Tagen der Gemeinsamkeit haben sich die beiden ineinander verliebt und geben sich sogar ein Heiratsversprechen. Am 24. August bringt Loki Glaser ihren »Verlobten« zum Zug, er hat sich freiwillig für einen Einsatz an der Ostfront gemeldet.

Im Januar 1942 kehrt er zurück, die beiden lösen ihr gegenseitiges Versprechen ein und verloben sich zu Pfingsten offiziell. Im Archiv der Schmidts gibt es ein Foto, auf dem zu sehen ist, wie Loki bei der Verlobungsfeier auf dem Gartengrundstück ihrer Eltern in Hamburg-Neugraben gemeinsam mit ihren Geschwistern auf der Geige musiziert. Ende Juni heiraten sie auf dem Standesamt, Anfang Juli folgt die kirchliche Trauung. In der Vermählungsanzeige liest man: »Helmut Schmidt Oberleutnant im R. L. M.«, die Abkürzung steht für Reichsluftfahrtministerium; nach seinem Fronteinsatz war er zum Oberleutnant befördert worden. Sowohl auf dem Standesamt als auch in der Kirche trägt er Uniform, seine Angehörigkeit zur Wehrmacht zu zeigen war ihm offenbar wichtig. Eine hohe Affinität zum Militärischen ist ihm zweifelsfrei auch nach dem Krieg erhalten geblieben.

Schon vor der Verlobung hatte Loki für die beiden eine kleine Einzimmerwohnung in der Wandsbeker Chaussee in Hamburg angemietet. Sie waren ein Paar, wollten ihre Unabhängigkeit und suchten einen Ort für ihre Zweisamkeit. Mit etwa zwölf Quadratmetern war die erste gemeinsame Unterkunft eng, alles war einfach, aber sie waren für sich, wenn er am Wochenende von Berlin nach Hamburg kam. Lokis Vater, ein geschickter Handwerker, hatte bei der Einrichtung geholfen, ein Bett eingepasst und aus einer Kommode einen Schrank mit Schreibunterlage für die Lehrerin geschreinert.[6] Loki hatte natürlich auch ihre Musikinstrumente – Geige, Bratsche und drei Blockflöten – mit in die neue Wohnung gebracht,[7] an ein Klavier für Helmut Schmidt war allerdings bei der Enge nicht zu denken. Anfang 1943 ziehen sie in eine geräumigere Wohnung in der Gluckstraße um.

An seinem Standort Berlin lebte Helmut Schmidt in einem möblierten Zimmer zur Untermiete. Insgesamt habe er in seiner Berliner Zeit, also vom Herbst 1940 bis zum Herbst 1943, unter mehr als sechs Adressen zur Untermiete gewohnt, berichtet er später,[8] möglichst nicht allzu weit weg von seiner Kaserne. Wenn immer möglich, fuhr er an den Wochenenden zu seiner Frau nach Hamburg, es gab damals schon eine gute Zugverbindung. Zu seinem Leidwesen war allerdings der legendäre »Fliegende Hamburger«, ein Dieselzug, der die Strecke in der Rekordzeit von zwei Stunden und 18 Minuten zurückgelegt hatte, Ende 1939 kriegsbedingt eingestellt worden. Loki war einmal in ihrer Schulzeit damit gefahren, beiden blieb diese Fahrt lebhaft in Erinnerung.[9] Nicht jedes Wochenende kam er jedoch aus Berlin heraus, vor allem unter der Woche gab es lange Abende für den frisch Verheirateten. Im Herbst 1942 fasste er den Entschluss, mit einem professionellen Unterricht das Orgelspiel wieder aufzunehmen.

Das Kriegsgeschehen hatte Berlin zu diesem Zeitpunkt längst erreicht, die ersten folgenschweren Luftangriffe mit mehreren Hunderten von Toten erfolgten vom Januar bis März 1943, Zehntausende von Schülern waren mit ihren Lehrkräften in weit entfernten Gebieten des Reichs in der sogenannten Kinderlandverschickung und für lange Monate von den Eltern getrennt. Die jüdische Bevölkerung musste seit dem 1. September 1941 gut sichtbar den sogenannten Judenstern tragen, am 18.10.1941 verließ der erste »Osttransport« mit jüdischen Bürgern die Reichshauptstadt vom Bahnhof Grunewald. Sechzig weitere Deportationszüge aus Berlin vornehmlich nach Auschwitz und 123 sogenannte Alterstransporte nach Theresienstadt sollten bis in den Januar 1945 folgen.[10]

Am Konservatorium Klindworth-Scharwenka

In seinem letzten Buch *Was ich noch sagen wollte* schreibt Helmut Schmidt: »Während des Krieges habe ich sodann Orgelunterricht genommen. (...) Meine Dienststelle, die Lehrinspektion IV des Generals der Flakwaffe, lag in der Knesebeckstraße.

Nach Dienstschluss fuhr ich zum nahe gelegenen Klindworth-Scharwenka-Konservatorium, dessen Leiter, Walter Scharwenka, Orgelunterricht erteilte.«[11]

Der von Schmidt mit Unterschrift und Dienstgrad gezeichnete Vertrag mit dem »Konservatorium der Musik Klindworth-Scharwenka« unter der Adresse Berliner Straße 39 in Berlin-Charlottenburg datiert den Beginn seiner Orgelausbildung auf November 1942. Er wird sich seine Unterschrift gut überlegt und wohl auch mit seiner Frau Loki besprochen haben, denn die Kosten waren mit 600 RM für einen Jahresvertrag beträchtlich und entsprachen in etwa dem Sold eines Oberleutnants für zwei Monate.[12]

Vertrag über Orgelunterricht am Klindworth-Scharwenka-Institut, Berlin.

So verwundert es auch nicht, dass er am Ende des Jahres 1943 den ausgelaufenen Vertrag nicht verlängert, allerdings hatten sich in diesem Jahr auch seine Lebensverhältnisse entscheidend verändert. Im Juli 1943 verlieren Helmut und Loki Schmidt ihre Hamburger Wohnung in der Gluckstraße durch einen Bombenschaden. Loki wird, da im Hamburger Stadtgebiet nach den katastrophalen Bombardierungen vom Juli 1943 alle Schulen geschlossen werden, von ihrem Beruf freigestellt, und im Herbst 1943 wird Helmut Schmidts Dienststelle von Berlin heraus nach Bernau, etwa 25 km nordöstlich der Reichshauptstadt, verlegt.

Und noch etwas ist hochinteressant im Zusammenhang mit Helmut Schmidts Orgelunterricht während der Kriegsjahre. Im November 1942 schreibt er sich im Klindworth-Scharwenka-Konservatorium ein, wenige Wochen später, am 25. Januar 1943, hält er in seinem Taschenkalender jedoch fest: »Loki hat Angst, weil ich wieder an die Front will.«[13] Die innere Zerrissenheit, die er vielleicht mit der Musik befrieden wollte, ist offenbar nicht vergangen, sie wird ihn weiter begleiten. Seine enge Beziehung zu Loki, und auch der Wunsch, sich dem Orgel- und Klavierspiel zuzuwenden, haben die Widersprüche in seiner Haltung zum Krieg und zu seiner Loyalität gegenüber dem diesen Krieg führenden NS-Staat nicht aufheben können.

Das Konservatorium

Mit dem Klindworth-Scharwenka-Konservatorium hatte sich Schmidt ein renommiertes Musikinstitut ausgesucht, das in seinem Angebot auch in diesen Kriegsjahren offenbar gut aufgestellt war. Neben Orgelunterricht wurden Klassen für nahezu alle in einem Orchester vertretenen Instrumente angeboten, es gab eine Chorklasse, eine Orchesterschule, Musiklehrerseminare, eine Ausbildung zum Kapellmeister und eine breite Palette von Konzertabenden und Vorträgen. Das Konservatorium versuchte offensichtlich auch in diesen schweren Jahren seinem Ruf als ein bedeutendes Kulturinstitut in der Hauptstadt gerecht zu werden.[14]

Das Klindworth-Scharwenka-Konservatorium in der Genthiner Straße 11.

1893 war das Klindworth-Scharwenka-Konservatorium als Zusammenlegung des von Xaver und Philipp Scharwenka 1881 gegründeten »Scharwenka-Konservatoriums« mit der seit 1883 bestehenden Klavierschule von Karl Klindworth entstanden. Alle Gründungsväter waren profilierte Berufsmusiker: Karl Klindworth (1830–1916) Dirigent, Komponist und Pianist, Xaver Scharwenka (1850–1924) Komponist und Pianist und sein älterer Bruder Philipp (1847–1917) Komponist, Solist und Musikpädagoge.

1905 tritt Robert Robitschek in das Direktorium des Instituts ein, 1917 wird er zum alleinigen Direktor und Inhaber.[15] Der Komponist, Dirigent, Kapellmeister und Dvořák-Schüler Robert Robitschek bleibt dem Konservatorium mehr als dreißig Jahre verbunden, wie viele der Musiklehrer am Konservatorium war Robitschek jüdischen Glaubens, in jenen Jahren war das für seine Berufstätigkeit allerdings ohne jede Bedeutung. Robitschek gelingt es, die Schülerzahlen stark zu steigern,[16] den Lehrkörper um anerkannte Musiker zu erweitern und bald nach seinem Antritt auch bauliche Investitionen und Entwicklungen einzuleiten. 1908 bezog das Konservatorium sein neues Hauptgebäude in der Genthiner Straße 11, in der angrenzenden Lützowstraße 76 hatte Robitschek darüber hinaus zwei Konzertsäle einrichten lassen. Für den sogenannten Blüthnersaal in der Lützowstraße 76, benannt nach seinem Sponsor, der »Julius Blüthner Pianofortefabrik«, baute die traditionsreiche und heute noch produzierende Firma E. F. Walcker eine Konzertorgel mit 60 Registern ein.

Seit 1937 wurde das Konservatorium unter der Direktion von Walter Scharwenka geführt. Dieser hatte unter anderem bei seinem Vater Philipp eine systematische Musikausbildung erhalten und war schon in seiner Jugend ein Organist mit exzellentem Ruf in der Stadt. Walter Scharwenka führte das Konservatorium durch die Kriegs- und Nachkriegsjahre hinweg bis zu seinem Ableben im Jahr 1960. Mit dem Tod seines letzten Direktors musste das renommierte Konservatorium seine Türen schließen, private Musikinstitute in dieser Größe waren wirtschaftlich nicht mehr erfolgreich zu führen.[17]

Die Verdrängung des jüdischen Direktors

Durch seine Einschreibung im Klindworth-Scharwenka-Konservatorium im November 1942 wurde Helmut Schmidt – zumindest indirekt – erneut mit den gesellschaftlichen Ausgrenzungen und wirtschaftlichen und politischen Verfolgungen der jüdischen Bürger im NS-Staat konfrontiert. Im August 1935 wird dem jüdischen Direktor und Inhaber des Konservatoriums Robert Robitschek mitgeteilt, dass er wegen seiner »nicht arischen« Herkunft aus der Reichsmusikkammer ausgeschlossen werde und die Leitung des Konservatoriums nicht fortführen könne.[18] Ihm wird eine Frist gelassen, um das Konservatorium zu veräußern. Das Institut war inzwischen auch in wirtschaftliche Schwierigkeiten geraten, vermutlich nicht zuletzt deshalb, weil viele jüdische Schüler des Konservatoriums unter dem politischen und wirtschaftlichen Druck den Unterricht nicht fortsetzen konnten und nichtjüdische Schüler wegen des Judenboykotts der Nazis ihre Verträge gekündigt hatten. Ende 1936 übergibt Robitschek die Geschäftsführung an Walter Scharwenka, am 17. Februar 1937 emigriert er über Le Havre in die USA, um sich den weiteren Verfolgungen durch die NS-Behörden zu entziehen.

Da der Stadtpräsident und auch das Reichspropagandaministerium an der Fortführung des renommierten Instituts Interesse haben, wird Walter Scharwenka im April 1937 zum kommissarischen Leiter ernannt, 1938 wird er Inhaber und Direktor. Gleichzeitig läuft ein Insolvenzverfahren, um die beträchtlichen Belastungen abzubauen. Den Nazigesetzen folgend entlässt Scharwenka alle verbliebenen jüdischen Mitarbeiter, sowohl in der Verwaltung als auch beim Lehrpersonal.

Als Walter Scharwenka das Konservatorium 1936 übernahm, gelang es ihm, den Betrieb mit einem reduzierten Programm und einer verkleinerten Personalbesetzung bis in die Kriegsjahre sicherzustellen. Der Besitz in der Genthiner Straße war inzwischen verloren gegangen, das Konservatorium konnte jedoch Räume in der Berliner Straße 39 anmieten. Unter dieser Adresse unterschreibt im November 1942 Helmut Schmidt den Vertrag für seinen Orgelunterricht. Für das Konservatorium unterzeichnet Direktor Walter Scharwenka persönlich.

In der Außendarstellung seines Konservatoriums unterlässt Scharwenka jegliche besonderen Reverenzen an das NS-Regime.[19] Alle überlieferten Programme und Ankündigungen des Instituts aus diesen Jahren kommen ohne Bezugnahme auf den NS-Staat und ohne Verwendung von NS-Insignien aus. 1957 strebt der in den USA und nach eigenen Angaben in existenziellen Nöten lebende Robitschek ein Entschädigungsverfahren für den Verlust seines Konservatoriums im fernen Berlin an. Scharwenka widerspricht den Ansprüchen, verweist auf einen Kaufvertrag, den er mit Robitscheks Frau geschlossen habe, und auf die Überschuldung des Instituts.[20]

Wie wohl so oft in solchen Verfahren wird dem ehemaligen Besitzer und Direktor des Klindworth-Scharwenka-Konservatoriums eine Entschädigung verweigert, am 1.8.1967 verstirbt Robert Robitschek in seinem amerikanischen Wohnort St. Paul in Minnesota.[21] Seine Entschädigungsakte hatte man in den Berliner Behörden bereits sechs Jahre zuvor geschlos sen,[22] die geforderten Belege und Dokumente konnte der alte Herr nicht mehr erbringen. So steht auch die Geschichte des Klindworth-Scharwenka-Konservatoriums als ein Beispiel für die systematische Ausgrenzung und Verfolgung des jüdischen Teils der deutschen Bevölkerung in der NS-Zeit, aber auch für die mangelnde Sensibilität und Gerechtigkeit im Umgang mit den Opfern nach 1945.

Ob und wie weit Helmut Schmidt von diesen Vorgängen sechs Jahre vor seiner Einschreibung als Orgelschüler im Konservatorium informiert war beziehungsweise sich hat informieren können, wissen wir nicht. Allerdings war in Berlin sehr wohl bekannt, dass das Klindworth-Scharwenka-Konservatorium bei jüdischen Musikern, Schülern und Schülerinnen vor der NS-Zeit hochangesehen war und dass viele der Musiker dort Juden waren. Es scheint unwahrscheinlich, dass der geschichtsbewusste Helmut Schmidt sich nicht für die Tradition dieser Institution im Musikleben der Hauptstadt interessiert haben sollte. Insbesondere auch deshalb, weil sein Orgellehrer Walter Scharwenka von der Vorgeschichte des Instituts und der Verdrängung seiner jüdischen Schüler und Lehrer eine sehr genaue Kenntnis hatte.

Helmut Schmidts Unterricht an der Orgel

Für die Orgelausbildung bei Walter Scharwenka galten selbst in den wirtschaftlich schwierigen Kriegsjahren anspruchsvolle musikalische Vorbedingungen, die auch sein Orgelschüler Helmut Schmidt erbracht haben muss.

In einer Broschüre des Konservatoriums, vermutlich aus den Jahren 1943/44, heißt es: »Die Aufnahme in die Orgelklasse kann nur erfolgen, wenn eine hinreichende Vorbildung im Klavierspiel nachgewiesen wird. Hierzu gehört als Mindestforderung die einwandfreie Beherrschung der 3st. Inventionen von

Mittwoch, den 10. November, 17 Uhr, im Bachsaal, Lützowstraße 76

1943

Orgelabend

der Ausbildungsklasse Walter Scharwenka

unter Mitwirkung des Frauenchors

und des Orchesters des Konservatoriums

Leitung: Dr. Walter Scharwenka

VORTRAGSFOLGE:

1. Toccata und Fuga in F-Dur für Orgel . . . .
Lisa Parow
2. a) Praeludium und Fuga in A-Dur für Orgel · · · Joh. Seb. Bach
   b) Fuga in G-Dur für Orgel
Eva Herzog
3. Toccata und Fuga in D-Dur für Orgel . . . . Max Reger
Lisa Parow
4. a) Choralvariationen über „In dir ist Freude"
Lisa Parow
   b) Choralvariationen über „Erhalt uns, Herr, bei deinem Wort" und „Nun freut euch, liebe Christen" · Walter Scharwenka
Eva Herzog

P a u s e

5. Konzert g-moll für Orgel und Orchester
Eva Herzog
6. Konzert F-Dur für Orgel und Orchester · · · · G. F. Händel
Lisa Parow
7. Gebet für Sopransolo, Frauenchor und Orchester · Walter Scharwenka
Sopransolo: Gerda Winter

GEBET

Das anspruchsvolle Programm der Orgelklasse des Klindworth-Scharwenka-Konservatoriums 1943.

J. S. Bach und der Etüden von Cramer oder denen ähnlicher Etüden, sowie der Klaviersonaten von Mozart und leichterer Bach-Sonaten.«

Den praktischen Teil seines Orgelunterrichts erteilte Walter Scharwenka vor und in den Kriegsjahren vornehmlich in der Lukaskirche im Bezirk Steglitz. Hier hatte er 1919 in der neu erbauten Kirche eine Stelle als Kirchenmusiker angetreten, und hier wird wohl auch Helmut Schmidt zu Unterrichts- und Übungszwecken gespielt haben. Die Orgel in der Lukaskirche, eine Furtwängler & Hammer der gleichnamigen Orgelbaufirma aus Hannover, war ein großes und hochwertiges Instrument, die Original-Windladen sind noch in der heutigen Orgel der Lukaskirche verbaut. Auf einer solchen Orgel zu spielen war für jeden Organisten eine Inspiration. Für Helmut Schmidt wird das nicht anders gewesen sein.[23]

Zu Übungs- und Aufführungszwecken dienten dem Konservatorium in den Kriegsjahren auch die Säle in der Genthiner Straße. Der Besitz der Säle hatte inzwischen gewechselt, auch trugen die Säle inzwischen andere Namen, etwa Bach-Saal und Robert-Schumann-Saal. Man darf annehmen, dass Helmut Schmidt nach Dienstschluss die Möglichkeit hatte, an der Walcker-Orgel im Bach-Saal zu spielen und für sich allein dort zu üben. Noch in den Kriegsjahren wurden in den Bach- und Schumann-Sälen weitere große Konzerte veranstaltet, selbst

Walter Scharwenka, Orgellehrer von Helmut Schmidt in den Kriegsjahren 1942/43.

die Berliner Philharmoniker spielten hier. Der Schumann-Saal galt als einer der schönsten Konzerträume in der Hauptstadt, er hatte einen Rang und bot Plätze für 500 Besucher. Für eines dieser Konzerte hatte Helmut Schmidt in den ersten Kriegsjahren eine Karte erstehen können, der Abend blieb ihm unvergesslich: »Ich glaube, es war der Schumann-Saal. Ich erinnere mich an einen jungen, wild gestikulierenden Dirigenten, das war Sergiu Celibidache. Der muss damals ein paar Jahre älter als ich gewesen sein, also vielleicht Mitte oder Ende zwanzig. Er dirigierte die Berliner Philharmoniker und war kurzfristig für Wilhelm Furtwängler eingesprungen. (...) Ich habe Celibidache tausend Jahre später wieder getroffen, da war er inzwischen ein weltberühmter Kerl. (...)«[24] Die ehemaligen Säle des Klindworth-Scharwenka-Konservatoriums wurden noch in den ersten Nachkriegsjahren für Konzerte genutzt, dann sind sie in Vergessenheit geraten,[25] so wie auch der jüdische Direktor des Klindworth-Scharwenka-Konservatoriums, Robert Robitschek, in Vergessenheit geraten ist, ohne den es all dies nie gegeben hätte.

Die Leihklaviere

Von den anspruchsvollen Vorbedingungen für den Orgelunterricht bei Walter Scharwenka war bereits die Rede, darüber hinaus gab es aber noch die Anforderung, dass die Orgelschüler sich »dauernd im Klavierspiel sowie in Harmonielehre und Kontrapunkt zu vervollständigen« hätten.[26] Diese Anordnung zum stetigen Üben mag für Helmut Schmidt die Motivation gewesen sein, eine weitere ungewöhnliche Entscheidung am Beginn des Kriegsjahrs 1943 zu treffen und sich für die eheliche Wohnung in der Hamburger Gluckstraße ein Leihklavier zu mieten.

Das Instrument mietete Helmut Schmidt im März 1943 im Klaviergeschäft von Emil Trübger in der Wallstraße 14 im Hamburger Stadtteil St. Georg an, ein schwarz poliertes Piano der renommierten Berliner Piano-Firma Bechstein. Das Geschäft wird er bereits seit seiner Kindheit gekannt haben, denn in derselben Straße, nicht weit entfernt, hatte er die Grundschule Wallstraße 22 besucht.

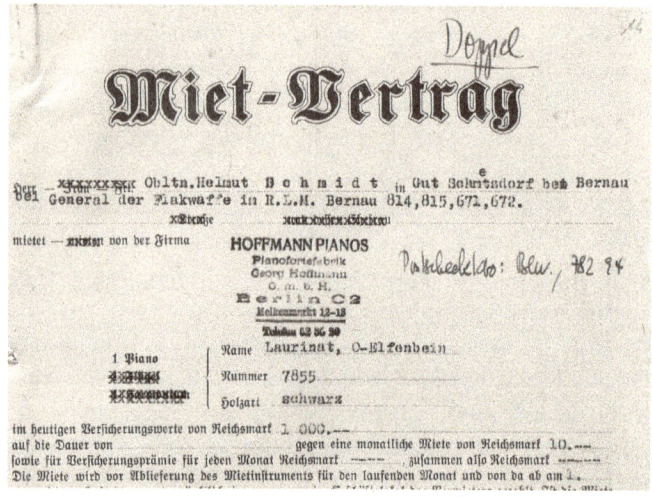

Vertrag über ein Leihklavier bei der Berliner Firma Hoffmann Pianos, Januar 1944.

Auch für die Anmietung dieses Klaviers bedurfte es erneut eines förmlichen und umfangreichen Vertrags. Dieser legte unter anderem fest: »Bei Unglücksfällen – ganz gleich, ob diese durch eigene Schuld, durch elementare Ereignisse oder sonstige Umstände verursacht werden – hat der Mieter den vollen Schaden zu zahlen.«[27] Vertragsgemäß gingen damit natürlich auch Kriegsschäden durch Bombardierungen zu Lasten des Mieters. Im Ernstfall eines Totalschadens hätten die Schmidts 800 RM zahlen müssen, zumindest war eine solche Summe im Vertrag für den möglichen Ersatz des Klaviers ausdrücklich und handschriftlich eingefügt worden. Fast günstig scheint da hingegen die Leihgebühr: 16 RM pro Monat war die Rate und musste persönlich eingezahlt werden.

In dem vom Oberleutnant Helmut Schmidt unterzeichneten Vertrag heißt es zur Zahlung: »Die Miete wird vor Ablieferung des Mietinstruments für den laufenden Monat und von da ab am 19. eines jeden Kalendermonats pünktlich im Voraus im Geschäftslokal des Vermieters gezahlt.«[28] Da Helmut Schmidt unter der Woche in Berlin Dienst tat, wird seine Frau den Weg in die Wallstraße angetreten und dort die Monatsrate eingezahlt haben.

Oft ist sie dazu allerdings nicht gekommen. In der letzten Juliwoche des Jahres 1943 ereilte die Schmidts mit der Totalausbombung ihrer Wohnung ein Schicksal, das sie mit Hunderttausenden anderer Hamburger teilten. »Operation Gomorrha« nannten die Alliierten die über Tage anhaltenden Bombardierungen der Hansestadt, mehr als 35 000 Menschen verloren ihr Leben, unzählige verloren ihr gesamtes Hab und Gut. Bei dem zweiten Großangriff in der Nacht vom 27. auf den 28. Juli, in der auch das Haus und die Wohnung der Schmidts in der Gluckstraße 51 in Schutt und Asche gelegt wurde, entwickelte sich ein Feuersturm von unbeschreiblichem Ausmaß. Natürlich war auch das von Helmut Schmidt geliehene Bechstein-Klavier der Firma Emil Trübger nicht verschont geblieben.

Zum Glück waren die beiden selbst in diesen Tagen nicht in Hamburg. Helmut Schmidt war im Juli dienstlich auf den Truppenübungsplatz Rerik auf der Ostseehalbinsel Wustrow abkommandiert, Loki Schmidt konnte, da in Hamburg bereits die Sommerferien angefangen hatten, ihrem Mann nachreisen und hatte sich im Ostseebad Kühlungsborn eingemietet. Die gigantischen Rauchschwaden der Brände aus Hamburg konnte man bis an die Ostseeküste in Kühlungsborn sehen.

Bereits vor dem 27. Juli war Helmut Schmidt, begleitet von Fliegerangriffen und Bombardierungen, zurück an seine Dienststelle nach Berlin gereist; in seinem erhalten gebliebenen Taschenkalender hält er fest:

»26. Juli: Ich fahnde unruhig nach Loki und den Hamburger Angehörigen.

27. Juli: Die Angriffe auf Hamburg wiederholen sich. Noch keine Nachrichten.

28. Juli: Karte und Lebenszeichen von Vati vom Sonntag (25. Juli). Verabredung mit Loki [zwecks Nachreise nach Berlin].

29. Juli: Loki kommt nachts an, demoralisiert und erschöpft. Unterwegs wieder Fliegerangriffe. Ich rechne nicht mehr mit unserer Wohnung.«

Zwei Tage später fährt er nach Hamburg, um nach den Angehörigen zu suchen.

»31. Juli: Ich fahre nach Hamburg. Die Katastrophe ist unvorstellbar. Wiedersehen mit den Eltern ... Fünf Stunden durch die Trümmerstätten.«[29]

Nach und nach stellt sich heraus, dass aus Lokis Großfamilie zwei Verwandte ums Leben gekommen sind, die anderen haben überlebt. Alle in der näheren Verwandtschaft der Schmidts und Glasers haben ihre Wohnungen verloren, verstreut über das Stadtgebiet sind alle jedoch behelfsmäßig untergekommen.

Nun gibt es auch Gewissheit über den Totalverlust der Wohnung von Loki und Helmut Schmidt in der Gluckstraße. Vom Kleiderbügel bis zum Klavier war alles zerstört. Einige Zeit später macht das Paar eine maschinegeschriebene Schadensbilanz auf, gegliedert in Kategorien von A Möbel bis H Sonstiges. Die Schreibmaschine ist entweder von seinem Arbeitsplatz in der Berliner Kaserne oder geliehen, denn die eigene, »Marke Adler«, findet sich unter Überschrift »Schreibgeräte« ebenfalls auf ihrer Verlustliste.

Diese Liste liefert auch noch einmal den Nachweis dafür, dass die Musik nicht nur im Leben Helmut Schmidts, sondern auch in dem seiner Frau eine bedeutende Rolle einnahm. Unter der Kategorie: »D. Musikinstrumente« führen sie auf: »1 Klavier (Bechstein), 1 Bratsche, 1 Geige, 1 Radio (Sachsenwerk, 3 Röhren), 1 Blockflöte, 1 Mundharmonika.« Unter der Überschrift »Noten« findet sich ebenfalls ein erstaunlicher Bestand: »Ca. 25 Hefte Blockflötennoten, ca. 12 Hefte Geigennoten, ca. 15 Liederbücher (Liedersammlungen), 5 Streichquartette u. Trios, 13 Bände Klaviernoten (Alte Meister u. Klassiker).«

Zu ihrem Buchbestand geben sie 15 laufende Meter an. Darunter: »Eine 20-bändige Weltgeschichte (Schlosser Halbleder), 8 Bände Brehms Tierleben. (…) 60 Bände Weltliteratur und 35 Bände großformatige Kunstdruckwerke.«[30] Die beiden hatten offenbar ihre Kulturgüter aus den Elternhäusern mit in die Ehe und die gemeinsame Wohnung gebracht. Er Klavier, Klaviernoten und Geschichtsbücher, sie Geige, Bratsche, Blockflöte, den dazugehörigen Notenbestand und *Brehms Tierleben*. Kunstdruckwerke hatten sie inzwischen wohl gemeinsam erstanden. Die Hamburger Galerien waren ihnen gut bekannt. Dies alles verloren zu haben, dazu Fotos, Briefe und Aufzeichnungen, kam nicht nur einer persönlichen Katastrophe gleich, es war auch ein schmerzhafter Verlust wichtiger Belege der eigenen Geschichte.

Bemerkenswert ist es, dass Helmut Schmidt sich beharrlich um einen Kontakt zu der Verleihfirma seines Bechstein-Klaviers bemühte. Gleich nach seiner Rückkehr aus Hamburg an seinen Dienstsitz Berlin verschickt er ein Schreiben an die Firma Trübger und meldet den Verlust des gemieteten Klaviers. Als er keine Antwort erhält, schreibt er am 29.9.1943 erneut. »Am 17.3.43 habe ich bei Ihnen das Bechstein=Piano Nr. 1243 gemietet. Ich bedaure sehr, Ihnen mitteilen zu müssen, dass das Piano durch Total=Fliegerschaden meiner bisherigen Wohnung Hamburg 22, Gluckstr. 51 am 27.7.43 vernichtet wurde. Da ich nicht weiß, ob

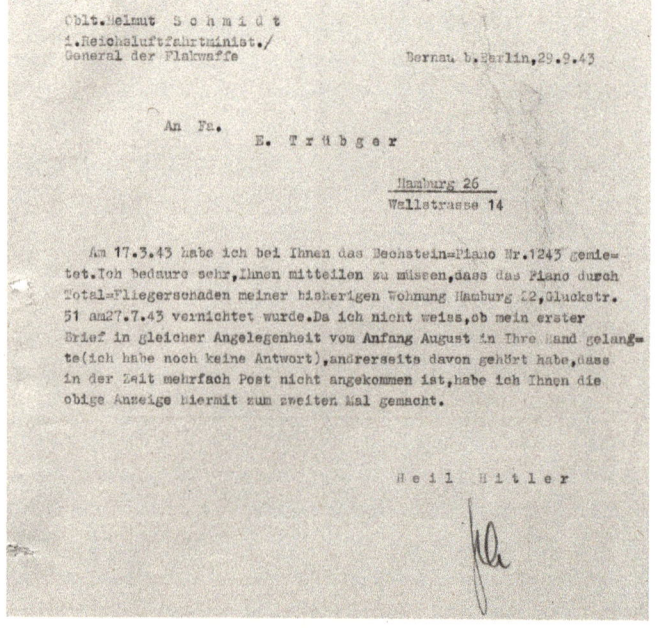

Brief an die Firma Trübger nach Verlust des Klaviers durch Ausbombung.

mein erster Brief in gleicher Angelegenheit vom Anfang August in Ihre Hand gelangte (ich habe noch keine Antwort), andererseits davon gehört habe, dass in der Zeit mehrfach Post nicht angekommen ist, habe ich Ihnen die obige Anzeige hiermit zum zweiten Mal gemacht.«[31]

Den Brief unterschreibt er nicht nur mit dem offiziellen Gruß »Heil Hitler«, sondern er versendet ihn auch unter der Adresse »Oblt. Helmut Schmidt, Reichsluftfahrtministerium/General der Flakwaffe«, dies alles mit der offensichtlichen Absicht, Eindruck zu hinterlassen und den Fall mit dieser Schadensmeldung abschließen zu können. Da dieser Brief überliefert, das heißt von ihm auch sicherheitshalber aufbewahrt wurde, und keine weiteren Unterlagen zu diesem Schadensfall vorliegen, hatte er offenbar Erfolg mit seinem Vorgehen. Die beiden Schmidts wird es erleichtert haben, nach dem Verlust ihrer gesamten Habe wäre die Übernahme der vertraglich niedergelegten Schadenssumme von 800 RM für das Leihklavier ein weiterer harter Schlag gewesen.

Ein halbes Jahr später unterschreibt Helmut Schmidt einen neuen Mietvertrag für ein Klavier. Inzwischen war er nach Bernau versetzt worden, hatte mit seiner Frau auf dem nahe gelegenen Berliner Stadtgut Schmetzdorf in einem Seitengebäude für landwirtschaftliche Saisonarbeiter eine Wohnung gefunden und auch den Unterricht an der Orgel im Konservatorium Klindworth-Scharwenka beendet.

Mit der Größe ihrer neuen Wohnung, immerhin hatten sie eine Küche, separates Wohn- und Schlafzimmer, zeigten sie sich zufrieden, auch war der Platz für ein Klavier kein Problem, dass es fließendes Wasser allerdings nur draußen an der Pumpe gab, daran mussten sie sich gewöhnen. Bevor sie hierher auf das Gut ziehen konnten, hatten die beiden eine kleine Wohnungsodyssee durchlaufen. Einige Wochen waren sie in einem Haus von Verwandten in der Siedlung »Freie Scholle« in Berlin-Tegel untergekommen, zum Schluss hatten sie in Bernau bei einem

Zeitgenössische Werbung der Firma Hoffmann Pianos.

Offizierskameraden von Helmut Schmidt in einem sechs Quadratmeter großen Zimmer gewohnt, der mit Sicherheit kleinsten Wohnstatt ihrer Ehe.

Kaum waren sie in ihrer Gutswohnung eingerichtet, erwachte bei Helmut Schmidt erneut der Wunsch nach einem eigenen Klavier. In der kleinen Stadt Bernau war ein Mietklavier nicht zu bekommen, dafür musste er schon nach Berlin ausweichen. Gleich nach dem Jahreswechsel 1943/44 wurde er bei »Hoffmann Pianos« fündig. Die Firma Georg Hoffmann betrieb Werbung für neue und gebrauchte Klaviere in Zeitschriften, vielleicht war Schmidt darüber auf »Hoffmanns Pianos« aufmerksam geworden.

Der starke Wunsch nach einem Klavier lässt sich gewiss auch aus der isolierten Wohnsituation des Ehepaares hier draußen auf dem Lande erklären. Bis in das Städtchen Bernau waren einige Kilometer zu gehen, außerhalb des Gutes gab es kaum eine andere Bebauung. Besucht man heute die erhaltene Gutsanlage, kann man noch immer nachvollziehen, dass man sich hier vor allem in den Herbst- und Wintermonaten einsam fühlen konnte. Helmut Schmidts Klavierspiel war nicht nur für ihn, sondern auch für seine Frau hier draußen eine schöne Abwechslung im Alltag. Beide erzählten noch im hohen Alter amüsiert davon, dass er einige Male sogar Publikum gehabt habe. Kaum begann er zu spielen, kamen Gänse vom Hof über die Treppe in ihre Wohnung gewatschelt.

Ansonsten berichteten die beiden von gelegentlichen Zusammenkünften im Offizierskasino, eine große Freude waren vor allem aber die Musikabende im Haus des Standortarztes Dr. Willy

Arnold, der mit seiner Familie ganz in der Nähe wohnte. Mehrmals im Monat gab es hier Hausmusik. Die Familie besaß einen Flügel, andere Instrumente wurden von den Hausgästen mitgebracht. Vor allem wurde viel gesungen. Auch Helmut Schmidt trug mit Klavierspiel gelegentlich zu den musikalischen Zusammenkünften bei.[32]

Musik verbindet, die Freundschaft zur Familie Willy und Edeltraud Arnold wuchs und war auch über die Nachkriegsjahre hinaus von Dauer. 1961 verhalf Helmut Schmidt der Arztfamilie durch die Bereitstellung falscher Papiere zur Flucht aus der DDR, eine der Töchter wohnte sogar über mehrere Monate im Hause der Schmidts am Neubergerweg, eine andere Tochter wurde Musiklehrerin und hospitierte während ihres Studiums in Hamburg im Unterricht der Lehrerin Loki Schmidt.

Die von Helmut Schmidt Anfang 1944 aufgesuchte Leihfirma betrieb unter dem Namen Georg Hoffmann GmbH jedoch nicht nur den Verkauf und die Vermietung von Klavieren, sondern führte am Spittelmarkt in Berlin-Mitte sogar eine eigene »Pianofortefabrik«. Kleine Klavierbaufirmen wie die von Georg Hoffmann gab es in der Hauptstadt selbst in den Kriegsjahren noch in einer größeren Zahl. Um 1900 waren es in Berlin an die 200 Klavierbauer gewesen. Berlin galt zu Beginn des 19. Jahrhunderts neben Dresden und Wien als eine der bedeutendsten Klavierstädte Europas, natürlich ließen die beiden Weltkriege und die Weltwirtschaftskrise von 1929 die Nachfrage rapide sinken und reduzierten die Zahl der Klavierbau-Unternehmen beträchtlich. Heute gibt es in ganz Deutschland kaum noch ein Dutzend produzierender Fabriken für Klaviere, alle haben eine lange Tradition. Die Firma Georg Hoffmann gehört nicht dazu. 1887 gegründet, musste sie Anfang der fünfziger Jahre wegen wirtschaftlicher Schwierigkeiten ihre Geschäfte einstellen.[33]

Der Mietvertrag, den Helmut Schmidt am 22.1.1944 mit »Hoffmann Pianos« abschloss, dürfte ihm sehr wohl bekannt gewesen sein. Es war ein Standardmietvertrag für Klaviere, wie er ihn auch schon bei Trübger in Hamburg unterzeichnet hatte. Wieder nahm er also das Risiko auf sich, bei Totalverlust gegebenenfalls eine beträchtliche Schadenssumme zahlen zu müssen. Dieses Mal wären es sogar 1000 RM gewesen, allerdings war die monatliche Miete mit 10 RM deutlich geringer.[34] Dafür erhielt er aber auch kein Instrument aus der eigenen Produktion der Hoffmann-Werke. Auf dem Mietvertrag ist ein elfenbeinfarbenes Klavier der Marke »Laurinat C« eingetragen, ein günstiges Modell der gleichnamigen Berliner Klavierfabrik Laurinat, die bereits Mitte der zwanziger Jahre ihren Betrieb hatte einstellen müssen. Vielleicht war Schmidts günstiger Mietpreis aber auch eine Konzession an die Kriegsumstände, die Firma »Hoffmann Pianos« wird Anfang 1944 keine hohen Umsätze mehr erzielt haben. Das Interesse am Kauf oder der Anmietung eines Klaviers war im bereits fünften Jahr dieses Krieges begrenzt.

Anders als bei Trübger in Hamburg musste Schmidt die Mietsumme nicht jeden Monat bar im Geschäft abliefern, sondern konnte sie hier in der Reichshauptstadt auf ein Postscheckkonto der Firma anweisen. Bei der Anweisung zeigte sich Helmut Schmidt optimistisch, er bezahlte die Miete für sein Klavier bis einschließlich Dezember 1944, ein ganzes Jahr im Voraus also.

Wie die beiden anderen Verträge, mit dem Klindworth-Scharwenka-Konservatorium in Berlin und mit der Musikfirma Trübger in Hamburg, so rettet Helmut Schmidt auch diesen Vertrag über die schwierigen Zeitläufe von zwei Totalverlusten des Hausstandes des Paares, über Kriegsgefangenschaft und Nachkriegselend, bewahrt sie auf und fügt sie ein in die vielen anderen Dokumente seines Privatarchivs. Diese Verträge hatten für ihn Gewicht.

Den Transport des Klaviers von Berlin nach Bernau konnte die Firma »Hoffmann Pianos« im Januar 1944 nicht mehr übernehmen, gewiss auch eine Folge der Kriegsbedingungen. Die meisten Lastkraftwagen privater Firmen waren inzwischen für den Kriegseinsatz beschlagnahmt worden. Der Vertragspassus, dass die Firma die Anlieferung übernimmt, konnte daher nicht erfüllt werden. Unter der Ziffer »besondere Abmachungen« heißt es stattdessen als Einfügung per Schreibmaschine: »Der Hintransport wird vom Mieter ausgeführt. Mieter verpflichtet sich bei Kündigung und Rückgabe des Instruments, das Instrument wieder bei dem Vermieter anzuliefern.« Ein gewisser Optimismus herrschte also auch beim Verleiher vor.

Die Überführung des Klaviers von Berlin nach Bernau konnte Helmut Schmidt schließlich mit einem Wagen seiner Einheit durchführen, zu einem Rücktransport kam es nicht mehr. Anfang Januar 1945 war er an die Westfront abkommandiert worden, seine Frau war Ende Januar zu ihren Eltern in deren Behelfswohnung in Fischbek-Neugraben geflohen. In den ersten Tagen des März kehrten die beiden noch einmal für einen Tag und eine Nacht zurück nach Bernau, nahmen aus ihrer Wohnung mit, was sie mit ihren Händen tragen konnten, und ließen ansonsten alles – auch das Klavier – zurück. Ansprüche der Klavierfirma hat es in den Wirren des Kriegsendes und der Nachkriegszeit mit der Besetzung Bernaus durch die Rote Armee und späteren Etablierung der Sowjetisch besetzten Zone nicht gegeben, ab 1951 existierte die Firma Hoffmann Pianos nicht mehr. In Ost-Berlin waren die Geschäfte mit hochpreisigen Musikinstrumenten in diesen Jahren gewiss noch schwieriger als im Westen.

Es bleibt ein kleiner Nachtrag

Die Reise nach Bernau vom 2. bis 3. März 1945 hatten Helmut Schmidt und seine Frau vor allem angetreten, um noch einmal gemeinsam Abschied von ihrem Erstgeborenen zu nehmen. Als der kleine Helmut Walter oder auch Moritzelchen, wie die Eltern den Jungen liebevoll nannten, am 19. Januar laut Sterbeurkunde um vier Uhr morgens in den Armen der Mutter an einer Hirnhautentzündung verstarb, hatte Helmut Schmidt noch keinerlei Kenntniss, was zu Hause bei Frau und Sohn vor sich gegangen war. Seit Anfang Januar war Schmidt in die Eifel als Chef einer leicht motorisierten Flakbatterie zum Kampfeinsatz abkommandiert. Auf sich allein gestellt hatte Loki Schmidt über mehrere Tage hilflos zusehen müssen, wie ihr Sohn plötzlich erkrankt war, hohes Fieber entwickelte, immer schwächer wurde und schließlich verstarb. Medikamente gab es nicht, auch der Stationsarzt und Freund der Schmidts, Dr. Arnold, konnte nicht helfen.[35]

Noch am Tage des Todes von Helmut Walter verschickt Loki Schmidt an ihren Mann einen Feldpostbrief mit der traurigen Nachricht, danach einen zweiten, die ihn aber beide nicht erreichen. Erst am 20. Februar erhält er einen weiteren Brief von Loki, umgehend beantragt er Sonderurlaub, um seine Frau in Neugraben bei ihren Eltern zu besuchen. Von dort möchte er nach Bernau an das Grab des Sohnes auf dem Friedhof des kleinen Dorfs Schönow reisen. Es ist ein gefährlicher Plan. Die Rote Armee steht bereits an der Oder, mit der Einnahme Bernaus ist alsbald zu rechnen, verlässliche Zugverbindungen gibt es schon lange nicht mehr. Auf abenteuerliche Weise gelangen sie dennoch an ihr Ziel. Schmidts Vorgesetzter hatte ihm pro forma einen dienstlichen Marschbefehl für diese Reise erteilt und Loki Schmidt zur Flakhelferin ernannt. Am Grab fließen Tränen, die Nacht verbringen sie in ihrer Wohnung auf dem Gut Schmetzdorf. »Der Abschied fällt schwer«, hält Helmut Schmidt in seinem Taschenkalender für den 3. März fest. Es ist im Übrigen der Tag, an dem Loki 26 Jahre alt wird. Zum Schluss hatten sie noch eine, wie er schreibt, »feierliche Stunde«. Sie zünden eine Kerze an, es gibt ein Glas Wein, und er spielt Bach auf dem Klavier.[36]

Es wird lange dauern, bis Helmut Schmidt wieder auf einem Klavier spielen kann. Von Lokis Eltern in Hamburg-Neugraben kehrt er zu seiner Truppe in die Eifel zurück, die Lage ist hoffnungslos. Helmut Schmidt löst seine Truppe am 19. März auf eigene Verantwortung auf. Jeder ist nun auf sich allein gestellt. Er macht sich von Bullay an der Mosel auf den Weg zurück zu seiner Frau nach Neugraben. Die ganze Strecke zu Fuß, am Tage verstecken, nachts laufen. Zwei Marschtage vor Hamburg wird er von britischen Soldaten festgenommen, er kommt nach Belgien in Kriegsgefangenschaft, genauer nach Jabekke in Westflandern, nahe der belgischen Nordseeküste.[37]

Es wird keine leichte Zeit, vor allem der Gedanke an seine Frau Loki und die gemeinsame Zukunft kann ihn noch stützen. Anders als viele andere hier gefangene Offiziere hat Schmidt sich vom Nationalsozialismus und dem von ihm geleisteten Fahneneid auf Hitler losgelöst. Er geht mit der NS-Zeit hart ins Gericht, nähert sich durch die Bekanntschaft zu einem älteren Offizierskameraden, dem Mitgefangenen Hans Bohnenkamp, sozialdemokratischem Gedankengut. Wir erinnern uns, unbekannt war ihm das nicht, seine Frau Loki entstammte einem sozialistisch geprägten Elternhaus, Mutter Gertrud Glaser und Vater Hermann Glaser hatten den vier Kindern Werte wie Gerechtigkeit, Gleichberechtigung und Solidarität vorgelebt. Beide hatten sich in der Novemberrevolution engagiert und waren überzeugte Befürworter der Weimarer Verfassung und standhafte Gegner des Nationalsozialismus gewesen. Beide waren kulturell interessiert, Hermann Glaser spielte mehrere Instrumente, malte selbst und kannte sich aus in verschiedensten künstlerischen und kunsthandwerklichen Techniken. Die Verbindung von politischem Engagement und künstlerisch-musischen Interessen hatte Helmut Schmidt bei den Eltern seiner Frau miterleben dürfen.

Zwar kann Schmidt in der Gefangenschaft nicht musizieren, die Musik aber lässt ihn auch hier nicht los. In den selbst organisierten Kursen der Offizierskameraden belegt er Englisch, Ökonomie und Geschichte sowie Kurse zur Musikgeschichte und

-theorie.[38] Am 15. Mai hatte er im belgischen Gefangenenlager seine erste Vorlesung zum Thema Musik- und Kunstgeschichte. Als weitere Themen finden sich in seinen Aufzeichnungen: Geschichte der Oper, Wagner-Verdi, J. S. Bach, Instrumente zu Bachs Zeit und am 23. August Beethoven. Nach wenigen Zeilen aber bricht der Eintrag ab, es ist der Tag, als ihm die bevorstehende Entlassung angekündigt wurde.[39] Die Mitschriften hat er bei seiner Heimkehr bei sich geführt. Heute befinden sie sich im Archiv in Langenhorn. Die Beschäftigung mit der Musik hat ihm offenbar auch in den vier Monaten seiner Gefangenschaft geholfen, den Mut nicht zu verlieren und sich auf ein neues Leben einzustimmen. Musik, Literatur und Kunst werden darin eine gewichtige Rolle spielen.

Der Bundeskanzler:
Vom Flügel im Kanzlerbungalow, von
Sommerfesten und den Hauskonzerten

»*Wenn mein Arbeitstag nach fünfzehn Stunden abends doch
noch etwas Zeit läßt, dann setze ich mich zur Entspannung
gern ans Klavier oder an die Orgel und versuche mich an
Pachelbel, Bach, Rameau, Händel, sehr viel seltener auch an
Stücken moderner Komponisten; am liebsten improvisiere ich
dilettantisch vor mich hin. Diese sehr bescheidenen Versuche
darf man aber nicht mit den Hauskonzerten verwechseln, zu
denen meine Frau und ich bisweilen ins Palais Schaumburg einladen. Dann spielen Musiker, die Klasse haben, zum
Beispiel Sontraud Speidel, Rose Marie Zartner, Andor Foldes
oder meine langjährigen Freunde Christoph Eschenbach und
Justus Frantz.*«[1]   (Helmut Schmidt, 1980)*

Klavierspiel im Kanzlerbungalow

Um ein Klavier an seinem Dienstsitz in Bonn zum privaten
Spiel sein Eigen nennen zu dürfen, musste Helmut Schmidt
Kanzler der Bundesrepublik Deutschland werden. Vom Herbst
1953 bis zum Februar 1987 war Helmut Schmidt Berufspolitiker.
Er hatte wechselnde Wohnungen in diesen langen Jahren als
Abgeordneter, Fraktionsvorsitzender und Regierungsmitglied
in der Bundeshauptstadt gehabt, ein Klavier beziehungsweise

Am Schiedmayer-Flügel im Bonner Kanzlerbungalow.

ein Klavierflügel zur privaten Nutzung stand ihm in Bonn allerdings erst in seinen acht Dienstjahren als Bundeskanzler zur Verfügung.

Bis zu seiner Ernennung zum Bundesverteidigungsminister hatte er sich eine Wohnung mit dem Freund und Bundestagskollegen Willi Berkhan geteilt. Ende 1969 war seine Frau zu ihm nach Bonn gezogen, die Fernbeziehung hatte der Ehe nicht gutgetan, jetzt sollte es einen Neubeginn geben.[2] Ihre erste gemeinsame Adresse in Bonn war der Bungalow des Verteidigungsministers auf dem Kasernengelände der Hardthöhe. Bundespräsident, Kanzler und der Minister der Verteidigung waren in Bonn die Einzigen, die, da das Amt ständige Präsenz erforderte, eine Dienstwohnung hatten. Der Bungalow war ein Zweckbau, ein Klavier gehörte nach den Vorstellungen des Ministeriums offenbar nicht zur Grundausstattung. Als Schmidt 1972 von der Hardthöhe als Minister ins Finanzministerium wechselte, bezog das Paar eine kleine Wohnung in der Schedestraße nahe dem Regierungsviertel.

Der Bungalow des Bundeskanzlers unter der Adresse Adenauerstraße war gar nicht weit entfernt. Dass Helmut Schmidt einmal hier einziehen würde, war allerdings zu diesem Zeitpunkt noch nicht vorstellbar. Bundeskanzler Willy Brandt nutzte den Bungalow nur zu offiziellen Terminen, er und seine Familie blieben weiter in dem Privathaus, das er schon als Außenminister im Kieferweg im Stadtteil Bonn-Venusberg bewohnt hatte. Der Klavierflügel im Kanzlerbungalow war also in der Brandt-Ära selten genutzt worden. Das gilt wohl auch für die Zeit von Brandts Vorgänger Kurt Georg Kiesinger; hier ist nur ein Privatkonzert von Udo Jürgens für die Familie des Kanzlers dokumentiert. Ludwig Erhard hingegen, der erste Hausherr und der als Wirtschaftsminister auch den Bau des Bungalows in Auftrag gegeben hatte, spielte gern Klavier und nutzte den Flügel regelmäßig. Helmut Schmidt setzte dessen Tradition fort.

Am 6. Mai 1974 war Willy Brandt als Bundeskanzler zurückgetreten, sicher vorrangig wegen der Bespitzelung durch seinen Mitarbeiter und Stasi-Agenten Günter Guillaume, jedoch hatten private und führungsinterne Gründe in der SPD ebenso eine Rolle gespielt. In der SPD galt Helmut Schmidt als der geeignete Nachfolger. Nur zehn Tage nach Brandts Rücktritt, am 16. Mai 1974, wählte der Deutsche Bundestag Schmidt zum Bundeskanzler, wenig später folgte der Einzug des Kanzlerpaars in den Kanzlerbungalow, fast idyllisch gelegen im Park des Palais Schaumburg mit Blick auf den Rhein.

Bei den Vorgängern und Nachfolgern Schmidts – mit Ausnahme von Ludwig Erhard – war der von Sep Ruf im Bauhausstil entworfene Bungalow nicht sehr beliebt: Die Privaträume zu klein, die Flure zu eng, insgesamt zu unwohnlich sei der Bau, so die vorherrschende Kritik. Auch die Schmidts hätten sich mehr Platz gewünscht. Ihr Wohnbereich umfasste kaum mehr als 100 Quadratmeter einschließlich des Arbeitszimmers für den Kanzler. Für Loki Schmidt musste ein kleiner Büroraum eigens hergerichtet werden. Darüber hinaus waren zwei Zimmer des Bungalows von den aus Hamburg abkommandierten persönlichen Sicherheitsbeamten belegt, die hier im Turnus von 14 Tagen wohnten. Grundsätzlich aber fand das neue Kanzlerpaar Gefallen an dem unprätentiösen Bau und hielt ihn für zeitgemäß. Vor allem spiegelte der Bungalow den Anspruch der jungen Bundesrepublik nach Aufbruch und Neubeginn in angemessener Weise. Er hatte nichts Einschüchterndes, nichts Pompöses, er war schlicht und funktional.[3]

Wenige Monate nach dem Einzug schrieb Loki Schmidt an den Architekten Sep Ruf: »Im Übrigen fühlen wir uns hier sehr wohl und freuen uns, daß wir in einem moderneren Haus, das ganz unserem Geschmack entspricht und das eine so großartige Verbindung von Haus und Park ist, hier in Bonn wohnen dürfen.«[4] Zudem hatte Helmut Schmidt in Bonn bis zu diesem Zeitpunkt alles andere als luxuriös gewohnt.

Für den Hausherrn war nicht zuletzt die Existenz eines Klavierflügels im offiziellen Wohn- und Repräsentationsbereich des Bungalows eine persönliche Bereicherung. Der Flügel war bereits in den fünfziger Jahren für das Palais Schaumburg angeschafft worden, ein Schiedmayer-Flügel aus der traditionsreichen, heute aber nicht mehr existierenden gleichnamigen Pianofortefabrik in Stuttgart. Gleich nach der Fertigstellung des neuen Kanzlerbungalows im November 1964 war dieser Flügel die wenigen hundert Meter vom Palais Schaumburg in den neuen Wohnsitz des Bundeskanzlers überstellt worden. Seinen Platz fand er im sogenannten Musikzimmer, dort stand er auch, als Helmut Schmidt auf ihm spielte, und genau dort steht er bis heute noch.[5]

Schmidt selbst, aber auch alle, die ihn näher kannten, einschließlich der Hamburger Sicherheitsbeamten, bestätigen, dass es zu den Ritualen des Kanzlers gehörte, sich nach den langen Dienstzeiten noch ans Klavier zu setzen, um ein wenig zu improvisieren. An manchen Abenden wurde das Klavierspiel durch eine Partie Schach oder eine Runde Tischtennis des Ehepaars Schmidt ersetzt.

Viele der persönlichen Musikerfreunde des Kanzlers Schmidt haben am Flügel des Kanzlerbungalows gespielt. Er selbst schreibt, dass nach Konzerten in der Bonner Beethovenhalle häufig prominente Dirigenten bei ihnen im Bungalow zu Gast gewesen seien. »In der kleinen Residenzstadt am Rhein war man sehr bemüht um Gastspiele erstklassiger Orchester, Dirigenten und Solisten. Fast immer hatte ich abends keine Zeit, ins Konzert zu gehen, Loki ging allein. Aber in vielen Fällen konnte sie meine Einladung auf einen Drink nach dem Konzert überbringen. So haben wir nacheinander fast alle großen Dirigenten der Welt spät abends im Kanzlerbungalow zu Gast gehabt, von Leonard Bernstein bis zu Zubin Mehta.«[6] Besonders eindringlich erinnert Helmut Schmidt die Besuche von Leonard Bernstein. Sie seien nach einem festen Ritual abgelaufen: Herzliche Begrüßung mit Umarmungen, das eine oder andere Glas Whiskey, hochinteressante Unterhaltungen über internationale Politik, das Leben und natürlich über Musik. »Der Flügel stand offen, bisweilen hat er etwas gespielt, bisweilen haben wir zusammen etwas gesungen.«[7]

Seine Faszination für Dirigenten hat Helmut Schmidt in einem Gespräch mit Kent Nagano präzise beschreiben können. Natürlich habe es damit zu tun, dass sie, wie Politiker in herausragenden Positionen, Führungspersönlichkeiten seien und der Musik ihren Stempel geben. »Dirigenten haben mich immer interessiert. (...) Ich musste gar nicht ein bestimmtes Orchester hören. Dirigenten sind Selbstdarsteller, die die Musik, die nicht ihre eigene ist, interpretieren. Der Unterschied in der Selbstdarstellung zwischen einem Mann wie Lenny Bernstein und Herbert von Karajan ist enorm. Der eine ist temperamentvoll, aufgeregt, von großer Gestik, der andere sparsam und reduziert. Beide dirigieren Beethovens Neunte, und sie klingt vollkommen verschieden.«[8]

Die mit dem Januar 1975 beginnende Reihe der sogenannten Hauskonzerte des Bundeskanzlers und seiner Frau im Palais Schaumburg hatten mit dem Klavierspiel des Hausherrn im Kanzlerbungalow nur indirekt eine Verbindung. Natürlich lag es dem Klavierspieler Schmidt nicht allzu fern, auch in seiner Funktion als Bundeskanzler der Musik einen Platz einzuräumen. Ihn leitete ja bekannterweise die Vorstellung, dass Musik die Menschen, selbst über Grenzen hinweg, verbinden könne. Kleinere Konzerte mit ihm und seiner Frau als Gastgeberin sollten dazu einen Beitrag leisten.

»Macher« und Kulturfreund

Die Hauskonzerte kann man allerdings auch noch in einen anderen Zusammenhang setzen. Schon als Verteidigungsminister bemühte sich Schmidt, dem ihm vorauseilenden Ruf des politischen »Machers«, des technokratischen Pragmatikers, eine andere Seite seiner Persönlichkeit entgegenzustellen: sein Interesse und seine Affinität zur Musik, Kunst, Literatur und zum Theater halfen dabei.

Das Etikett eines erfolgreichen politischen »Machers« hatte sich Schmidt mit seinem beherzten und erfolgreichen Einsatz als Krisenkoordinator bei der großen Sturmflut vom Februar 1962 erworben. Die Flut traf große Teile der deutschen Nordseeküste, von der Hansestadt Hamburg stand ein Sechstel der Fläche unter Wasser, Hunderte von Menschen waren auf die Dächer ihrer Häuser geflüchtet, 315 hatten ihr Leben verloren. Dass die Zahl der Opfer nicht noch höher wurde, war nicht zuletzt dem Krisenmanagement des damaligen Polizeisenators Schmidt zu verdanken. Er erwies sich als Politiker, der mit klarem Blick und Sachverstand die Lage zu analysieren wusste, zupackte und anordnete, was die Situation erforderte, und auch in schwierigen Momenten einen kühlen Kopf bewahrte. »Herr der Flut« titelte der *Spiegel* im März 1962.[9] Im Nachhinein ist auch seine gesamte Kanzlerschaft unter einen ähnlichen Titel gesetzt worden, wenn der renommierte Historiker Heinrich August Winkler Schmidt als »Kanzler der Krisen« bezeichnet hat und darunter die drei großen Herausforderungen seiner Amtszeit zusammenfasst: die Auswirkungen der Ölpreiskrise, den Terror der sogenannten Rote Armee Fraktion und die Debatten und Auseinandersetzungen um die Nachrüstung mit der »Friedensbewegung« und in Schmidts eigener Partei.[10]

Nicht dass Schmidt sein Image als zupackender Politiker nicht zu schätzen wusste, seine Rolle bei der Flutkatastrophe zum Beispiel hat er selbst bis ins hohe Alter in immer wieder neuen Interviews mediengerecht eher verstärkt als relativiert. Was ihn störte, war die Festlegung auf dieses Bild, er selbst wusste ja um seine Verbundenheit zu Musik und Kunst, und er wusste auch, dass ein differenzierteres Bild seiner Persönlichkeit für seine Wirkung auf die Wählerschaft förderlich sein könnte. Bei seiner Ehefrau fand er in dieser Hinsicht im Übrigen große Unterstützung. Niemand anders kannte die bis dahin eher unbekannte Seite des Helmut Schmidt besser als seine Frau Loki.[11]

Erste Bemühungen für ein verändertes Bild des politischen Machers unternahm er als Verteidigungsminister. Zusammen mit dem Pianisten und Orchesterleiter Günter Noris beförderte Schmidt seit 1970 die Gründung der bis heute bestehenden und erfolgreichen Big Band der Bundeswehr. Günter Noris, ausgebildeter Musiker und einziger Zivilist in diesem Orchester, hatte eine Vorliebe für Jazz, spielte nach dem Krieg als junger Mann in amerikanischen Clubs und war mit der Jazzband von Helmut Brandt, einem Exponenten des Cool Jazz in Deutschland, aufgetreten. Noris war für Schmidt und seine Pläne für eine neue Musik im Stil von Glen Miller der richtige Mann, mit ihm und seiner Band konnte sich die Bundeswehr modernisieren.[12]

Nach Auswahl geeigneter Musiker und monatelangen, von

Schmidt interessiert verfolgten Proben, hatte das Orchester damals seinen ersten erfolgreichen Auftritt im Juni 1971 an seinem Standort Bonn. Bereits ein Jahr später war die Band so etabliert, dass sie das musikalische Programm bei den Olympischen Spielen 1972 in München gestaltete, zwei Jahre später kam sie bei der Fußballweltmeisterschaft zum Einsatz und hatte mit dem inzwischen zum Bundeskanzler avancierten Helmut Schmidt einen starken Fürsprecher und treuen Fan. Und so fand auch die erste, 1972 produzierte Langspielplatte der Band mit dem Titel *Stars in Uniform* den langen Weg von der Hardthöhe über den Kanzlerbungalow bis in die private Plattensammlung Helmut Schmidts im Neubergerweg in Langenhorn. Auch die Big Band bekräftigt bis heute die Verbundenheit zu ihrem Mitbegründer, in ihrer aktuellen Selbstdarstellung kommen die Verdienste des ehemaligen Verteidigungsministers um die Band ausführlich zur Sprache.[13]

Er selbst hatte als Minister der Verteidigung einen ersten öffentlichen musikalischen Auftritt an der Orgel. Im Juni 1972 ließ er sich zu der damals beliebten Fernsehsendung *Drei mal Neun* des Showmasters Wim Thoelke einladen, bei einer Einschaltquote von heute kaum mehr vorstellbaren zwei Dritteln aller potenziellen Zuschauer sicher kein schlechter Schachzug für einen Imagebeitrag. Schmidt spielte mit dem Orchester Max Gregors an diesem Abend George Gershwins »I've got rhythm«, musste allerdings zweimal ansetzen.[14] Sieht man sich die Fernsehbilder heute an, weiß man, dass Helmut Schmidt mit sich nicht zufrieden war. Ein Anfang, seine Musikaffinität in die breitere Öffentlichkeit zu tragen, war jedoch gemacht.

Mit dem Einzug ins Kanzleramt wird das Imagethema auch von seinem engeren Beraterkreis aufgegriffen. Im Januar 1975 wird ihm eine Art Strategiepapier vorgelegt, nicht zuletzt galt es, Schmidt aus dem Schatten seines Vorgängers Brandt herauszuführen.[15] In den Kreisen linker Intellektueller und Künstler hatte Brandt große Anerkennung und Unterstützung erfahren.

Auftritt bei Wim Thoelke, l. mit Mütze, daneben
Max Gregor, 1972.

Schriftsteller und Künstler hatten sich in Wahlkämpfen seit den
frühen sechziger Jahren für Brandt eingesetzt, führende deutsche Schriftsteller wie Günter Grass, Heinrich Böll und Siegfried Lenz standen beim Wahlkampf in der vordersten Reihe,
aber auch andere Prominente aus dem Kulturbereich engagierten sich für den Spitzenkandidaten der SPD.[16]

Die Unterstützung, die Brandt in Kreisen der Intellektuellen
und Künstler erfahren hatte, war auf Schmidt so nicht zu übertragen. Einigen galt er als zu pragmatisch und zu wirtschafts-
freundlich, er selbst hielt viele Forderungen linker Intellektueller für weltfremd, das bei einigen Intellektuellen offenbar
ungeklärte Verhältnis zu den RAF-Terroristen um Andreas Baa-

der und Ulrike Meinhof war ihm ein Graus. Dennoch suchte er das Gespräch und eine Annäherung mit jenen, die sich der Sozialdemokratie verbunden zeigten. Rat und Austausch nehme er gern an, die Beeinflussung der Meinungsbildung in der SPD durch Nichtmitglieder wolle er aber begrenzt halten, sagte er im März 1975 unumwunden in einem Kreis von ihm eingeladener Schriftsteller und Künstler.[17] Schmidt hat nie ein Hehl daraus gemacht, dass für ihn in seiner Partei eher die Meinung der Facharbeiter als die linker Pädagogen, Soziologen oder Künstler zählen sollte.

Dennoch wollte auch Schmidt nicht auf die Unterstützung von mit der SPD sympathisierenden Kulturschaffenden verzichten. Er lud zu Gesprächsrunden ein, pflegte private Kontakte, vor allem machte er sich die Bemühungen des SPD-Abgeordneten und Schriftstellers Werner Lattmann zu eigen, der sich seit seinem Einzug in den Bundestag im Jahre 1972 für eine Künstlersozialversicherung einsetzte. Ein durch und durch sozialdemokratisches Thema. Der politische Ablauf für eine gesetzliche Vorlage erwies sich jedoch als schwierig, erst im Juli 1981 konnte das »Gesetz über die Sozialversicherung der selbständigen Künstler und Publizisten« verabschiedet werden, politischen Glanz hatten die Partei und ihr Kanzler mit diesem schwierigen, sich über Jahre ziehenden Projekt nicht einfahren können. Für die soziale Absicherung von Künstlerinnen und Künstlern war und ist das Gesetz jedoch ein Meilenstein.[18]

Den Einsatz für eine Sozialgesetzgebung für Künstler hatten auch Schmidts Berater im Planungsstab des Kanzleramts in dem schon erwähnten Strategiepapier vom Frühjahr 1975 angeführt. Im Mittelpunkt standen aber eher kurz- und mittelfristige Vorschläge, wie Beiträge zu kulturellen Themen und Geschichtsdaten, Einladungen von Wissenschaftlern, Gespräche mit Autoren, Grußworte zu Kongressen und Ähnliches mehr. Das übergeordnete Ziel war, das »Macher-Image abzubauen« und eine eigene intellektuelle Statur zu zeigen.[19] Ob die vielfältigen kulturellen Aktivitäten der nächsten acht Jahre seiner Kanzlerschaft tatsächlich immer diesem Strategiepapier oder auch nur den genuinen Interessen Helmut Schmidts an Kunst und Kultur zuzuschreiben sind, kann man aus heutiger Sicht schwerlich rekonstruieren. Vom Ergebnis her bleibt es eine eindrucksvolle Bilanz. Sie reicht allein im ganz engen räumlichen Umfeld des Bundeskanzlers von der Umbenennung und Umgestaltung seines Büros in ein »Nolde-Zimmer«, über zehn Wechselausstellungen im Kanzleramt, dem Einzug der expressionistischen Kunst in den Kabinettsaal und anderen Räumen, dem Erwerb der Plastik *Large Two Forms* von Henry Moore für die Auffahrt zum Kanzleramt bis hin zu den Hauskonzerten und Kanzlerfesten, im Sommer in Bonn und seit 1978 auch in Berlin.

Und damit all dies nicht in Vergessenheit geraten sollte, initiierte Schmidt 1982 eine umfangreiche und eindrucksvolle Publikation all dieser Aktivitäten mit dem programmatischen Titel: »Kunst im Kanzleramt – Helmut Schmidt und die Künste«. Was vielleicht als eine Art Zwischenbericht gedacht war, erwies sich angesichts seiner Abwahl vom 1. Oktober 1982 jedoch als Schlussbilanz.

Die Kanzlerfeste in Bonn

1969 hatte Kurt Georg Kiesinger erstmals zu einem sommerlichen Kanzlerfest in den Park des Palais Schaumburg eingeladen. Sein Nachfolger Willy Brandt hatte diese Idee aufgegriffen, aber neben politischer und gesellschaftlicher Prominenz auch »normale« Bürger eingeladen. Diese Einladungspolitik führte Helmut Schmidt fort, bemühte sich aber, mit Themenschwerpunkten seinen Kanzlerfesten ein eigenes Gesicht zu geben. Die Sommerfeste des Kanzlers sollten als kleine Kulturspektakel wahrgenommen werden. Schon die Titel machten das deutlich: 1974: Kabinett Zauberpark. 1975: Alles Theater – Spektakel müssen sein. 1977: Hat die Welt noch Töne. 1978: Heiteres Philosophikum (in Verbindung mit dem 16. Weltkongress für Philosophie). 1979: Keine Angst vor großen Tieren (im Zoologischen Museum Alexander Koenig). 1980: Wa(h)lpurgisnacht (in Anspielung auf die bevorstehende Bundestagswahl). 1981: Bonner Szenen (im Theater der Stadt Bonn). 1982: Bonn wie es Euch gefällt.[20]

Auf allen Festen spielte die Musik eine große Rolle, natürlich in einer musikalisch großen Bandbreite und für sehr unterschiedliche Geschmacksrichtungen. Beim Sommerfest von 1977 im und vor dem Theater der Stadt Bonn spielten etwa: die Big Band der amerikanischen Luftstreitkräfte, die Beatles Revival Band, das Tambourcorps Grün-Weiß aus Oberkassel, Franz Lambert an der Orgel, Eugen Cicero am Klavier, eine Damen Dixie Band, das Pasadena Roof Orchestra und das Bonner Beethoven Orchester. Für Helmut Schmidts eigenen Musik-

Mit Franz Lambert 1978 beim Kanzlerfest an der Wersi-Orgel. Die Widmung von Helmut Schmidt erfolgte erst zwanzig Jahre später.

geschmack – Klassik, Jazz, Orgel und Klavier – war alles dabei. Er selbst gab eine kleine Gesangseinlage, umringt von drei sogenannten Go-go-Girls – heute nicht mehr vorstellbar. Begleitet von einem kleinen Orchester sang er Auszüge aus seinen Reden unter dem Titel »Unsere Währung ist gut«, ironisch kommentiert von einem Aha-Aha-Aha-Chor, beschreibt der *Rheinische Express*.[21]

Gleich drei Mal trat Franz Lambert, bis heute *der* Solist an der elektronischen Orgel, bei Sommerfesten des Kanzlers Schmidt auf. Kennengelernt hatte Helmut Schmidt ihn bei dessen Engagement auf dem SPD-Parteitag 1970 in der Dortmunder Westfalenhalle. Schmidt hatte sich begeistert gezeigt, und nach dem Auftritt war man ins Gespräch gekommen. Als es Ende Mai 1974 um eine kurzfristige Planung für sein erstes Kanzlerfest ging – Schmidt war ja erst am 16. Mai als Bundeskanzler vereidigt worden –, hatte er seine Mitarbeiter um eine Anfrage bei Franz Lambert gebeten und Erfolg gehabt.

Der Abend ist dem Organisten Lambert lebhaft in Erinnerung geblieben, denn mehrere Male sei der Kanzler zu ihm und an seine Wersi-Orgel gekommen, habe sich zu ihm auf die Bank gesetzt, zunächst alles erklären lassen und dann kleine Einheiten auch mitgespielt. »Es war ein echtes Interesse an meiner Musik und Orgel spürbar«, berichtet der Künstler.[22] Vor allem war ihm unvergesslich geblieben, dass Schmidt ihn gebeten habe, das »Ave Maria« von Franz Schubert zu spielen. Ein ungewöhnlicher Wunsch an einem ungewöhnlichen Ort. Sein Publikum aber habe gebannt ausgeharrt. 1977 und 1978 kam es erneut zu einem Engagement auf dem Kanzlerfest, und wieder gab es kleine Momente des Zusammenspiels mit dem Gastgeber. »Franz Lambert beim Kanzler-Sommerfest ist schon Tradition«, schreibt Helmut Schmidt in seinem freundlichen Dankesschreiben vom September 1978.[23] Franz Lambert selbst hat seine Zusammenkünfte mit Helmut Schmidt vor allem als musikalische und herzliche Begegnungen in Erinnerung.

Die Hauskonzerte im Palais Schaumburg

Von Januar 1975 bis zum Mai 1982 luden der Kanzler und seine Frau zu insgesamt vierzehn Konzerten ein. Sechs davon waren reine Klavierabende, bei sieben weiteren Konzerten gab es das Zusammenspiel von Klavier und Streichern, ein Steinway-Flügel war eigens für diese Konzertabende angemietet worden. An allen Abenden wurde klassische Musik gespielt, lediglich am Ende der Konzertreihe gab es an zwei Abenden mit Igor Strawinsky und Krzysztof Penderecki Vertreter der neuen Musik zu hören, deren Musik sich einer Ton- und Rhythmussprache bediente, die die gewohnten musikalischen Konventionen hinter sich ließ.[24] Manfred Lahnstein, damals Chef des Bundeskanzleramts, erinnert, dass, als im Frühjahr 1981 Siegfried Palm und Aloys Kontarsky mit Penderecki den führenden Vertreter der polnischen Musikavantgarde auf ihr Programm setzten, die Musik den Gastgebern wie auch dem Stammpublikum sehr fremd geblieben sei.[25] Moderne Klassik war nicht nach Helmut Schmidts Geschmack, er hatte aber gewusst, was ihn an diesem Abend erwartete. Lahnstein kannte Penderecki, war angetan und setzte den Kanzler vorab in Kenntnis. Immerhin hatte Helmut Schmidt nicht interveniert.

An den anderen Abenden der Hauskonzerte ging es eher traditionell zu: Neben Beethoven war vor allem Johann Sebastian Bach viel zu hören, bei jedem zweiten Konzert standen seine Kompositionen auf dem Programm. Helmut Schmidts Liebe zum Klavier und zu seinem Lieblingskomponisten flossen in seine Musikauswahl für die Bonner Hauskonzerte stark mit ein.

Den Anfang dieser Reihe machte das Tel-Aviv-Streichorchester, das sich selbst im Herbst des Jahres 1974 mit dem Angebot eines Konzerts für den neu gewählten Bundeskanzler ins Gespräch gebracht hatte. Das Quartett wurde geleitet von dem Geiger Chaim Taub, langjähriges Mitglied und Erster Konzertmeister des Israel Philharmonic Orchestra. Auch die drei weiteren Musiker des Quartetts, Uzi Wiesel, Daniel Benyamini und Yefim Boyko waren mit dem ältesten und führenden israelischen Orchester eng verbunden.[26] Natürlich wusste man im Bundeskanzleramt auch, dass mit dem Angebot des Quartetts ein wenig Werbung für das große Orchester verbunden war. Die vier Musiker suchten Förderer für das Israel Philharmonic Orchestra – und fanden sie. Armin Grünewald, der an dem Geschehen damals eng beteiligt war, kommentierte rückblickend: »Das Ganze war also eine Kombination so recht nach dem Geschmack Helmut Schmidts: ein freundliches Sich-Öffnen aus Israel mit einer Geste zu beantworten, der man nicht ansieht, ob sie politisch, gesellschaftlich oder künstlerisch gemeint war.«[27]

Dem Israel Philharmonic Orchestra war Schmidt ohnehin gewogen. Unter dem Namen Palästinensisches Symphonisches Orchester war das Ensemble 1936 in Palästina mit jüdischen Musikern aus Osteuropa und Deutschland gegründet worden und hatte diese damit später vor dem Holocaust bewahrt.[28] Mit Gründung des Staates Israel im Jahr 1948 nahm das Orchester seinen bis heute bestehenden Namen an und gilt seit langem als eines der führenden Ensembles weltweit.

Als das Tel-Aviv-Quartett am 25. Januar 1975 im Palais Schaumburg auf Einladung des deutschen Bundeskanzlers aufspielte, war ein solcher Auftritt jüdischer Musiker etwas Besonderes. Die offiziellen Verbindungen zwischen der Bundesrepublik und dem Staat Israel waren noch verhältnismäßig jung, offizielle diplomatische Beziehungen zwischen den beiden Staaten gab es erst seit 1966. Das erste Konzert des Israel Philharmonic Orchestra auf deutschem Boden in Berlin am 12. September 1971 hatte noch heftige Debatten in Israel ausgelöst, einige der Musiker des Orchesters verweigerten ihren Auftritt und reisten gar nicht erst mit an in das Land der Naziverbrechen gegen das deutsche und europäische Judentum. Für Chaim Taub wurde dieses erste Konzert in Deutschland allerdings zu einem großen Erlebnis: »Das Publikum wollte uns gar nicht gehen lassen, und Zubin Mehta [der Dirigent des Orchesters, R.L.] kündigte als letzte Zugabe die israelische Nationalhymne Hatikvah an. Nachdem wir sie gespielt hatten, stand ich dort auf der Bühne, und die Tränen flossen mir die Wangen herab«, berichtete er später.[29] Wenige Tage später, am 18. September, musizierte das Orchester in der Beethovenhalle in Bonn.

Schmidt selbst war zum ersten Mal 1966 auf Einladung der Israelischen Arbeiterpartei in Israel gewesen. In seinem Buch *Weggefährten* beschreibt er, wie stark ihn Yad Vashem berührt habe, aber auch die Besuche in einem Kibbuz und bei der israelischen Armee hatten ihn beeindruckt. Vor allem mit Politikern der Arbeiterpartei hatte Schmidt gute und auch persönliche Beziehungen. Allen voran: Golda Meir und Yitzhak Rabin, aber auch Shimon Peres von der Awoda und Teddy Kollek von der Ben-Gurion-Partei Rafi bezeichnete er als Freunde. Als Bundeskanzler habe er sich jedoch um eine neutrale Haltung im Konflikt Israels mit seinen Nachbarn bemüht, die Annäherung zwischen Israel und Ägypten unter Rabin und Sadat begleitete er mit Sympathie und Zuversicht. Zu dem seit 1977 in Israel regierenden Menachem Begin hatte Schmidt als Bundeskanzler jedoch ein stark unterkühltes Verhältnis.[30]

Schmidt wollte einen Ausgleich Israels mit seinen arabischen Nachbarn und den Palästinensern befördern; dass so bekannte Musiker wie Yehudi Menuhin und Leonard Bernstein, letzterer Ehrendirigent des Israel Philharmonic Orchestra seit 1949, sich dafür einsetzten, sah er als eine große Chance. Beide waren herausragende Musiker, und beide bemühten sich mit ihrer Musik um Verbundenheit und Ausgleich. Beide hatten enge Beziehungen zu Israel, beide setzten sich aber auch für einen gemeinsamen Staat von Juden und Palästinensern ein. Dass Yehudi Menuhin in der Reihe der Bonner Hauskonzerte im Frühjahr 1982 auftrat, war ausschließlich der guten persönlichen Beziehung zwischen dem Politiker und Klavierspieler Helmut Schmidt und dem Musiker und »Friedenspolitiker«[31] Yehudi Menuhin zu verdanken.

Doch kommen wir noch einmal zurück zum Auftakt der Konzertreihe. Als Helmut Schmidt sich mit seinem Beraterkreis über das Angebot des Tel-Aviv-Streichquartetts besprechen konnte, stimmte der Kreis überein, dass daraus mehr als nur ein einmaliges Ereignis werden sollte. Beim Konzertabend mit dem Tel-Aviv-Streichquartett probte man quasi einen möglichen organisatorischen Rahmen dafür. Die potenzielle Resonanz wurde ausgelotet, Einladungen und Durchführung des Abends mit den vier Musikern wurden sorgfältig bearbeitet, der Auftakt sollte gelingen und bewährte sich.

Alle organisatorischen Fäden lagen in der Hand von Armin Grünewald, von Hause aus promovierter Ökonom und Wirtschaftsjournalist und von 1973 bis 1980 stellvertretender Regierungssprecher, zunächst für Willy Brandt, dann für Helmut Schmidt. Armin Grünewald musste zu dieser Aufgabe nicht überredet werden. Er war ein ausgezeichneter Musikkenner und guter Organisator und für Schmidt in dieser Hinsicht ein idealer Partner. Nach Aussagen des Musikerehepaars Josef und Olga Rissin wie auch der Pianistin Sontraud Speidel, die bei dem Hauskonzert im Palais Schaumburg auftraten, war Grünewald ein passionierter und exzellenter Klavierspieler. In seinem Bonner Privathaus stand ein Flügel aus der Wiener Klaviermanufaktur Bösendorfer, gern lud er selbst zur Hausmusik im kleinen Rahmen ein. Grünewald habe eine »außergewöhnliche Antenne für Feinheiten und Nuancen in der künstlerischen Interpretation von Musik« gehabt, beschreibt ihn Josef Rissin.[32] Das wusste auch Helmut Schmidt und vertraute dem Urteil Grünewalds bei dessen Vorschlägen für Einladungen von Musikerinnen und Musikern zu den Konzerten des Kanzlerehepaars.

Zu Beginn der Konzertreihe wandte sich Grünewald an Musiker, die er persönlich kannte und die aus dem lokalen Umfeld der Bundeshauptstadt kamen: die Bonner Pianistin Rose Marie Zartner und das Musikerehepaar Josef und Olga Rissin. Die Rissins waren erst 1974 aus der Sowjetunion emigriert und hatten

Das Musikerehepaar Olga und Josef Rissin, 1977.

an der Musikhochschule Karlsruhe als Musikpädagogen ange-
dockt. Josef Rissin war bereits damals als herausragender Geiger bekannt, seine Frau war eine anerkannte Konzertpianistin.

Mit dem Ehepaar Grünewald pflegten die Rissins eine enge
Freundschaft. Sie schätzten Armin Grünewalds Musikverstand
und die interessanten Gäste im Privathaus des Ehepaars. Der
Brite Jonathan Carr, ein mit Grünewald befreundeter Journalist und Grenzgänger zwischen Politik und Musik, war ihnen
besonders wichtig. Carr berichtete für die *Financial Times* und
den *Economist* über Wirtschaft und Politik in Deutschland, er
schrieb erfolgreiche politische Bücher wie das über Helmut
Schmidt, aber auch eine Biographie über den Komponisten
Gustav Mahler oder den Wagner-Clan in Bayreuth.

Über die Empfehlungen der Rissins lud Armin Grünewald
1979 die Pianistin Sontraud Speidel und 1980 das Künstlerehe-
paar Alexander Braginsky (Klavier) und Tatiana Remenikova
(Violoncello) ins Palais Schaumburg ein. Braginsky und Remenikova kannten die Rissins noch von ihrer Ausbildung aus

Moskau, Sontraud Speidel war eine Professoren-Kollegin der Rissins an der Musikhochschule Karlsruhe. Rose Marie Zartner vermittelte den Auftritt des Barock-Ensembles mit Otto Büchner (Violine), Kurt Hausmann (Oboe) und Rudolf Zartner (Cembalo) und den Auftritt von Jenny Abel (Violine) und Roberto Szidon (Klavier). Das Netzwerk von Armin Grünewald erwies sich als ein Glücksfall für die Hauskonzerte des Bundeskanzlers und seiner Frau.

Wie Grünewald seine Vorschläge an den Kanzler brachte, beschreibt Rose Marie Zartner wie folgt: »Herr Dr. Grünewald machte den Kanzler mündlich und mit meiner Schumann-LP auf mich aufmerksam. Daraufhin wurde ich eingeladen, mit des Kanzlers Wunsch Schumanns ›Kinderszenen‹ auf jeden Fall mit in das Programm zu nehmen, da er sie selbst gerne spielte. Sonst hatte ich freie Wahl.«[33] Rose Marie Zartner entschied sich für ein »internationales Programm« mit den Balkantänzen von Marko Tajčevič, Ravels »Le Tombeau de Couperin«, Haydns c-Moll-Sonate und Chopins Bolero a-Moll – und natürlich Schumanns »Kinderszenen«. Dreieinhalb Jahr später standen Schumanns »Kinderszenen« noch einmal auf dem Programm, dieses Mal bei dem Klavierabend von Andor Foldes und gewiss wieder auch auf Wunsch des Hausherrn.

Aufgrund eigener persönlicher Freundschaften konnte Helmut Schmidt mit Christoph Eschenbach, Justus Frantz und Yehudi Menuhin drei hochrenommierte Musiker für das Programm gewinnen. Schmidt gab aber auch Anregungen und mischte sich manchmal mit Folgen für das Programm ein, wie Armin Grünewald zu berichten weiß: »So war ein von ihm angeregter Abend mit Musik und Literatur (Beethoven und Schiller) einer der Höhepunkte der Konzerte. Mit sicherem Instinkt wiegelte er einen vorangehenden Vorschlag ab, zu Beethovens Musik Beethovensche Texte zu lesen: Zu groß wäre die Diskrepanz zwischen musikalischer Genialität und literarischer Unbeholfenheit gewesen.«[34]

Nach dem ersten Konzert der Musiker aus Tel Aviv stand der äußere Rahmen für die Hauskonzerte des Kanzlers fest. Eingeladen wurde in der Regel zweimal pro Jahr, jeweils an einem Sonntagabend, da dies vor allem mit dem Terminkalender des Bundeskanzlers am besten zu koordinieren war. Eine Garantie war das allerdings nicht, schon beim zweiten Konzert mussten die Künstlerin des Abends Rose Marie Zartner und Schmidts Gäste auf den Kanzler warten. Erst mit einer Verspätung von fast einer Stunde konnte das Konzert beginnen, mit dem Hubschrauber war er eingeflogen worden. Die gute Stimmung und den Erfolg des Abends, so berichtet die Künstlerin, konnte das nicht trüben.[35]

Als Örtlichkeit war das Palais Schaumburg gewählt worden, bis zum Bezug des neuen Gebäudes im Juli 1976 und seit Gründung der Bundesrepublik im Jahr 1949 Sitz des Bundeskanzleramts. Und da sich die Atmosphäre im Palais für die ersten Konzerte als sehr angenehm erwiesen hatte, blieb man, mit einer Ausnahme, hier auch nach der Fertigstellung des neuen Amtsgebäudes. Immer gegen 20 Uhr fanden sich die Gäste zur Begrüßung und zum Kennenlernen im ehemaligen Kabinettsaal ein, gegen 20.30 Uhr bat der Kanzler zum Konzert in den vormaligen Speisesaal, dem größten Raum im Palais Schaumburg, und leitete persönlich mit einer meist eher kurzen Ansprache ein. Die Vorbereitung auf diese Abende nahm das Kanzlerpaar ernst und investierte Zeit.[36] Eine Sitzordnung für die etwa 100 geladenen Gäste gab es nicht, Reservierungen blieben ausschließlich auf die erste Reihe beschränkt. Auch gab es keine förmliche Kleiderordnung, wenn man einmal den Hinweis außer Betracht lässt, dass die Herren um das Tragen eines dunklen Anzugs gebeten wurden. Ungezwungen und »durchaus republikanisch« sollte es zugehen,[37] die Violinistin Jenny Abel erinnert ein »kleines Protokoll und wenig Pomp«, die Musik habe ganz im Mittelpunkt gestanden, sie habe sich gefühlt, als würde sie vor einer Musikgemeinschaft spielen.[38] Die Einladungen hatten

Einladung zum Konzert von Sontraud Speidel. Dies war die Standardeinladung bei allen Hauskonzerten.

jedoch Stil: Gedruckt auf weißem Büttenpapier mit Bundesadler gaben sich »Der Bundeskanzler und Frau Schmidt« die Ehre einer Einladung.

Die Konzertpausen wurden für Small Talk genutzt, nach dem Konzert traf man sich zum geselligen Teil des Abends an gedeckten Tischen zu einem kleinen »Nachtmahl«. Der Kanzler und seine Frau saßen mit den Künstlerinnen und Künstlern zusammen, wechselten aber auch an andere Tische, um mit möglichst vielen Gästen ins Gespräch zu kommen. In einem Interview mit der Pianistin Sontraud Speidel wird der besondere Charakter dieser Abende deutlich.

RL: Hatte der Kanzler im Vorwege Ihres Konzerts Wünsche für das Programm geäußert?

Durch Herrn Grünewald wusste ich, dass der Kanzler Chopin und Liszt nicht so gern wollte, und dass er Johann Sebastian

Bach sehr schätzte, war mir durchaus bekannt. Er hat also nicht direkte Wünsche ausgesprochen, aber mir sozusagen eine kleine Negativliste überbringen lassen. Ich dachte damals, dass im weitesten Sinne Stücke der Polyphonie angebracht seien. Also habe ich Beethoven, Nikolai Medtner, César Franck und zwei Stücke von Bach vorbereitet und gespielt.

Wann genau war dann Ihre erste Begegnung mit Helmut Schmidt?

Eigentlich direkt vor dem Konzert. Er kam auf mich zu und fragte: »Sind Sie Frau Speidel? Ich freue mich sehr«, oder so ähnlich. Helmut Schmidt hat dann das Konzert auch selbst eröffnet und eine kleine Einführung gegeben. Und dass er beim Handreichen nicht zu stark gedrückt hat, erinnere ich. Vor einem Konzert ist das nämlich furchtbar, wenn jemand einem die Hand zu fest drückt.

Und nach dem Konzert?

Nach meinem Konzert gab es ein festliches Essen, alle haben an Tischen gesessen. Da hat sich Herr Schmidt sehr um mich, aber auch um meine Eltern und meinen Mann gekümmert. Viel habe ich auch mit Frau Schmidt sprechen können. Das war alles sehr ungezwungen und freundlich. Ich habe auch nicht vergessen, dass Helmut Schmidt den gesamten Abend über keine einzige Zigarette geraucht hat. Das hatte ich offenbar anders erwartet, wenn mir das heute noch einfällt.

Und wie ist der Abend ausgeklungen?

Irgendwann hat Loki Schmidt mich zur Seite genommen und mir zugeflüstert, dass die beiden noch ein paar wichtige

Dinge mit dem Freund und ehemaligen Verteidigungsminister Georg Leber zu besprechen hätten. Dafür hatte ich natürlich großes Verständnis. Aber sie sind bis zum Schluss des Abends da gewesen.

Hatten Sie auch danach noch einmal Kontakt zu den Schmidts?

Oh ja, bald erhielt ich ein Foto vom Ehepaar Schmidt mit herzlichen Grüßen und Wünschen von ihr und von ihm signiert. Das habe ich mir eingerahmt. Auch später noch habe ich gelegentlich Grüße von Loki Schmidt erhalten. Ich hatte den Eindruck, dass sie für ihn ein wenig auch die privaten Kontakte pflegte.

Und was hat das Konzert für Sie bedeutet?

Für mich war das eine ehrenvolle Einladung. Und es war ein schönes Gefühl, vor einem kleineren exklusiven Publikum in den Räumen des Palais Schaumburg zu spielen. Es war eine Art kammermusikalische Atmosphäre, ich spielte für die Menschen, die da saßen, es war nicht so anonym wie in größeren Sälen. Ja – und für meine »Karriere« war das sicher auch förderlich, in meiner Künstler-Vita führe ich das Konzert im Palais Schaumburg bis heute an vorderer Stelle mit auf.[39]

Sontraud Speidels Auftritt ist auch ein gutes Beispiel dafür, dass die Hauskonzerte anspruchsvolle und keineswegs nur eingängige Programme boten, »mein roter Faden war die Polyphonie«, berichtet sie.[40] Die Pianistin eröffnete den Abend mit Bach und Beethoven. Als Einstieg hatte sie Bachs »Aria variata alla maniera italiana« gewählt, ein virtuoses Werk, welches dem Interpreten ein hohes technisches und musikalisches Können abverlangt. Danach seine »Partita Nr. 3 a-Moll«, nicht unbedingt

Die Pianistin Sontraud Speidel mit den Schmidts, Hauskonzert am 11. 11. 1979.

ein Klassiker im Repertoire bei Klavierkonzerten, in denen Bach auf dem Programm steht. Die Beethoven-Klaviersonate Nr. 30 E-Dur, mit der Sontraud Speidel den ersten Teil des Konzerts beendete, gehört zu den Spätwerken des Meisters. Von Harmonik, Aufbau und Technik ein anspruchsvolles Werk, in dem der dritte Satz »Gesangvoll, mit innigster Empfindung« – ein komplexer Variationensatz – hervorsticht.

Für den zweiten Teil des Konzerts setzte Sontraud Speidel eine andere Tonsprache. Hier deuten sich schon impressionistische und expressionistische Klänge an. Dabei dürfte der Komponist Nikolai Medtner den Zuhörern eher unbekannt gewesen sein. Gewiss galt das auch für seine an diesem Abend gespielte »Improvisation en forme de variations«. Präludium, Choral und Fuge von César Franck hingegen, Schlusspunkt des Abends, sind einem versierten Publikum schon eher vertraut. César Frank, einer der bedeutendsten französischen Komponisten des 19. Jahrhunderts, hat nicht nur in der Kirchenmusik und für Orgel ein großes Oeuvre hinterlassen, Helmut Schmidt wusste auf jeden Fall beim Blick auf das Programm, was ihn bei diesem Komponisten erwartete. Wie Sontraud Speidel erinnert, war der Abend auch beim Publikum ein großer Erfolg. Sie hatte auf einen verständigen und verständnisvollen Hörerkreis gesetzt und diesen auch gefunden.

Für Schmidt war es wichtig, dass die Gäste seiner Hauskonzerte sich wohlfühlten, mit seinen Einladungen wollte er Begegnungen schaffen, bei denen die Politik möglichst außen vor blieb: »Wir Politiker haben das alle nötig, nicht nur, um uns nach politischen Gefechten, die nun einmal sein müssen, zu versöhnen. Viel wichtiger ist für uns, daß wir uns gemeinsam ab und zu einen Abend lang auf andere Gedanken bringen und andere Gedanken bringen lassen.«[41]

Den Wunsch, dass die Hauskonzerte zu einem Bindeglied zwischen den Besuchern untereinander, aber auch zu einem Gegenpol zum täglichen politischen Geschäft werden könnten, bemühte Helmut Schmidt in nahezu allen seinen Einleitungen der verschiedenen Konzerte. Und obwohl er selbst sich danach richtete und in fast keiner Ansprache ein aktuelles politisches Thema anschnitt, so war die Politik vor allem durch die seine Kanzlerschaft begleitenden und in ihrer Brutalität bis dahin beispiellosen Terrorakte der sogenannten Rote Armee Fraktion nie wirklich fern.

Schon das erste Konzert, das des Tel-Aviv-Streichquartetts vom Januar 1975, lag in einer Zeit des fünfmonatigen kollektiven Hungerstreiks der RAF-Gefangenen, der Schlagzeilen machte. Am 9. Mai 1976, als abends im Kanzleramt Justus Frantz und Christoph Eschenbach musizierten, hatte sich am frühen Morgen desselben Tages Ulrike Meinhof im Gefängnis Stuttgart-Stammheim das Leben genommen. Um exakt 7.34 Uhr dieses Sonntags fanden zwei Justizbeamte die im Juni 1972 festgenommene und seit April 1974 in Stammheim einsitzende Angeklagte erhängt in ihrer Zelle. Ulrike Meinhof gilt als der Kopf der RAF. Nur kurz nach der Entdeckung ihres Selbstmordes wird diese Nachricht dem Bundeskanzler zugestellt worden sein. Zwei Tage zuvor war der Polizeimeister Fritz Sippel von einem RAF-Kommando erschossen worden.

Natürlich hatte Helmut Schmidt das letzte Wort in der Frage gehabt, ob das Konzert am Abend des 9. Mai 1976 abzusagen sei. Er entschied sich dagegen. Ein Einknicken sollte es nicht geben. Die aktuelle Politik wollte Schmidt bei seinen Hauskonzerten außen vor lassen, daran hielt er sich auch an diesem Abend. In seiner Einleitung des Konzerts erwähnt er den Selbstmord Ulrike Meinhofs mit keinem Wort. Aber auch das war eine politische Aussage.

Als 1977, im Jahr des sogenannten Deutschen Herbsts, der RAF-Terror seinen Höhepunkt hatte, wurden die Planungen für ein Konzert in der zweiten Jahreshälfte ausgesetzt. Zu viele Opfer waren zu beklagen, das Land stand unter Schock. Am 4.9.1977 hatten die dramatischen Vorgänge mit der Entführung von Hanns Martin Schleyer und der Erschießung seiner drei Begleiter begonnen. Es folgten die Entführung der Lufthansa-Maschine Landshut, die Befreiung der Geiseln auf dem Flugfeld von Mogadischu, der Selbstmord der RAF-Führungsriege am 18. Oktober im Stammheimer Hochsicherheitstrakt und die Ermordung Hanns Martin Schleyers am selben Tage. Am 25. Oktober trat Schmidt den schweren Gang zur Trauerfeier für Hanns Martin Schleyer an. Die Belastungen waren ihm anzusehen.

Erst im Februar 1978 findet wieder ein Hauskonzert statt. Es spielt das Barock-Ensemble Otto Büchner, Kurt Hausmann und Rudolf Zartner im Palais Schaumburg. Helmut Schmidts Begrüßung fällt dieses Mal besonders knapp aus. Zu den Vorgängen und Herausforderungen im Herbst des Vorjahrs und zum Ausfall des letzten Konzerttermins sagt er kein Wort. Er bleibt bei seiner Linie, die Politik solle auch an diesem Abend die Musik nicht verdrängen. Ob das seinen Gästen gelingen konnte, darf bezweifelt werden.

Die Bedrohung durch die Terroristen war natürlich auch im Alltag der Bundeshauptstadt inzwischen deutlich vernehmbar. Die Sicherheitsmaßnahmen waren erheblich verstärkt worden, überall waren schwer bewaffnete Polizei- und Bundesgrenzschutzkräfte zu sehen. Aus dem ehemals für seine Beschaulichkeit bekannten Bonn war eine Hochsicherheitszone geworden. Vor allem im Umfeld des Kanzlers wurde aufgerüstet: personelle Verstärkung, schwere Bewaffnung, erhöhte Aufmerksamkeit bei den Routineabläufen. Im privaten Bereich seines Hauses in Langenhorn und des Ferienhauses am Brahmsee wurden bauliche Veränderungen vorgenommen: schusssichere Fenster, gepanzerte Türen, hohe Zäune, Videoüberwachung rund um die Uhr. Im Garten des Bundeskanzlers wurde zwischen Haus und Rheinufer eine Schutzwand aus Panzerglas errichtet. Sicherheitsexperten des BKA hatten ausgerechnet, dass der Kanzlerbungalow von der gegenüberliegenden Seite des Flusses mit mobilen Raketenwerfern beschossen werden könnte. Selbst beim privaten Blick auf den Rhein wurden die Schmidts ab jetzt an ihre Gefährdungslage erinnert. Bis in den Schlaf hätten sie die Gewaltakte der RAF und vor allem auch die Gefährdung der sie überallhin begleitenden jungen Sicherheitsbeamten verfolgt, berichtete Loki Schmidt.[42]

Strenge Sicherheitsmaßnahmen gab es auch für die Hauskonzerte, obwohl ja die geladenen Gäste den staatlichen Stellen vorab bekannt waren. Der Oboist Pierre W. Feit, der im Mai 1979 zusammen mit den Westdeutschen Kammersolisten[43] eingeladen war, antwortet spontan auf die Frage, wie er den Abend in Erinnerung habe: »Ein hoch konzentrierter und interessierter Helmut Schmidt und viel Security.«[44] Die Pianistin Rose Marie Zartner berichtet, dass sie sich am Vorabend ihres Konzerts vom 15. Juni 1975 auf dem Flügel im Palais Schaumburg habe einspielen wollen.[45] Obwohl sie natürlich angemeldet war, habe es eine strenge Personenkontrolle gegeben, besonders beeindruckt sei sie aber davon gewesen, dass bei dem gesamten Probespiel über fast drei Stunden ein Sicherheitsbeamter im Raum durchgängig anwesend gewesen sei. Offenbar sollte gewährleistet werden, dass es in dem Raum, in dem am nächsten Abend der Kanzler und seine Frau in der vordersten Reihe sitzen würden, nicht zu Veränderungen der Schutzmaßnahmen oder gar zu Gefährdungen kommen könne.

Die Sicherheitslage hatte sich in der Bundesrepublik in den vorhergehenden Wochen und Monaten brisant zugespitzt. Am 27. Februar 1975 war der Berliner CDU-Politiker Peter Lorenz entführt worden und am 4. März nach einem Austausch gegen vier RAF-Gefangene wieder freigekommen. Sieben Wochen später, am 24. April, hatte ein Kommando der RAF die deutsche Botschaft in Stockholm besetzt, Geiseln genommen und zwei deutsche Diplomaten ermordet. Ihre Forderung nach einem erneuten Austausch und Freilassung von RAF-Gefangenen lehnte der deutsche Bundeskanzler ab. Nach der Lorenz-Entführung und dessen Austausch hatte er die Linie ausgegeben, dass der Staat sich nicht noch einmal erpressbar zeigen dürfe. Für die RAF war Schmidt damit auch als Person in ihr mörderisches Visier geraten. Die Hauskonzerte des Bundeskanzlers Helmut Schmidt und seiner Frau Loki fanden in einem hochangespannten sicherheitspolitischen Umfeld statt.

Bei den Hauskonzerten im Palais Schaumburg waren der Auftritt des Duos Christoph Eschenbach und Justus Frantz im Mai 1976 wie der von Yehudi Menuhin im Mai 1982 ohne Zweifel die zwei herausragenden Ereignisse. Die beiden damals noch jungen, aber bereits erfolgreichen Musiker Eschenbach und Frantz kannte Schmidt aus Hamburger Begegnungen. Justus Frantz war seit seinem Konzert mit den Berliner Philharmonikern 1969 unter der Leitung von Herbert von Karajan 1970 der Durchbruch als international anerkannter Pianist gelungen. Eschenbach hatte seine internationale Karriere am Klavier mit Konzerten 1966 in London begonnen und 1969 in New York fortgesetzt.

Eschenbach und Frantz, die sich an der Hamburger Musikhochschule und in der Meisterklasse von Eliza Hansen kennengelernt hatten, besaßen aber seit den frühen siebziger Jahren auch schon einen herausragenden Ruf als Duo mit vierhändigen Konzerten an zwei Klavieren. Ihre gemeinsamen Einspielungen von Mozart und Schubert gelten noch heute als Klassiker. Als Duo muss man sich gut kennen und aufeinander eingestellt sein, nicht umsonst sind herausragende Duos am Klavier sehr oft Geschwister- oder Ehepaare; auch bei Justus Frantz und Christoph Eschenbach war eine große persönliche Nähe und Freundschaft grundlegend. Ihr Spiel zeichnete sich, wie es heißt, durch »überbordende Spielfreude« und eine hohe Sensibilität für die Gemeinsamkeit des Spiels aus. Hier spielten zwei nicht gegeneinander, sondern begriffen sich »als Ganzes«, wie Justus Frantz formulierte. Leonard Bernstein soll sie sogar einmal als das »beste Duo der Welt« bezeichnet haben.[46]

1972 spielten die beiden ihre erste Schallplatte als Duo ein: Mozarts Sonate in D-Dur für zwei Klaviere (KV 448) sowie die Sonate in C-Dur für Klavier zu vier Händen (KV 521). Mozart war auch der Komponist der Wahl für das Programm des Hauskonzerts im Palais Schaumburg, dazu Schuberts Phantasie in f-Moll. Die Gastgeber des Abends dürften sich an ihre erste Begeisterung über das Können der beiden Klavierkünstler im Hause ihrer Freunde Ilse und Karl Klasen erinnert haben.

Mit Yehudi Menuhin kam am 10. Mai 1982 ein Weltstar der klassischen Musik ins Palais Schaumburg. Für sein Programm hatte Menuhin die drei großen »B« der Musik gewählt: Johann Sebastian Bach, Ludwig van Beethoven und Johannes Brahms. Begleitet wurde er am Klavier von dem jungen Paul Coker, Absolvent der Yehudi Menuhin School und des Royal College of Music und Partner Menuhins auf allen Bühnen der Welt für mehr als ein Jahrzehnt.

An diesem Abend hielt der Gastgeber eine außergewöhnlich lange und zum ersten Mal auch politisch motivierte Ansprache. Zu Beginn erinnert er mahnend an den 10. Mai 1933, an den Tag der von den Nazis initiierten Bücherverbrennungen, danach widmet er sich ausführlich dem politischen Wirken Yehudi Menuhins: »Er ist heute als Geiger zu uns gekommen, aber für mich ist Yehudi Menuhin zugleich eine politische Persönlichkeit. Soll ich sagen, ein Staatsmann der Musik? Oder ein Musiker jener Kunst der Politik, die darin besteht, Menschen in Beziehung zueinander zu setzen und ihnen deutlich zu machen, dass das, was sie verbindet, alle Unterschiede überwiegt?« Schmidt erinnert im Folgenden an Menuhins frühe und legendäre Konzerte 1945 im KZ Bergen-Belsen und 1947 im zerstörten Berlin. Und Schmidt beschreibt Menuhins vielfältigen persönlichen Einsatz »für Frieden« und für das gegenseitige »Verständnis zwischen verfeindeten Völkern«.[47]

In der Persönlichkeit von Yehudi Menuhin zeige sich, so Schmidt, »was Musik bedeuten kann, aber auch, was die Verantwortung eines Musikers sein kann!«

Dass mit Yehudi Menuhin die Hauskonzerte der Gastgeber Helmut und Loki Schmidt zu einem Ende kamen, wusste am 10. Mai 1982 im Publikum noch keiner. Helmut Schmidt mag es geahnt haben, denn die Parteispitze der FDP unter Hans-Dietrich Genscher und Otto Graf Lambsdorff setzten bereits zu diesem Zeitpunkt klare Signale für einen Politikwechsel. Insbesondere in der Wirtschafts- und Sozialpolitik waren die SPD und auch ihr Kanzler kein geeigneter Partner mehr. Nach dem 1. Oktober war die sozialliberale Koalition von SPD und FDP Geschichte. Regelmäßige Hauskonzerte hat es danach im Bundeskanzleramt nicht mehr gegeben, weder bei Schmidts Nachfolgern in Bonn noch in Berlin. Der Violinist Josef Rissin, der die europäische Musikszene jener Jahre gut überblickt, ist sich sogar sicher, dass eine solche Reihe auch an Regierungssitzen im benachbarten Ausland ohne Beispiel war und auch geblieben sei.[48]

Das Schlusswort zu den Hauskonzerten gebührt Armin Grünewald, der seinen Kanzler und Dienstherrn sieben Jahre auf diesem Terrain beraten und begleitet, aber auch beobachtet hatte: »Der Hausherr selbst ist einer der aufmerksamsten Zuhörer des Abends. Er hat nicht nur Verständnis für Musik – vorzugsweise für geistig und formal Geordnetes aus dem Umkreis des Barock, folkloristisch Motiviertes aus der Romantik und Moderne, weniger für Lautes und Titanenhaftes –, sondern auch einen ausgeprägten Sinn für handwerkliche Qualität. Im übrigen lässt er sich – Musik hörend – ausnahmsweise entspannt davontragen und erhofft sich dies auch von seinen Gästen. Er hat es gern, wenn sich deutsche Komponisten mit anderen aus benachbarten Ländern zugesellen. Dvořák etwa, oder Ravel, Tschaikowsky oder Bartók, den er besonders liebt.

Artifizielles, Spekulatives schätzt er weniger – erstaunlich eigentlich für einen passionierten Schachspieler, von dem man glauben möchte, er könne dem Kontrapunkt oder der Fuge besonders zugetan sein. Formale Meisterschaft reizt ihn schon, etwa bei Mozart oder Bach; aber nicht Abstrakt-Spekulatives wie etwa die letzten Beethoven-Streichquartette oder die Violin-Solosuiten und Solosonaten von Bach. Das mag daran liegen, dass sein Verhältnis zur Musik sich eher auf ganz natürlichem Wege der Schulerziehung herausbildete, an die er mit Dankbarkeit zurückblickt, weil sie besonderen Wert auf die Förderung und Aktivierung musikalischer Neigungen legte. (...)

In der Programmauswahl überlässt er indessen die Wahl der Komponisten im Rahmen eines Programms den Künstlern. Er weiß und achtet, dass sie dieses Recht aus Gründen der Selbstdarstellung brauchen. Da darf am Schluss auch schon einmal ein handwerkliches Kunststück vorgeführt werden.«[49]

Liest man dies aus der Feder eines Vertrauten und Zeitzeugen, so ahnt man, dass Helmut Schmidt mit den Hauskonzerten nicht nur seinen Gästen, sondern auch sich selbst große Freude zu bereiten wusste.

Das Mozart-Konzert für drei Klaviere:
Der Kanzler als Pianist

>*»Mozart vermittelt gerade für mich als Norddeutschen*
>*etwas, was uns hier oben einigermaßen schwerfällt:*
>*beschwingte Leichtigkeit und unbeschwerte Fröhlichkeit.«[1]*
>(Helmut Schmidt, 1983)

Die Mozart-Einspielung in den Londoner
Abbey Road Studios

Wenige Tage vor Weihnachten 1981, genauer am 18.12.1981, kam es in den Verkaufsräumen des Hamburger Steinway-Hauses, damals noch in den Colonnaden angesiedelt, zu einem bemerkenswerten Musikereignis. Geprobt wurde Mozarts Klavierkonzert für drei Klaviere F-Dur, KV 242; die Akteure waren die bekannten Pianisten Christoph Eschenbach und Justus Frantz, der dritte im Bunde war Helmut Schmidt, damals seit fast acht Jahren Bundeskanzler der Bundesrepublik Deutschland. Gekommen waren die drei Akteure, weil sie wenige Tage später dieses Mozart-Konzert als Tonaufnahme einspielen wollten. Als ich der Sache nachging und bei dem Hamburger Klavier- und Flügelproduzenten Steinway & Sons nachfragte, ob es von dieser Begebenheit Fotos im Hausarchiv geben würde, verneinte dies Hartwig Kalb, Steinway-Manager, und berichtete erläuternd: »Wobei das Fehlen von Fotos auch kein Wunder ist – denn gemäß der Erzählung über den Besuch des ›Trios‹ im

Steinway-Haus Colonnaden von einem ehemaligen Mitarbeiter, waren unser Haus und die Mitarbeiter überhaupt nicht vorbereitet, sondern wurden überrascht. Entsprechend war kein Fotograf engagiert worden und wahrscheinlich auch keine private Kamera schnell zur Hand.

Der Besuch begann mit Sicherheitsbeamten, die unser Geschäft mit mehreren Eingängen abgesichert haben. Helmut Schmidt und die beiden Künstler waren dann ca. eine Stunde in den Verkaufsräumen und haben an drei Steinway-Flügeln gespielt (sie waren nicht in dem Übestudio). Unser Direktor hat den Bundeskanzler begrüßt. Mehr Informationen gibt es leider nicht über den Besuch. Nach kurzer Zeit war alles vorbei.«[2]

So spontan und fast geheimnisvoll diese Übezeit in den Hamburger Verkaufsräumen von Steinway war, so spontan und fast ein wenig geheimnisvoll war auch der Anlass selbst: eine professionelle Tonaufnahme des Mozart-Konzerts in den Studios der EMI wenige Tage danach, genauer am 21.12.1981. Sechs Wochen vor dem Aufnahmetermin wusste noch keiner der Beteiligten, dass eine Aufnahme in dieser Besetzung überhaupt möglich sein würde.[3] Das Orchester, das für die Aufnahme engagiert worden war, das London Philharmonic Orchestra, erfuhr bis zuletzt nicht, wer als dritter Pianist kommen sollte. Der Hintergrund war, dass für einen professionellen Pianisten das dritte Klavier in diesem Konzert unattraktiv zu spielen und daher dieser Part nur schwer zu besetzen ist. So hatten sich Christoph Eschenbach, Justus Frantz und die Leitung der Plattenfirma darauf verständigt, einen möglichst prominenten Überraschungsgast für dieses eher selten gespielte Konzert zu gewinnen.

Als der deutsche Bundeskanzler beim Aufnahmetermin in London am dritten Klavier seinen Platz einnahm, war die Überraschung beim Orchester also nicht klein. Eine gewisse Routine hatte man in den EMI Studios mit musikaffinen Politikern allerdings bereits sammeln können, denn erst kurz zuvor hatte das London Philharmonic Orchestra mit dem ehemaligen britischen Premier Edward Heath am Dirigentenpult eine Aufnahme von Edward Elgars »Cockaigne Overture« eingespielt.

Die Initiative zu dem musikalischen Zusammenspiel mit Helmut Schmidt war also von den beiden in den frühen achtziger Jahren bereits sehr erfolgreichen und international bekannten deutschen Pianisten ausgegangen. Das Mozart-Konzert hatten sie schon einmal mit Herbert von Karajan am dritten Klavier gespielt, und für die Londoner Aufnahme hatten sie eigentlich eine Zusage von Plácido Domingo bekommen. Die Zusammenarbeit mit dem legendären Tenor kam letztlich aber nicht zustande, denn dieser hatte eine Live-Einspielung abgelehnt und für seinen Part auf Playback bestanden. So war Helmut Schmidt ins Spiel gekommen, und es zeigte sich, dass Schmidt mutiger war als der Weltstar der Tenöre.

Wie Justus Frantz berichtet, hatte er Helmut Schmidt den Vorschlag für dessen Teilnahme bei einem für diesen überraschenden Anruf im Kanzleramt Anfang Dezember 1981 unterbreitet, und Schmidt hatte nach der Frage »Kann ich das?« seinem Freund und gelegentlichen Klavierlehrer spontan eine Zusage gegeben.[4] Wolfgang Amadeus Mozart hatte dieses Konzert für die Gräfin Lodron komponiert und eigens für deren jüngste Tochter den leichteren dritten Part eingefügt. Justus Frantz, der Schmidts Spielniveau am Klavier gut einschätzen konnte, war sich sicher, dass der Kanzler diesen dritten Part ohne große Probleme bewältigen könnte. Das Gleiche galt für Christoph Eschenbach. Wie beschrieben hatte Helmut Schmidt zu beiden seiner Partner am Klavier eine langjährige persönliche Beziehung, er vertraute auf ihr Urteil und ihre Unterstützung.[5] Für die Vermarktung der Schallplatte auf dem deutschen Markt war die Teilnahme des amtierenden Bundeskanzlers ein hoher Gewinn, einer großen öffentlichen Aufmerksamkeit konnten sich alle Beteiligten sicher sein. Und schließlich ging es am Rande auch um den guten Zweck. Alle drei Akteure spendeten ihr Honorar an Amnesty International.

Bei ihrer Mozart-Einspielung in London spielte Christoph Eschenbach nicht nur am Klavier, von seinem Schemel aus dirigierte er in Doppelfunktion Orchester und die beiden Klavierpartner. Seit 1972 hatte Eschenbach eine inzwischen sehr erfolgreich verlaufende Karriere als Dirigent eingeschlagen.

Alle Details zu dem anstehenden Auftritt, vor allem, dass der Termin am 23. Dezember, an Helmut Schmidts Geburtstag also, und dann noch in einem Londoner Studio stattfinden sollte, hatte Justus Frantz bei seinem Telefonanruf im Kanzleramt lieber erst einmal nicht erwähnt. Später wurde der Termin auf Insistieren Schmidts kurzfristig auf den 21. Dezember vorverlegt, beim Aufnahmeort, den Abbey Road Studios in London, blieb es allerdings. Die Studios gehörten dem britischen Plattenkonzern EMI und wurden sowohl für Aufnahmen von klassischer Musik als auch für Pop- und Rockeinspielungen genutzt. Weltberühmt geworden waren die Studios inzwischen durch die Aufnahmen der Beatles, vor allem durch ihr Album *Abbey Road*.

Die Familie Schmidt beim Beatles-Konzert im Juni 1966 in Hamburg.

Auch Schmidt kannte dieses Album mit dem legendären Cover: Die Beatles auf dem Zebrastreifen vor den Studios. Kennengelernt hatte er sie bereits bei ihren frühen Auftritten im Hamburger Star Club Anfang der sechziger Jahre.[6]

Als die Band am 26. Juni 1966 in der Hamburger Ernst-Merck-Halle ihr einziges Großkonzert in der Hansestadt gab, war er live dabei gewesen und hatte für seine Frau, Tochter Susanne und sich drei Sitzplätze in den vorderen Reihen erstanden. Zu einem Pop-Fan hat ihn das nicht werden lassen,[7] aber aufgeschlossen für ein Beatles-Konzert, zudem es termingünstig für den vielbeanspruchten Politiker auf einen Sonntag fiel, war er allemal. Sein Hamburger Amt als Innensenator hatte er inzwischen aufgegeben und war im Herbst 1965 in den Bundestag und nach Bonn zurückgekehrt, um dort wichtige Funktionen in der Fraktion zu übernehmen: zunächst stellvertretender Fraktionsvorsitzender, ab März 1967 bis zur Ernennung zum Verteidigungsminister im Oktober 1969 als Fraktionsvorsitzender der SPD. Für sein Klavierspiel waren die Jahre als Fraktionsvorsitzender im Übrigen eine ungünstige Zeit gewesen, denn in seiner Bonner Wohnung gab es keine Gelegenheit zum Spiel, und in seinem Haus am Neubergerweg in Hamburg-Langenhorn war er höchstens an den Wochenenden.

Bei aller spontanen Freude an der Einspielung in London, ganz ohne Anspannung waren dieser Kurzbesuch und die professionellen Bedingungen der Tonaufnahme im Dezember 1981 für Schmidt nicht. Alles, was hier auf ihn zukam, machte er zum ersten Mal. Zu Hause oder am Flügel seines Freundes Justus Frantz vorzuspielen, das war das eine, in einem Studio zu sitzen, mit einem renommierten Orchester und zwei professionellen Pianisten ein Konzert einzuspielen und den Erwartungen aller Beteiligten nach einem für den Plattenmarkt verwertbaren Ergebnis gerecht zu werden, war das andere. Er wusste nur zu genau, so begrenzt seine Rolle als dritter Pianist in diesem Konzert auch war, die richtigen Töne, die punktgenauen

Einsätze und das beachtliche Tempo der Profis musste er schon ganz allein erbringen.

Worauf hatte er sich eingelassen? Mozart hatte 1776 sein Klavierkonzert in F-Dur für drei Klaviere und Orchester (KV 242) im Auftrage der in Salzburg ansässigen Gräfin Antonia Lodron, Gemahlin des Grafen Ernst Maria Lodron, geschrieben.[8] Die Gräfin Lodron hatte sich ein Konzert für sich und ihre beiden Töchter, die vierzehnjährige Aloisa und die elfjährige Josepha, am Klavier gewünscht, und da die jüngere Tochter nicht überfordert werden sollte, hatte Mozart auf das Alter und die Fähigkeiten der jungen Josepha Rücksicht nehmen müssen. Die Herausforderungen am dritten Klavier waren entsprechend geringer als die für die beiden anderen.

Zu Lebzeiten Mozarts galt das Palais des Grafen und der Gräfin Lodron in Salzburg als ein Zentrum der klassischen Musik. Die Lodrons stammten aus Tirol und waren seit dem frühen 17. Jahrhundert in Salzburg ansässig. Viele hochrangige Militärs und Vertreter der Kirche hatte die weitverzweigte Familie hervorgebracht, die Gräfin Antonia und ihr Gemahl sind als Förderer der Musik in Erinnerung geblieben. Für die musikalische Bildung des adeligen Nachwuchses veranstalteten sie in ihren Räumen Musikakademien, sie pflegten Kontakte zu zahlreichen Musikern und luden regelmäßig zu Konzerten ein. Auch zu der Familie Mozart, deren Wohnung nahe dem Palais des Grafen gelegen war, gab es enge Beziehungen: häufig spielten die Mozarts bei den Hauskonzerten vor und Wolfgang Amadeus und seine ältere Schwester Anna Maria erteilten den sieben Kindern des Grafenpaars Klavierunterricht.

Mozarts Konzert für die drei Klaviere ist in drei Sätze gegliedert: Allegro, Adagio und Rondo, die Spielzeit beträgt circa 25 Minuten. In allen drei Sätzen liegen die anspruchsvollen Passagen bei den Klavieren eins und zwei. Das dritte Klavier ist gerade in den solistischen Teilen so gut wie nicht präsent und dient eher als »Füllklavier«. Leichte Läufe, einfache Akkorde und »liebliche Triller«, hieß es seinerzeit im *Spiegel*.[9]

Der Anspruch für das dritte Klavier liegt vor allem darin, mit den beiden anderen im Gleichklang zu bleiben, sodass es zu einem simultanen Einsatz der drei Klaviere kommen kann. Der Part des dritten Klaviers ist mit einer soliden pianistischen Grundausbildung gut zu bewältigen.

Für die Mozarts war die Gräfin Lodron eine wichtige Förderin. Den Wunsch nach einem eigens für sie geschriebenen Konzert konnte Mozart kaum abschlagen.[10] Zufrieden war er mit dem dritten Klavier aber nicht, so schrieb er das Stück später um zu einem Konzert für zwei Klaviere. Die innere Struktur musste er dafür nicht verändern.

Inwieweit Helmut Schmidt die Details der Entstehungsgeschichte des Stückes bekannt waren, wissen wir nicht, aber seine Frage an Justus Frantz, ob das dritte Klavier ihn nicht überfordern würde, lässt vermuten, dass er von den genauen Hintergründen wahrscheinlich keine Kenntnis hatte. Viel Zeit zum Üben hatte Schmidt in der Tat nicht, zwischen seiner Zusage und der Tonaufnahme lagen nur wenige Wochen. Und vor allem hatte er noch vom 11. bis 13. Dezember ein wichtiges, aber für ihn nicht gerade erfreuliches Treffen mit Erich Honecker in der DDR zu absolvieren. Dieser Arbeitsbesuch, wie es offiziell hieß, war sein erster Besuch der DDR als Bundeskanzler, und er stand unter denkbar ungünstigen Vorzeichen. In der alles überlagernden Abrüstungsfrage und vor dem Hintergrund des Nato-Doppelbeschlusses war kein Entgegenkommen der DDR-Seite zu erwarten, zudem war das Verhältnis zum Nachbarland Polen wegen der staatlichen Sanktionen gegen die oppositionelle Gewerkschaftsbewegung Solidarność höchst angespannt. Und natürlich gab es auch in der Einschätzung der polnischen Widerstandsbewegung zwischen Honecker und Schmidt unüberbrückbare Gegensätze.

Nach seiner Rückkehr aus der DDR am Abend des 13. Dezember und seiner Erklärung zu dieser Reise vor dem Deutschen Bundestag am 18. Dezember gab es nur wenig Zeit, um sich für die Einspielung in London vorzubereiten. So musste vor allem das Wochenende direkt vor dem Auftritt genutzt werden. Am Freitag, den 18. Dezember flog er unmittelbar nach seiner Erklärung vor dem Bundestag nach Hamburg und zu der Probe mit seinen Partnern im Steinway-Haus. Am Montagmorgen, dem Tag der Aufnahme, probten die drei noch einmal zusammen, am Sonntag hatte er mit Justus Frantz in dessen Haus

Letzte Absprache mit Christoph Eschenbach (l.).

in der Magdalenenstraße noch einmal einen letzten Feinschliff erhalten.

Über den Verlauf der Einspielung in den Abbey Studios in London wurde viel berichtet, dennoch gibt es wenig genauere Informationen, die Aufnahme wurde nicht gefilmt, noch gibt es aussagekräftige Presseberichte. Das allerdings war kein Wunder, denn bei den Probeaufnahmen waren die Medien nicht zugelassen, ausgewählte Pressevertreter und die BBC hatten nur vor dem Probenbeginn Zutritt. Die BBC berichtete in ihrer Hauptnachrichtensendung noch am selben Abend, laut *Spiegel* wurde der Film-Clip in 64 weiteren Ländern gezeigt. Am Tag danach schrieben unter anderem die *Times* und der *Guardian* von dieser außergewöhnlichen Konzertaufnahme, blieben aber vage. Der Bericht im *Guardian* ist dafür typisch: Detailliert wird über Schmidts Ankunft, seine Wagenkolonne und Elblotsenmütze geschrieben, zur Musikaufnahme selbst aber findet sich nichts.[11] Über diese Berichte gelangten vage Artikel dann auch in die deutsche Presselandschaft, keiner, der aber über dieses Konzert damals schrieb, war tatsächlich dabei gewesen oder hatte die Tonaufnahme zu hören bekommen. Interessanterweise lobte der versierte Musikkritiker Joachim Kaiser in der *Süddeutschen Zeitung* dennoch, wie galant der Kanzler Mozarts Sechzehntel bewältigt, das Tempo begriffen und den Rhythmus verstanden habe.[12]

Am verlässlichsten erscheinen die Angaben in der Produktbeschreibung, die der Musikjournalist Frederik Hansen im Auftrag der Produktionsfirma für eine Neuauflage der Aufnahme als CD im Jahr 2008 zusammengetragen hat. Demzufolge verlief die Aufnahme ausgesprochen zügig und ohne größere Komplikationen beim Konzertneuling Schmidt.[13] Im Stil des zeitgenössischen Rokokogeschmacks sei die Aufnahme entstanden, den Eröffnungssatz gestalten die drei als »heitere Konversation, zaubern im Adagio bukolische Atmosphäre. Lediglich das finale Rondo kommt, wohl aus Rücksicht auf den semiprofessionellen Mitstreiter, einen Hauch langsamer daher, als man es erwarten darf«, fasst Frederik Hansen seinen Eindruck von der Tonaufnahme zusammen.[14] Nach getaner Arbeit servierte die Produktionsfirma zur Freude Schmidts Fish and Chips für alle; bodenständiges Essen hatte er immer lieber gemocht als ambitionierte Menüfolgen.

Zwei, drei technische Missgriffe hatte es am dritten Klavier gegeben, die aber problemlos korrigiert werden konnten. John

Helmut Schmidt mit Justus Frantz und Christoph Eschenbach im Dezember 1981 in den Abbey Road Studios.

Fraser, der Produzent der Aufnahme, spielte schlicht die korrekten Noten noch einmal nach und fügte diese dann in das Masterband ein. Technisch kein Problem, und so war von den kleinen Fehlern Helmut Schmidts in der veröffentlichten Aufnahme nichts mehr zu hören. Schmidt selbst konnte sich ungestört von diesen Kleinigkeiten an seinem Konzertdebüt freuen, er habe gar nicht gewusst, »was für ein guter Klavierspieler er sei«,[15] bemerkte er später bei der öffentlichen Präsentation der Schallplatte, ein geschickt verpacktes Eigenlob.

2015, anlässlich einer Musikpreisverleihung an Christoph Eschenbach, erinnert sich Helmut Schmidt eher selbstkritisch an seine damalige Rolle: »Mozart hat das F-Dur Konzert für drei Klaviere und Orchester KV 242 für zwei Pianisten und einen jugendlichen Klavierspieler geschrieben. Ich war zwar nicht mehr jugendlich von Alter, aber durchaus von meinen eingeschränkten Möglichkeiten am Klavier. (...) Trotz dieser Herausforderung hat das gemeinsame Musizieren Spaß gemacht.«[16] Und an anderer Stelle fügt er hinzu, wie sehr er vor allem auch die Gemeinschaft und das Zusammenspiel beim Musizieren wertschätze.[17]

Politische Rahmenbedingungen

Natürlich hat Helmut Schmidt das gemeinsame Musizieren Vergnügen bereitet, für jeden, der sich über den gesamten Lauf seines Lebens dem Klavierspiel verschrieben hat, dürfte so eine Möglichkeit ein großes Erlebnis sein. Dennoch verwundert aus heutiger Sicht schon, dass Schmidt diese zusätzlichen und vor allem letztlich nicht bis zu Ende kalkulierbaren Belastungen in einem für ihn sehr schwierigen Jahr seiner Amtszeit auf sich genommen hat. Vieles war in diesem Jahr schlecht gelaufen für den Kanzler, politisch wie privat, seine spontane Zusage kann auch als eine Art Befreiungsversuch aus den Misslichkeiten der vorausgegangenen Monate verstanden werden.

1974 war Helmut Schmidt durch den Rücktritt von Willy Brandt in das Amt des Bundeskanzlers gekommen, 1976 hatte er die Bundestagswahl gegen Helmut Kohl und 1980 gegen Franz Josef Strauß gewonnen. Nach der Bewährung im Kampf gegen den Terror der RAF, insbesondere nach den dramatischen Ereignissen des Deutschen Herbsts im Oktober 1977 mit der Entführung der Lufthansa-Maschine Landshut, der Befreiung der Geiseln in Mogadischu und der Ermordung von Hanns Martin

Schleyer war Helmut Schmidt auf dem Höhepunkt seines Ansehens und seiner Beliebtheit gewesen. Im Wahlkampf 1980 hatte sogar der Koalitionspartner, die FDP, mit ihm als Person geworben und zur Wahl der FDP aufgerufen, damit Schmidt Kanzler bleiben könne! Eine bemerkenswerte Strategie, die man aber auch als Ausdruck eines nicht gerade hohen Selbstvertrauens in die eigene politische Durchschlagskraft werten kann.

Die Rahmenbedingungen hatten sich allerdings schon im Wahljahr 1980 für die von Schmidt geführte Koalitionsregierung verschlechtert und auch ihm Sorge bereitet. Bereits wenige Wochen nach der Wahl vom September 1980 hatte der *Spiegel* zusammengestellt, was die gerade bestätigte Regierung aus SPD und Freidemokraten zu erwarten hatte: »Steigende Ölpreise und knappere Staatseinnahmen, wachsende Arbeitslosenzahlen und absackende Konjunktur lassen der neuen Regierung keine Verschnaufpause.«[18] Über den Haushalt für 1981 wurde lange und immer wieder kontrovers verhandelt, es kam schließlich zu für die SPD wenig populären Kürzungen bei den Leistungsgesetzen und im Sozialen, und dennoch wurde bereits seit dem Sommer 1981 deutlich, dass die FDP die Koalition verlassen wollte und im Grunde nur auf einen günstigen Zeitpunkt wartete. Im September 1982 hatten die Freidemokraten mit der Vorlage des einseitig wirtschaftsfreundlichen sogenannten Lambsdorff-Papiers endlich einen Vorwand gefunden, um den Wechsel an die Seite der CDU und deren Kanzlerkandidaten Helmut Kohl zu begründen. Die darin enthaltenen weitgehenden Forderungen nach sozialpolitischen Einschnitten und dem Abbau von Arbeitnehmerrechten kamen einer Provokation der SPD gleich, einem solchen Papier konnte auch Schmidt nicht zustimmen, die Vorlage des Grafen Lambsdorff war im Prinzip der schriftliche Scheidungsantrag der FDP für die sozialliberale Koalition.

Dieser sich lang hinziehende Prozess der Koalitionsauflösung hatte Schmidt Kraft und Energie gekostet, von den Enttäuschungen über den Protagonisten des Wechsels, Vizekanzler und Außenminister Hans-Dietrich Genscher, mit dem Schmidt immer wieder das Gespräch gesucht hatte, einmal ganz abgesehen.

Aber auch außenpolitisch war das Jahr 1981 mit den Auseinandersetzungen über den Nato-Doppelbeschluss extrem schwierig und kompliziert gewesen. Schon im Oktober 1977 hatte Schmidt in London auf einer Veranstaltung des »International Institute for Strategic Studies« auf die Diskrepanz bei den nuklearen Mittelstreckenwaffen zwischen der Nato und der Sowjetunion hingewiesen. Seine These war, dass es ohne ein Gleichgewicht der Kräfte keinen dauerhaften Frieden geben könne und dass entweder die SU abrüsten oder die Nato nachrüsten müsse. Das Thema stand auf der Tagesordnung, die Sowjetunion jedoch zeigte keine Bereitschaft zum Einlenken. Am 12.12.1979 fassten die Verteidigungs- und Außenminister der Nato ihren Doppelbeschluss: Zum einen sollten 108 Pershing-Raketen und 464 bodengestützte Marschflugkörper in Europa stationiert, zum anderen aber mit der SU über Begrenzungen der atomaren Mittelstreckenraketen verhandelt werden. Im günstigsten Falle könnte eine Nulllösung, das heißt der völlige Verzicht auf weitere Aufrüstung erreicht werden.

Große Teile der SPD sahen in der Politik des Nato-Doppelbeschlusses jedoch eine Abkehr von der von Willy Brandt eingeleiteten Entspannungspolitik der siebziger Jahre, außerparlamentarisch kam es zum Zusammenschluss der sogenannten Friedensbewegung, die viele, vor allem auch junge Menschen auf die Straßen trieb. Allein die Bundeshauptstadt Bonn erlebte im Oktober 1981, im Juni 1982 und im Oktober 1983 drei Massendemonstrationen mit Hunderttausenden Teilnehmern. Da auch große Teile der SPD mit den Demonstrierenden sympathisierten, war die Lage für den SPD-Kanzler Schmidt hochproblematisch. In seiner eigenen Partei gab es Kritik an seinem außenpolitischen Kurs, der Koalitionspartner wertete dies als Argument dafür, dass die Koalition ihre Grundlagen verliere. Den Auftritt des SPD-Vorstandsmitglieds, Vorsitzenden der Grundwertekommission der Partei und Repräsentanten des linken Flügels, Erhard Eppler, als Redner auf der Hofgarten-Demonstration am 10. Oktober 1981 hatte Schmidt vergeblich durch eine Intervention bei Willy Brandt zu verhindern versucht. Offiziell stützte Brandt noch die Position der Bundesregierung und ihres Kanzlers, inhaltlich war er aber bereits zu diesem Zeitpunkt eher auf der Seite Epplers. 1983 war der Parteivorsitzende Brandt bei der dritten Massendemonstration gegen den Nato-Doppelbeschluss in der Bundeshauptstadt sogar selbst als Redner gegen die Nachrüstung aufgetreten. Allerdings war die sozialliberale Koalition da schon ein Jahr Geschichte, und die Ablehnung des Nato-Doppelbeschlusses galt inzwischen als offizielle Parteilinie der SPD. Bei einer Abstimmung auf einem Sonderparteitag der Sozialdemokraten fanden sich im November 1983 unter den rund 400 Delegierten neben Schmidt nur noch ein gutes Dutzend anderer Parteigenossen, die den Kurs des Exkanzlers Helmut Schmidt unterstützten.

Für Schmidt erwies sich hier noch einmal schmerzlich, was eigentlich schon im Herbst 1981 deutlich geworden war. In dieser zentralen außenpolitischen Frage wirkte er in seiner eigenen Partei isoliert, professionelle Beobachter sprachen sogar von einer »Vereinsamung« Schmidts am Ende seiner Zeit als Bundeskanzler.[19] Der Druck, der in seinem letzten Amtsjahr auf ihm lastete, war immens. 2013 berichtet der *Spiegel* über offizielle Aktenvermerke, dass Schmidt in diesen Monaten ernsthaft befürchtete, wegen seines Eintretens für den Nato-Doppelbeschluss Ziel eines Attentats werden zu können.[20] Das Klavierspiel spätabends im Kanzlerbungalow, von dem er selber bei vielen Gelegenheiten berichtet hat, wird hier als ein Ausgleich und beruhigend gewirkt haben.

Als im wahrsten Sinne des Wortes beschwerend kamen ernsthafte gesundheitliche Probleme dazu.[21] Auch wenn die

Öffentlichkeit dies lange nicht wusste, die Krankenakte des Politikers Helmut Schmidt war gut gefüllt. In seiner Zeit als Verteidigungsminister hatte er über mehrere Monate an einer nicht diagnostizierten Überfunktion der Schilddrüse laboriert. Er fühlte sich kraftlos, klagte über Herzrasen und innere Unruhe, verlor rasant und für jedermann sichtbar an Gewicht und musste immer wieder und zum Teil über längere Zeit das Bundeswehrkrankenhaus in Koblenz aufsuchen.

In seiner Kanzlerschaft litt er bedingt durch die enorme Arbeitsbelastung häufig an fiebrigen Erkältungen, im Januar 1980 hatte er eine Mandelentzündung, die, da nicht richtig auskuriert, am Ende seinen Herzmuskel dauerhaft schädigte. Seitdem plagten ihn gravierende Herzrhythmusstörungen, wiederholt verlor er das Bewusstsein, manchmal für nur wenige Sekunden, manchmal aber auch länger. Medizinisch handelte es sich dabei um sogenannte Adam-Stokes-Anfälle, bei denen die Pumpleistung des Herzens für Sekunden komplett aussetzt und zu Bewusstseinsverlusten führen kann. Annähernd einhundert Mal sei ihm das passiert, wusste er später zu berichten, einmal geschah dies sogar bei einem Staatsbesuch in Frankreich bei einem Vieraugengespräch mit seinem Freund und Amtskollegen Giscard d'Estaing. Nach einem erneuten Vorfall im Oktober 1981 entschlossen sich die Ärzte, dem Patienten einen Herzschrittmacher einzusetzen.[22]

Die Operation fand am 13.10.1981 unter Hinzuziehung eines Frankfurter Herzchirurgen im Koblenzer Bundeswehrkrankenhaus statt. Zeitlich fiel dies unmittelbar mit der Friedensdemonstration vom 10. Oktober vor der Haustür des Kanzlerbungalows im Bonner Hofgarten zusammen, ein Zufall wird dies kaum gewesen sein.

Bis zu seinem Lebensende, also 35 Jahre, hat Helmut Schmidt mit einem Herzschrittmacher leben müssen. Der Effekt des Schrittmachers war enorm, Helmut Schmidts EKG war nach der Operation wieder tadellos, vor allem die mit den Herzrhythmusstörungen und Anfällen einhergehenden Leistungs- und Stimmungsschwankungen und das zunehmende Unsicherheitsempfinden und die Angst verursacht durch die Adam-Stokes-Anfälle waren nach einiger Zeit überwunden.

Nach der Operation konnte Schmidt also neue Pläne machen, zum Beispiel eine Zusage für ein Klavierkonzert geben, der spontane Entschluss dazu war sicher auch aus einer Stimmung der physischen und psychischen Entlastung durch den erfolgreichen Eingriff seiner Ärzte zu erklären. Das Vertrauen in die eigene Leistungsfähigkeit war zurück, die Zusage zur Konzerteinspielung war positive Herausforderung und willkommene Abwechslung zu den Mühen des Politikalltags.

Und einen weiteren positiven Effekt hatte das Konzert für den Kanzler. Über die ernsthaften körperlichen Beeinträchtigungen Schmidts war die Öffentlichkeit nicht unterrichtet worden, der mögliche Eindruck eines nicht voll einsatzfähigen Politikers sollte vermieden werden, das galt vor der Wahl im September 1980 wie auch danach. Selbst als im Oktober 1981 der Operationstermin im Bundeswehrkrankenhaus und die Notwendigkeit eines Herzschrittmachers nicht mehr zu verbergen gewesen waren, veröffentlichte das Bundespresseamt Fotos aus dem schmalen Krankenzimmer in Koblenz, die den Kanzler bei der Ausübung von Amtstätigkeiten zeigt: Helmut Schmidt sitzt 24 Stunden nach dem Eingriff an einem provisorischen Schreibtisch und bearbeitet einen Stapel von Akten. Die Botschaft war klar: Schmidt ist voll arbeitsfähig, die Öffentlichkeit muss sich keine Sorgen um ein Machtvakuum im Bundeskanzleramt und an der Spitze der Koalitionsregierung machen. Wenige Tage später unternimmt er einen anstrengenden Flug nach Kairo, um an der Trauerfeier für seinen Freund, den am 6. Oktober 1981 von Islamisten ermordeten ägyptischen Präsidenten Anwar as-Sadat, teilzunehmen. Mit Sadat verband den deutschen Kanzler eine persönliche Freundschaft, bei dieser Trauerfeier wollte Schmidt auf jeden Fall anwesend sein, auch wenn Flug und die klimatischen Verhältnisse vor Ort seiner Genesung wenig zuträglich gewesen sein dürften. Bilder von der Veranstaltung belegen, dass es ihm nach dem gerade vollzogenen Eingriff nicht sonderlich gut ging.

Gut zwei Monate später bei der Aufnahme in London war dies bereits anders. Schmidt scheint erholt und gut gelaunt, ein Herr in den besten Jahren, schlank und attraktiv, und für seine Verhältnisse ausgesprochen locker. Als die Schallplatte veröffentlicht ist, werden der Öffentlichkeit Fotos präsentiert, die es in dieser Form von einem deutschen Kanzler noch nie gegeben hat. Ein Politiker, der auch als Musiker konzentriert seine Aufgabe angeht und nach dem Konzert, auf den Flügel gestützt, zufrieden und sympathisch in die Kamera blickt. Die Fotos wirken wie ein gelungenes Korrektiv zu den Aufnahmen aus dem kargen und unwirtlichen Koblenzer Krankenhauszimmer mit einem erkennbar mitgenommenen Kanzler nur wenige Monate zuvor. Die Fotos aus London waren wie gemacht für die Botschaft: Der Kanzler hat wieder Tritt gefasst, um die schwierigen Aufgaben der Politik zu meistern.

Das neue Jahr 1982 sollte allerdings für ihn nicht erfolgreich enden. Am 1. Oktober verlor er sein Amt als Bundeskanzler durch ein konstruktives Misstrauensvotum an Helmut Kohl, fortan wird wieder Hamburg der Hauptwohnsitz. Das Klavierspiel im heimischen Neubergerweg wird ihm bei seinem politischen Abgang und dem Wechsel geholfen haben.

Die zweite Mozart-Einspielung in Zürich

Neun Monate nach seiner Abwahl als Bundeskanzler kommt es zu einer Neuauflage des Mozart-Konzerts für drei Klaviere vom Dezember 1981. Christoph Eschenbach hatte inzwischen in Zürich den Posten als Chefdirigent des renommierten Tonhalle-Orchesters angenommen und für den 9. und 10. Juli 1983 eine Einladung zu einer Wiederholung des Mozart-Konzerts an Schmidt und Frantz mit dem eigenen Züricher Orchester ausgesprochen. Dieses Mal sollte es nicht nur eine Ton-, sondern auch eine Filmaufnahme werden. Letztere war als Playback mit der vorhandenen Tonaufnahme geplant. Helmut Schmidt nahm Eschenbachs Einladung an, dieses Mal hatte er auch mehr Zeit zu üben und sich einzuspielen; in seinen privaten Kalender sind allein für die Woche vor seinem Zürich-Termin fünf jeweils dreistündige Proben bei Justus Frantz in der Magdalenenstraße in Hamburg-Pöseldorf eingetragen.[23] Auch Christoph Eschenbach war eigens in die Hansestadt angereist, um mit dem Exkanzler zu üben.

Produziert wurde dieses musikalische Unternehmen von dem Hamburger Schmidt-Freund und Filmproduzenten Gyula Trebitsch.[24] Gezeigt wurde es im ZDF und der Schweizerischen Radio- und Fernsehgesellschaft (SRG), das Budget für die Produktion belief sich auf 280 000 DM. In einem internen Schreiben des Managements der Züricher Tonhalle heißt es ein halbes Jahr nach der Aufnahme: »Christoph Eschenbach telefoniert uns soeben, dass die Aufzeichnungen aus der Tonhalle mit den Mozart-Konzerten für drei und zwei Klaviere als erste kommerzielle Bildplatte im Handel erschienen sind. Es handelt sich um eine Weltpremiere mit entsprechender Publicity. Trebitsch-Produktion werde nun von Christoph Eschenbach und Justus Frantz bearbeitet, diese Produkt-Linie weiter zu verfolgen.«[25]

Schmidts Aufenthalt in Zürich war generalstabsmäßig geplant. Es gab genaue Ankunfts- und Verlaufspläne, Schmidt wurde von seinen eigenen Sicherheitsbeamten begleitet, gegenüber seiner Zeit als Kanzler hatte sich diesbezüglich wenig verändert. Gemeinsam mit seiner Frau Loki hielt er sich drei volle Tage in Zürich auf. Alle drei Tage waren ausgefüllt mit Proben mit dem Orchester, Ton- und Filmaufnahmen sowie mit exklusiven Medienterminen mit dem Exkanzler und Pianisten. An den

Aufnahmen in den Sälen der Tonhalle waren insgesamt vierzig Musiker und fünfzig Techniker beteiligt. Abends traf man sich in kleinem Kreis auf der Villenterrasse von Christoph Eschenbach hoch über dem Zürichsee.[26]

Bei hohen sommerlichen Temperaturen war das Programm für den inzwischen 65-Jährigen nicht nur Vergnügen. In einem der begleitenden Interviews antwortet er auf die Frage, was die Musik für ihn bedeute, erst routiniert öffentlichkeitswirksam, dann aber mit einem neuen Zusatz: »Musik ist für mich Anregung und Entspannung, manchmal auch Arbeit.«[27] Die Proben zogen sich hin und erforderten immer wieder hohe Konzentration. In der *Welt*, die groß und ausführlich berichtet, heißt es: »Er ist der Alterspräsident auf dem Konzertpodium. Er läßt sich nichts anmerken. Er wirkt kühl und milde (...). ›Er ist eben das Fernsehen seit Jahren gewöhnt‹, seufzt ein Musiker, hinschmelzend in der Scheinwerferglut. ›Wir aber nicht.‹«[28]

Frantz und Eschenbach hatten Schmidt in Hamburg intensiv vorbereitet, doch auch bei den Züricher Proben mit dem Orchester lassen sie ihn nicht aus ihrer Obhut. Klaus Geitel, der für die *Welt* berichtete, hält fest: »Schmidt wird von seinen beiden Klavierkollegen auf die musikalisch liebenswürdigste Weise betreut. Bei jeder Probenreprise geht Frantz hinüber zu Schmidt und zeigt ihm, des musikalischen Kauderwelschs – ›acht (Takte) vor Emil‹ – möglicherweise nicht kundig, mit dem man die Takte zählt, an welcher Stelle im Notentext man wieder beginnen wird.«[29]

Das Playback-Verfahren war für Schmidt eine völlig neue Erfahrung und nicht ohne Tücken. Die Tonaufnahme hatte man in legerer Kleidung im Kleinen Tonhallesaal aufgenommen, die filmische Aufzeichnung im festlichen Großen Saal im Abendanzug. »Die drei Steinways werden noch einmal gewienert, damit sie nicht reflektieren, die drei Solisten aus gleichem Grund mattiert. Dann rauscht die Musik los aus den Lautsprechern. Es geht ans leichtfingrige pianistische Mithalten mit der vor-

Helmut Schmidt bei der zweiten Mozart-Einspielung in der Tonhalle Zürich 1983.

geprägten eigenen Leistung. Das ist neu und unbehaglich für Schmidt.« Justus Frantz hatte diese Schwierigkeiten gegenüber dem dritten Mann am Flügel im Vorhinein heruntergespielt. »Er ist ein Weglächler der Schwierigkeiten«, beschreibt Schmidt ihn. »Er hat mir gesagt, bei den Playback-Aufnahmen könne man am Klavier sitzen wie Gott in Frankreich. Jetzt stellt sich heraus, daß man aufpassen muß wie ein Luchs, damit einem das eigene Spiel nicht herrenlos wegläuft.«[30]

Schmidt weiß die Zusammenarbeit mit dem Orchester und den beiden Pianistenfreunden zu schätzen. Aber auch die Herausforderungen, das Verbessern des eigenen Spiels empfindet er als positiv. Und anders als man ihn zu kennen glaubte, kann er dies auch öffentlich äußern: »Ich genieße das Zusammenspiel, das Musizieren in der Gemeinschaft. Das ›Sich-einfügen-müssen‹ in den musikalischen Gesamtverlauf. Allein, daheim am

Klavier, kann man sich Selbstgenügsamkeit, Selbstzufriedenheit leisten. Hier nicht.«[31]

Der Erfolg der Mozart-Einspielung mit Eschenbach, Frantz und Schmidt war für das Tonhalle-Orchester bedeutsam. Es gab eine große öffentliche Resonanz, den Film konnte man als Vorbereitung einer geplanten Japan-Tournee einsetzen. Alle Vorgänge dieser Einspielung wurden von dem Manager der Tonhalle akribisch protokolliert. »Die Zusammenarbeit mit Helmut Schmidt verlief höchst erfreulich. Er entledigte sich seiner anspruchsvollen Aufgabe mit einer bewundernswerten künstlerischen Disziplin, fügte sich im Team ein und erwartete keinerlei Sonderbehandlung. Die Arbeitsbedingungen waren durch die tropischen Temperaturen während der Aufnahme recht strapaziös. Christoph Eschenbach als künstlerisch Verantwortlicher musste keine Konzessionen machen; die Aufnahmen gerieten denn auch in jeder Beziehung zur vollen Zufriedenheit des Produzenten und des künstlerischen Oberleiters.«[32]

Fotos aus Zürich zeigen einen beim Spiel hochkonzentrierten, in den Pausen aber auch entspannten Helmut Schmidt. »Heute kann ich mir natürlich mehr Zeit nehmen zum Lesen, zum Schachspielen, für die Musik und das ruhige Gespräch mit Freunden«,[33] merkt er nach dem Züricher Konzert in einem Interview an. Der auch persönlich schwierige Übergang nach der Kanzlerabwahl war ihm gelungen, eine erneute Kandidatur als Kanzlerkandidat der SPD für die vorgezogene Neuwahl des Bundestags im Frühjahr 1983 hatte er abgelehnt. Zwar blieb er noch für eine weitere Legislaturperiode einfacher Abgeordneter für seinen Wahlkreis Bergedorf im Deutschen Bundestag, 1983 ist aber vor allem das Jahr des Übergangs zu seinem Status als erfolgreicher Publizist und Herausgeber der Wochenzeitung *Die Zeit* und des Wechsels vom aktiven Politiker in die Rolle des Elder Statesman. Er wird diese Rolle noch mehr als dreißig Jahre einnehmen. Das war und ist bis heute ohne Beispiel. Und auch in diesem neuen und letzten Lebensabschnitt wird seine Liebe und Affinität zu Musik und Kunst nicht abnehmen.

Sein eigenes Klavierspiel intensiviert er, 1985 folgt eine dritte Konzerteinspielung, dieses Mal Bach – deutlich anspruchsvoller und schwieriger als das Mozart-Konzert. Anfang 1987 schließlich kauft er sich einen eigenen Konzertflügel, gewiss ein Höhepunkt in seinem privaten Musikerleben, doch davon später mehr.

Helmut Schmidt und Johann Sebastian Bach: Frühe Begegnungen, eine Bach-Auszeit in Güstrow, Bach-Reden und das Bach-Konzert für vier Klaviere

»Mein Lieblingskomponist bleibt Johann Sebastian Bach.
Der Klarheit und Logik seiner Werke, die vor allem in den
Fugen zum Ausdruck kommen, fühle ich mich am stärksten
verbunden. Auch ist er der bedeutendste Komponist für
die beiden Instrumente, die mich immer besonders angezogen
haben: Klavier und Orgel.«[1]   (Helmut Schmidt, 1983)

Das unter Bach-Freunden kursierende Credo: »Nicht alle glauben an Gott, aber alle glauben an Bach«, traf auf Helmut Schmidt und seine Frau eigentlich recht gut zu. Ihre Distanz zum religiösen Glauben ließen sie, obwohl beide Mitglieder der evangelischen Kirche waren, immer wieder durchblicken; ihre Haltung zu Bach hingegen war klar: Beide hielten ihn für den größten Komponisten, beide, wie Loki Schmidt in einem Gespräch am Ende ihres Lebens bekannte, haben »zeitlebens für ihn geschwärmt«.[2] Und ähnlich klang es bei Helmut Schmidt in seinem letzten Buch: »Die Transparenz und Klarheit von Komponisten wie Schütz, Pachelbel, Buxtehude hat mich immer mehr angezogen als Klassik und Romantik. Telemann und Vivaldi waren meine Lieblingskomponisten. Über allem aber strahlte Bach. Ohne Übertreibung kann ich sagen: Ich bin mit Bach groß geworden.«[3]

Vor allem der letzte Satz mag ein wenig nach einer verklärten Überhöhung am Ende eines Lebens klingen; folgt man den Spuren des Verhältnisses von Helmut Schmidt zu Johann Sebastian Bach, kann man dieser späten Einschätzung jedoch durchaus Glauben schenken.

Schon als Kind hatte Helmut Schmidt durch die Familie seiner Mutter und auch durch seine Schule Zugang zur Musik Bachs gefunden. Nach der Schulzeit konnte er diese Kenntnisse im Orgelunterricht bei Olga Bontjes van Beek in Fischerhude und in den Kriegsjahren dann bei Walter Scharwenka ausbauen.

In diesen Jahren las er Albert Schweitzers Bach-Biographie von 1908. Noch siebzig Jahre später wusste er zu erinnern, dass er dieses Buch im März 1945 in Bernau als Geschenk für den befreundeten Arzt und Musikliebhaber Dr. Arnold zurückgelassen hatte. Über sein Leihklavier auf dem Gut Schmetzdorf bei Bernau hängte er die Kopie einer Bach'schen Notenhandschrift; sehr viel später waren Bach-Noten ein großer Bestandteil seines beachtlichen Notenfundus. Nicht alle wird er gespielt haben, einige Notensätze waren Geschenke von Freunden oder Bekannten, die wussten, dass man Helmut Schmidt damit erfreuen konnte. Das galt auch für seine umfangreiche Plattensammlung. Die Werke von Johann Sebastian Bach machen einen großen Teil der Sammlung aus. Helmut Schmidt selbst hat wohl oft Stücke aus dem *Wohltemperierten Klavier*, einer Sammlung von Präludien und Fugen für Tasteninstrumente, gespielt. Laut Schmidts Freund und Klavierbegleiter Justus Frantz tat er dies besonders gern nach harten Tagen vor dem Schlafengehen an seinem Flügel im Kanzlerbungalow.

Dass Johann Sebastian Bach der Lieblingskomponist Helmut Schmidts war, scheint so einleuchtend, dass es fast keiner weiteren Erläuterung oder Begründung bedarf. Als Politiker bemühte er sich immer um möglichst rationale Entscheidungen, in seinen Reden und Ansprachen um Schnörkellosigkeit, Transparenz und Klarheit. Vom Gemüt her war es die Gelassenheit, die er als Tugend beschrieb, die Denker, die er besonders schätzte und mal als seine Hausapotheke beschrieb, waren der Stoiker Marc Aurel, Immanuel Kant und Max Weber sowie der bekannteste Vertreter des kritischen Rationalismus Sir Karl Popper. Auch dieser war ein Bach-Verehrer und mit Schmidt im persönlichen Kontakt.[4]

Dass ein Mensch wie Schmidt Bach schätzte, muss also nicht überraschen. »Johann Sebastian Bachs musikalischer Kosmos ist die Verschmelzung von strenger Form und irdischer Verbundenheit«, schreibt der Musikkritiker Axel Brüggemann, und fährt fort: »Sie vereint geistige Freidenkerei mit Bodenständigkeit, erhebt den Geist in die Endlosigkeit des Kosmos und bleibt doch mit beiden Füßen auf der Erde. Damit ist sie so etwas wie die klingende Charakterisierung des Altkanzlers Helmut Schmidt.«[5] Der bachbegeisterte Kanzler wird hier von einem begeisterten Musikkritiker zwar gewiss überhöht, aber dennoch trifft diese Beschreibung einen Kern in Helmut Schmidts lebenslangem Interesse an Johann Sebastian Bach.

Nun hat die Liebe zu Bach Helmut Schmidt nicht zu einem Bach-Experten gemacht. Den Anspruch hatte er auch nicht an sich selbst, er empfand sich vor allem als Musikfreund, der in Bezug auf Bach sich einen Satz des legendären Münchener Musikkritikers Joachim Kaiser zu eigen gemacht hatte: »Es gibt keine Formel, keine griffige These, die hilfreich-definierend Johann Sebastian Bach erklären könnte. Dazu ist er zu groß.«[6]

Dennoch hielt er größere Bach-Reden. In diesen Reden und vor allem in seinem letzten Buch machte er Andeutungen zu verschiedenen Phasen und Begebenheiten in seinem Leben, in denen er sich Bach und seiner Musik besonders nahe fühlte. Es sind diese Bach-Spuren im Leben des Helmut Schmidt, denen wir in diesem Kapitel folgen werden.

Frühe Begegnungen

In der von Loki und Helmut Schmidt besuchten Lichtwark-
schule spielte die Musik von Johann Sebastian Bach eine bedeutende Rolle. Bereits 1922, die Schule war 1914 gegründet
worden und residierte wegen des kriegsbedingt verzögerten
Schulbaus noch in Baracken im Hinterhof des ehrwürdigen
Johanneums, lud der Musiklehrer Hermann Schütt zu einem
Bach-Abend ein. Es sangen der Eltern- und Schülerchor, begleitet von einem aus Freunden der Schule, Schülern, Eltern und
Kollegen gebildeten kleinen Orchester. Aus Mangel an eigenen
Räumlichkeiten war man im Festsaal des benachbarten Johan-
neums zu Gast.

Als die Schule in ihr eigenes neues Gebäude am Stadtpark
eingezogen und endlich auch die lang geplante Orgel einge-
baut und bespielbar war, wurde diese am 10. September 1931
mit Werken »der alten Orgelmeister vor Bach, Werke Joh. Seb.
Bachs und der Meister seiner Zeit«[7] der Schulgemeinde vorgestellt. Auch der damalige Schüler der Quarta, der fast drei-
zehnjährige Helmut Schmidt, folgte dem Spiel von Friedrich
Brinkmann, Organist und Gutachter der neuen Orgel für die
Lichtwarkschule und daher mit dem Instrument bestens vertraut. Der Einladung war eine ausführliche und technisch
anspruchsvolle Beschreibung der neuen Orgel beigefügt. Der
Quartaner Schmidt, der inzwischen auch ein Interesse an der
Orgel entwickelt hatte, konnte hier genau erfahren, was an diesem Instrument so besonders war: eine Reformorgel, die sich
an dem Orgelbau der Bach-Zeit orientierte. »Das Neben- und
Gegeneinander einzelner Stimmen, Register genannt, ergibt,
frei vom Fundamentbaß, ein außerordentlich durchsichtiges
Klanggewebe, nicht wie bisher eine oft verschwommene, dick-
flüssige Klangmasse, die die Architektur und Struktur der Komposition verwischt.«[8]

An diesem Abend spielte Friedrich Brinkmann nicht nur die

Orgel, sondern gab der interessierten Schulgemeinde auch Erklärungen zur Technik und Konstruktion. 1935 übernahm Brinkmann die Leitung des »St. Michaeliskirchenchors« und folgte damit Alfred Sittard, unter dessen Leitung Helmut Schmidts Mutter in ihrer Jugend gesungen hatte. Die Werke Bachs hatten unter Sittard einen festen Platz im Kirchenchor-Repertoire,[9] es liegt also nahe, dass Helmut Schmidt auch durch seine Mutter an Bach herangeführt wurde.

Vor allem aber brachte der schon erwähnte Musiklehrer-Onkel Ottomar dem Neffen Helmut Schmidt die Musik Bachs nahe. Er spielte im Familienkreis ein- oder zweimal die *Goldberg-Variationen* vor. Das hat Eindruck auf den jungen Helmut Schmidt gemacht: »Sie erschienen mir mit meinen zwölf oder dreizehn Jahren als der absolute Höhepunkt polyphoner Musik.«[10]

Dieser Onkel war es auch, der ihm die ersten Bach-Noten für das eigene Klavierspiel schenkte, das erwähnte *Notenbüchlein für Anna Magdalena Bach*, der zweiten Ehefrau von Johann Sebastian. Anna Magdalena, geborene Wilcke, war Tochter eines Organisten und eine ausgebildete und zur Zeit der Heirat mit Bach im Jahre 1721 angesehene und erfolgreiche Konzertsängerin.[11] Für das Klavierspiel seiner Frau und wohl auch der eigenen Kinder aus der ersten Ehe hatte Bach mit seiner Frau Anna Magdalena 1722 und 1725 eine Reihe von Kompositionen aus eigener Feder und anderer Komponisten für den Hausgebrauch zusammengestellt. Bis heute nimmt das *Notenbüchlein* einen wichtigen Platz im Kanon der Klavierpädagogik ein. Einige der in dieser Sammlung überlieferten Stücke sind für den Anfangsunterricht gut geeignet, andere wie die Partiten in a-Moll und e-Moll sind anspruchsvoll und setzen hohe Fertigkeiten voraus. Hier werden insbesondere komplexere Anforderungen an Fingersatz und Artikulation gestellt. Davon wusste auch Helmut Schmidt zu berichten, wenn er über die Werke aus dem *Notenbüchlein* festhielt: »Manche der Stücke konnte ich spielen, andere, wie zum Beispiel die e-Moll-Partita, waren viel zu schwierig. Aber es gab im Notenbüchlein der Anna Magdalena auch eine Aria in G-Dur, die konnte ich spielen. Und erst Jahrzehnte später habe ich begriffen, daß jenes Stück aus meiner Kinderzeit zugleich das Thema der Goldberg-Variationen ist.«[12]

Der Lehrplan der Lichtwarkschule für das Fach Musik zeigt darüber hinaus, dass die Musik Bachs, aber auch die seiner musikalischen Vorläufer und Zeitgenossen Dietrich Buxtehude und Johann Pachelbel den Schüler Schmidt bis in die Oberstufe im Chor und im Unterricht begleitet hat. Und zum Programm der Schule von Helmut und Loki Schmidt gehörte es nicht zuletzt, dass die Schülerschaft mit den Musiklehrern öffentliche Konzerte und die Sammlung alter Instrumente im Museum für Hamburgische Geschichte besuchte. Die Musikkultur der Bach-Zeit wird dabei eine wichtige Rolle gespielt haben.[13]

Fast ein Erweckungserlebnis

Im September 1973, bei einem Besuch in der damaligen DDR, hatte Helmut Schmidt ein besonders tiefgehendes Erlebnis bei einem Bach-Konzert in der Thomaskirche. In seinen zwei großen Bach-Reden von 1985 in Hamburg und 1999 in Leipzig hat er davon ausführlich berichtet. Folgt man diesen Berichten, muss die Begegnung mit der Musik Bachs an diesem besonderen Ort fast eine Art Erweckungserlebnis gewesen sein.

Zum Zeitpunkt dieses DDR-Besuchs im Herbst 1973 war Helmut Schmidt seit fast einem Jahr Bundesfinanzminister und in der zweiten Septemberwoche nach Leipzig zu einem Besuch der Herbst-Messe gereist. Aus seinem ersten Ministeramt, dem des Bundesverteidigungsministers, war er auf Bitten Willy Brandts im Sommer 1972 ausgeschieden, um bis zur vorgezogenen Bundestagswahl im Herbst das Amt des Ministers für Wirtschaft und Finanzen zu übernehmen. Anlass waren der spektakuläre

Helmut und Loki Schmidt auf der Leipziger Messe im September 1973.
Abends ging es zum Bach-Konzert in die Thomaskirche.

Rücktritt Karl Schillers als Wirtschaftsminister vom Sommer
1972 und das Bemühen Brandts, dieses wichtige Ministeramt
mit einem politischen Schwergewicht von anerkannter wirtschaftlicher Kompetenz zu besetzen. Als Willy Brandt und die
SPD die Wahl im September 1972 mit großer Mehrheit gewannen, folgte Schmidt der Berufung als Bundesfinanzminister
auch in das zweite Kabinett Brandt. Sein Besuch der Leipziger

Messe ein Jahr nach dem Wahlerfolg gehörte quasi zu seinem erweiterten Geschäftsbereich. Es war Helmut Schmidts erste offizielle Reise in die DDR, und seine Frau, die ebenfalls noch nie in der DDR gewesen war, begleitete ihn.

Es gibt ein schönes Foto der beiden, wie sie gemeinsam mit einem Führer und einem Tross von Begleitern das Messegelände erkunden.

Jung und interessiert wirken sie, auf jeden Fall sympathische Repräsentanten der Bundesrepublik; ein halbes Jahr später werden sie Westdeutschland als Kanzlerehepaar in der gesamten Welt vertreten. Die Tage in Leipzig waren gut gefüllt, als sie aber in Erfahrung brachten, dass an einem der Abende ihres Leipzig-Aufenthalts in der Thomaskirche eine Bach-Kantate gespielt wurde, stand außer Frage, dass sie dieses Konzert auf jeden Fall besuchen wollten. Sie nahmen Kontakt zum Kirchenbüro auf, das ihnen zwei Plätze reservierte und dem prominenten Politikerpaar einen unauffälligen Zugang durch einen Seiteneingang unmittelbar vor Beginn der Veranstaltung ermöglichte. Es war ihr erster Besuch in der Thomaskirche. »Der Pastor führte meine Frau und mich zu unseren Plätzen im Chor der Kirche, die vollends gefüllt war. Die Musik begann, kaum daß wir uns hingesetzt hatten. Etwas verstohlen und unauffällig ließen wir unsere Augen durch die Kirche gehen; und sie fielen auf eine einzelne, langstielige rote Rose, die vor uns auf dem Boden lag. Genauer besehen lag die Rose auf einer Grabplatte, die in den Fußboden eingelassen war. Sie war schmucklos und trug Johann Sebastian Bachs Namen und seine Lebensdaten. Mich ergriffen eine unbeschreibliche Rührung und Erregung. Ich hatte Mühe, mich selbst in Disziplin zu nehmen. Denn dieser Augenblick, Bachs Musik im Ohr, seine Thomaskirche und seinen Namen vor Augen – dieser Moment rief mir alles das auf einmal ins Bewußtsein, was ich im Laufe des Lebens der Bachschen Musik verdankte. Zu Besuch in der DDR zu sein, war allein schon erregend genug. Nun aber kam die Begegnung mit einem der größten Geister hinzu, die unser Volk hervorgebracht hat. Kaum jemals habe ich tiefer gefühlt, was es bedeuten kann, ein Deutscher zu sein. Und ebenso habe ich kaum jemals deutlicher empfunden, welches Glück aus der Musik fließen kann.«[14]

Helmut Schmidt hatte in seinem Leben bis dahin etlichen Aufführungen von Werken Bachs in Gotteshäusern beigewohnt, nie war aber die Wirkung der Musik auf ihn so intensiv gewesen. Es müssen zunächst einmal der besondere Ort Leipzig und vor allem die Thomaskirche gewesen sein, die durch Bach und den Thomaschor längst Weltruhm erlangt hatten. An dieser Kirche hatte Bach 27 Jahre von 1723 bis zu seinem Tode im Jahr 1750 als Kantor gewirkt.

Nach seinem Tod wurde Johann Sebastian Bach zunächst auf dem Leipziger Johannisfriedhof zu Grabe getragen. Exakt 150 Jahre später, die Bach-Renaissance des 19. Jahrhunderts hatte seinem Werk und Namen zu Glanz und Bewunderung verholfen, wurde der Eichensarg samt Leichnam exhumiert und in die neu erbaute Johanniskirche in eine Gruft vor dem Altar überführt; erst weitere fünfzig Jahre später wurden seine Gebeine nach einem Bombenschaden und Brand in der Johanniskirche schließlich an den heutigen Standort in die Thomaskirche verbracht und unter der von Schmidt beschriebenen bronzenen Grabplatte bestattet. Und wenn auch die Identität des 1900 überführten Leichnams bis heute nicht mit letzter Sicherheit als die des Musikers geklärt ist, die zentral platzierte Bronzeplatte mit dem Namen von Johann Sebastian Bach verschafft dem Komponisten, Chorleiter und Organisten einen zentralen Stellenwert in diesem Gotteshaus. Jeder achtsame Besucher der Kirche fühlt sich angezogen und mag sogar Nähe zur Person Johann Sebastian Bachs verspüren. Dieses Gefühl verstärkt sich wahrscheinlich noch, wenn man ein Konzert besucht, so wie Helmut und Loki Schmidt.

Und ein zweites bleibt anzuführen. Helmut und Loki Schmidt

erlebten an diesem Abend zum ersten Mal ein Konzert in der Thomaskirche, die Kirche war voll besetzt, und unter all diesen DDR-Bürgern zu sitzen, zumal in dieser besonderen Umgebung gemeinsam eine Bach-Kantate anzuhören, weckte offenbar eine Art Gemeinschaftsgefühl. Und so mag Helmut Schmidt bei diesem Besuch zum ersten Mal gefühlt haben, was er später immer wieder angeführt hat. Das gemeinsame Erbe von Musik und Kunst verbindet über Grenzen hinweg, es vermag selbst die Menschen in einem politisch so strikt und mit Stacheldraht und Mauer martialisch geteilten Land zu verbinden. Bach gehörte den Menschen in beiden deutschen Staaten, acht Jahre später, bei seinem DDR-Besuch als Bundeskanzler vom Dezember 1981, spricht Schmidt das 1973 Gefühlte auch gegenüber der Staatsführung der DDR an, in den Jahren nach seiner Kanzlerschaft wiederholt er dies bei seinen DDR-Besuchen und macht mit seinen Ansprachen meist in Kirchen und Gemeinden Menschen Mut auf eine gemeinsame Zukunft.

Eine Auszeit mit Johann Sebastian Bach
im Dom zu Güstrow

Am Nachmittag des 13. Dezember 1981 sitzt Helmut Schmidt am Ende seines ersten und auch einzigen offiziellen Besuchs der DDR als Bundeskanzler allein in einer Kirchenbank des Güstrower Doms in Mecklenburg und lauscht konzentriert einem Orgelchoral von Johann Sebastian Bach. Er hatte herausfordernde Wochen und Monate hinter sich: Schwierigkeiten in der sozialliberalen Koalition und auch in der eigenen Partei, Gesundheitsprobleme – ein Herzschrittmacher war gerade implantiert worden – und nun gegen Ende des Jahres der mehrfach verschobene Arbeitsbesuch in der DDR in frostiger Gesprächsatmosphäre. Die Nachrüstungsdebatte hatte die Gespräche mit dem Staatsratsvorsitzenden Erich Honecker belastet. Das just am letzten Tag von Schmidts DDR-Besuch im Nachbarland Polen ausgerufene Kriegsrecht zur Eindämmung der Solidarność-Bewegung hatte sogar in der westdeutschen Delegation kurz die Frage nach einer vorzeitigen Beendigung des Staatsbesuchs aufgeworfen. Die SED-Spitze machte keinen Hehl daraus, dass man die Einführung des Kriegsrechts im Nachbarland für angemessen, ja sogar für notwendig hielt.

Als Abschluss des Besuchs hatte Honecker seinen Gast in die Domstadt Güstrow eingeladen. Dem in Vorgesprächen übermittelten Wunsch des Bundeskanzlers nach einem privaten Besuch der Marienkirche in Rostock wollten die Verantwortlichen in der DDR-Führung nicht nachkommen, weil die Staatssicherheit den Aufenthalt des Kanzlers in einer Großstadt wie Rostock als nicht zu kalkulierendes Risiko einstufte.[15]

Die Kleinstadt Güstrow war überschaubarer, und als Barlach-Stadt war sie ein Ort, dem Helmut Schmidt gern zustimmte. Von 1910 bis zu seinem Todesjahr 1938 hat Ernst Barlach in Güstrow gelebt und seine Spuren hinterlassen. Ein Besuch im ehemaligen Atelierhaus Heidberg des Künstlers[16] mit einer großen Zahl von eigenen Exponaten sowie eine Führung durch den Dom mit Barlachs berühmter Bronzeplastik *Der Schwebende* über dem Taufbecken der Kirche waren für Schmidt gut gewählte Besuchsstationen. Schon in der Schulzeit hatten er und Loki die dem Expressionismus zugeschriebenen Werke des Bildhauers kennen- und schätzen gelernt; inzwischen hatten die beiden selbst mehrere Barlach-Figuren in ihrer privaten Kunstsammlung und pflegten Kontakte zum Ernst Barlach Haus im Hamburger Jenischpark.[17] Und da das Gesicht des *Schwebenden* im Dom zu Güstrow Züge von Käthe Kollwitz trägt und Helmut Schmidt dies natürlich wusste, wurde der Besuch für Helmut Schmidt auch eine Erinnerung an diese von ihm nicht minder bewunderte Künstlerin.

Für den Aufenthalt des Bundeskanzlers in Güstrow hatten die Verantwortlichen nichts dem Zufall überlassen. Schmidt erlebte einen minutiös geplanten und von der Stasi begleiteten Ablauf, vor allem aber die totale Absperrung der Stadt durch die Sicherheitskräfte der DDR.[18] Auf dem Weihnachtsmarkt, den er besuchte, waren die Stände für die westdeutschen Staatsgäste eigens aufgefüllt worden, Standbetreiber und Besucher wurden von Stasi-Mitarbeitern und Staatsbediensteten gespielt. Es war eine fast perfekte Staffage, eine Art sozialistisches Potemkin: 14 000 Stasi-Mitarbeiter und 21 000 Volkspolizisten waren im Einsatz,[19] ungefähr so viele Menschen wie in Güstrow zu dieser Zeit lebten. Die Stasi spielte das Volk und war gleichzeitig Bewacher desselbigen. Zu groß war die Furcht, dass die Bürger der Stadt Kontakt zu dem Kanzler der Bundesrepublik suchen würden und dass es zu vergleichbaren Sympathiekundgebungen wie beim Besuch Willy Brandts am 19. März 1970 in Erfurt mit den legendären »Willy, Willy«-Rufen hätte kommen können.[20]

Das alles hat dem Bundeskanzler wenig gefallen können, natürlich hatten er und seine Begleiter schnell durchschaut, wie die Lage in der Kleinstadt war. Der Führer in der Barlach-Gedenkstätte bekam Schmidts Unmut wohl am stärksten zu spüren. Seine zum Teil langen und detailreichen Erklärungen kürzte Schmidt ab, zeigte sich an einigen Ausführungen uninteressiert, wandte sich ostentativ anderen Dingen zu und ging ein-, zweimal ohne Erklärung einfach weiter.[21]

Im Dom war der Kanzler offensichtlich entspannter, der Gastgeber, Landesbischof Heinrich Rathke, hatte durchsetzen können, dass hier Gemeindemitglieder anwesend waren und die Mitarbeiter der Stasi im Hintergrund blieben.[22] Nach der Begrüßung durch den Landesbischof und der Erwiderung durch Schmidt spielte der Domkantor Paul Gerhard Schumann den Bach-Choral »Vater unser im Himmelreich«.[23] Dafür nahm die Delegation auf dem Kirchgestühl im Chor Platz,[24] offenbar hatte man Schmidt und Honecker nicht in den Kirchenbänken platzieren wollen. Bei der anschließenden Führung gab es Er-

Spieltisch der Großen Orgel von Hermann Lütkemüller im Dom zu Güstrow.

klärungen zum Flügelaltar und zu Barlachs Bronzeplastik *Der Schwebende*.

Dem Domkantor und Organisten Paul Gerhard Schumann war angekündigt worden, dass Schmidt im Anschluss an das Konzert zu ihm hoch an die Orgel kommen und selbst spielen wollte.[25] Ein Dutzend Fotografen war bereits auf der Empore versammelt, um davon Aufnahmen zu machen. Zum Orgelspiel des Bundeskanzlers kam es aber nicht, die Situation in Güstrow und die politische Lage in Polen waren offenbar der Grund für Schmidts Verzicht. Allerdings wandte er sich am Ende des Dombesuchs an den Landesbischof und äußerte für die Verantwortlichen überraschend den Wunsch nach einem weiteren Bach-Choral zum Abschluss.

Ohne darauf vorbereitet zu sein und ohne die Noten gleich parat zu haben, wusste Paul Gerhard Schumann dem privaten Wunsch Schmidts mit dem Adventschoral »Vom Himmel hoch« nachzukommen. Und so lauschte der Bundeskanzler schließlich konzentriert dem Orgelspiel und ließ die belastenden Umstände seines Besuchs hier in Güstrow für einige Minuten hinter sich. Er hatte sich in eine Kirchenbank gleich auf den ersten Platz gesetzt, die Sitze neben ihm sollten offenbar frei bleiben. Den Musikeindruck wollte Helmut Schmidt ausdrücklich allein genießen. Heinrich Rathke berichtete später, dass er Honecker ebenfalls in eine Bank hineindirigiert habe, sodass schließlich die gesamte Besuchsdelegation doch noch in den Kirchenbänken des Doms Platz nahm.[26] Schaut man sich die überlieferten Bilder an, so meint man, einen angesichts der spontanen Veränderung der Abläufe verunsicherten oder gar verstörten Erich Honecker zu erkennen.

Man könnte Schmidts Wunsch nach einem kleinen privaten Orgelkonzert am Ende als eine Art Auszeit oder Flucht aus der grotesken und eigentlich inakzeptablen Inszenierung des Güstrower Besuchs werten, man kann ihn jedoch auch als einen Akt »ziviler Diplomatie« interpretieren.[27] Bischof Rathke hatte bei seiner Begrüßung darauf aufmerksam gemacht, dass Dom und Barlach Teil einer gemeinsamen Geschichte aller Deutschen seien, und Schmidt hatte bei seiner Entgegnung pointiert hinzugefügt, dass diese Gemeinsamkeit auch Teil einer gemeinsamen Zukunft bleibe. Die Werke von Barlach, Kollwitz und Bach gehören zum Fundament der deutschen Kulturnation, und – anders als die politische Lage damals – war und ist die Rezeption ihrer Kunst unteilbar, ja sie war nach Schmidts Verständnis, wie wir bereits aus seinem Besuch in der Thomaskirche von 1973 wissen, geradezu ein Moment der Verbindung und Stärkung der Gemeinsamkeit der Menschen im politisch geteilten Deutschland. Honecker mag darüber nachgedacht haben, als er augenscheinlich eher unbehaglich in den Kirchenbänken des Güstrower Doms zu sitzen kam und an diesem Nachmittag noch einmal Schmidts Lieblingskomponist Johann Sebastian Bach gespielt wurde.

Nach seiner Zeit als Bundeskanzler fuhr Schmidt in privater Mission von 1983 bis zum Fall der Mauer mindestens einmal pro Jahr in die DDR, sprach in Kirchen vor großem Publikum oder bei Zusammenkünften der Landeskirchenvertreter und machte den Menschen zumindest indirekt Hoffnung auf eine irgendwann zu erreichende Wiedervereinigung. Bei all diesen Besuchen gehörten Abstecher zu kulturellen Einrichtungen dazu, immer verbunden mit dem Gedanken, dass die Gemeinsamkeit der Menschen auf der gemeinsamen Kultur basiere. Ein Zeichen der Verbindung setzte er selbst, indem er den in der DDR lebenden Maler Bernhard Heisig für das offizielle Kanzlerporträt in der Galerie des Bundeskanzleramts beauftragte. 1986 reiste er dafür zweimal nach Leipzig in Heisigs Atelier. Dass es noch zu seinen Lebzeiten zu einem Ende der DDR kommen könnte, hatte der Exkanzler wie wohl die meisten Zeitgenossen bis in den Sommer 1989 nicht vermutet. Als die Mauer am 9. November 1989 fiel und Helmut Schmidt und seine Frau dies vor dem heimischen Fernseher miterlebten, flossen Tränen, nicht nur bei Loki Schmidt.

Die Bach-Reden im Hamburger Michel 1985 und in der Thomaskirche zu Leipzig 1999

1985 jährte sich zum 300. Mal der Geburtstag von Johann Sebastian Bach. Der Kirchenmusikdirektor und Chorleiter an der Hamburger St. Michaeliskirche, Günter Jena, hatte bereits zu Ende des Jahres 1983 bei Helmut Schmidt angefragt, ob dieser bei der geplanten Festveranstaltung im Hamburger Michel am 21. März 1985, am Geburtsdatum Bachs also,[28] einen Vortrag halten wolle. Diese Veranstaltung sollte gleichzeitig der Hamburger Auftakt des vom Europarat ausgerufenen und auch in der Hansestadt gefeierten »Europäischen Jahres der Musik« sein. 1985 jährten sich neben Bachs Geburtstag die Geburtstage von Georg Friedrich Händel und Domenico Scarlatti zum 300. Mal, der von Heinrich Schütz zum 400. Mal.

Helmut Schmidt hatte sich mit seiner Entscheidung ein

wenig Zeit gelassen, dann aber auf eine zweite Einladung des Kirchenmusikdirektors vom 21. März 1984 mit dem von ihm seit der Kanzlerschaft stets genutzten grünen Filzstift vermerkt: »Ja – ich bin zugeneigt«. Schmidt reizte die Idee Günter Jenas, keinen musikalischen Fachvortrag zu gewinnen, sondern einem Musikliebhaber das Wort zu geben, der musikalisch versiert, aber eher die Allgemeinheit ansprechend, der »Wirkungs-Breite und Tiefe« der Musik Bachs gerecht würde. »Ich fände es wichtig«, schreibt Jena in seinem Brief an Schmidt, »daß an einem solch besonderen Tag bereits in der Person des Redners klar wird, daß Bach'sche und jede andere Musik Anlaß zum Feiern nicht nur für Fachleute gibt.«[29]

Dem kam Schmidt nach, in seiner Rede im Hamburger Michel gab er viel von seinem eigenen Gefühl, von seinem persönlichen Verhältnis zu Bach und zur Musik insgesamt preis. »Bach ist an vielen Stationen des Lebens für mich immer erneut eine Quelle inneren Friedens gewesen – eine Quelle der inneren Gelassenheit. Mir ist sie – um mit Goethe zu sprechen – ›herrlich wie am ersten Tag‹.«[30]

Am Beginn seiner Rede schildert Helmut Schmidt seinen Besuch der Thomaskirche vom September 1973. Ein gut gewählter Einstieg, denn die Wucht der seinerzeit gefühlten Nähe zu Bach konnten seine Zuhörer in dem beeindruckenden Kirchenort des Michels trefflich nachempfinden. Als Helmut Schmidt mit seiner Ansprache endet, erklingt die Kantate »Oh, ewiges Feuer«, BWV 34. Es ist eine festliche Kirchenkantate: begleitet von einem Orchester mit Trompeten, Pauken, Querflöten, Oboen, Violinen, Viola und Basso continuo singen drei Solisten (Alt, Tenor, Bass) und ein vierstimmiger Chor. Ein Musikerlebnis, wie Helmut Schmidt es liebte und sich vielleicht gewünscht hatte.

Neben der so intensiv geschilderten Begebenheit in der Leipziger Thomaskirche scheute Helmut Schmidt sich in dieser Rede nicht, persönliche Details und biographische Stationen seiner musikalischen Sozialisation preiszugeben. Zum ersten

Mal berichtet er öffentlich, dass seine Mutter im Hamburger Michel als junges Mädchen im Chor gesungen und die Familie mütterlicherseits auf die eigene musikalische Entwicklung einen entscheidenden Einfluss hatte.

Die Schilderung persönlicher Episoden und Wirkungen wechseln mit »Reflexionen«, wie er sie nennt, zur Rezeptionsgeschichte der Werke Bachs.[31] So streicht Schmidt Mendelssohns Beitrag zur Bach-Renaissance Anfang des 19. Jahrhunderts heraus und stellt das auch von ihm gern bemühte Bach-Diktum, die Musik diene der »Rekreation des Gemüts«, in den biographisch historischen Kontext. Bach ist ein durch und durch religiöser Mensch gewesen, ein »im Glauben rückgebundener und rückversicherter Mann«, wie er schreibt.[32] Und so diene die Musik zwar der »Rekreation des Gemüts«, aber ihr tieferer Sinn liege im »Soli Deo Gloria« – Alles zur Ehre Gottes.

Deutlich weist er die im 19. Jahrhundert beginnende und in der NS-Zeit als offizielle Kulturpolitik betriebene Indienstnahme Bachs als deutschen Nationalhelden und die Kennzeichnung seiner Musik als Ausdruck eines anderen Nationen überlegenen Deutschtums zurück. Unpolitisch ist seine Instrumentalisierung von Bach zur geschichtlichen Identitätsfindung der Deutschen aber gewiss auch nicht. »Er [Bach] war einer der größten Deutschen. Doch sein Deutschtum hat nicht seine Musik bestimmt: denn er holte sich seine Anregungen aus vielen Himmelsrichtungen – vor allem aus Italien, von Vivaldi. (...) Es war wohl Ausdruck der oft gefährdeten und oft mißbrauchten deutschen Nationalgefühle, daß einige Bach bisweilen sehr eifersüchtig zum deutschen Musiker par excellence stilisiert haben und daß seiner Musik die Verdrehtheit und die künstlichen Überhöhungen des deutschen Nationalismus unterlegt worden sind. Dennoch möchte ich sagen: Kein Volk kann ohne geschichtliche Identität auskommen. Und wenn man deutsche Vergangenheit bloß noch als eine Kette von Versagen und Versäumnissen und Verbrechen wahrgenommen wissen will, dann kann das Gefährdungen für die Gegenwart und für die Zukunft unseres Volkes heraufbeschwören (...).

Es ist wahr, die deutsche Geschichte hat große Schatten, aber sie ist keineswegs gleichbedeutend mit Finsternis. Da gibt es auch sehr viel Licht und Glanz. Und die Verehrung, die der deutschen Musikkultur überall in der Welt entgegengebracht wird, darf uns zu ein wenig Stolz bewegen. Stolz darüber, zu dem großen kulturellen Zusammenhang Europas, zu dem Kontinuum, zu dem auch Bach gehörte und in welchem er als Vollender und Verwandler wirkte, zu diesem Kontinuum dazuzugehören.

Und dieser Stolz ist dann um so legitimer, wenn wir keinen Alleinbesitz behaupten oder beanspruchen – nicht bei Bach, nicht bei anderen Großen in der Musik. Musik ist ein transnationales kulturelles Phänomen.«[33]

Hier spricht nicht nur der Musikfreund, hier spricht auch der Politiker Schmidt, der nationale Identität und die Zugehörigkeit zur europäischen Gemeinschaft auf einen Nenner zu bringen sucht.

Es ist eine vielschichtige, an zahlreichen Stellen unterhaltsame Rede, nicht zuletzt dann, wenn er ein wenig über die »Hamburger Vorväter« lästert. 1720 war Bach nach Hamburg gekommen, um sich als Organist in St. Jacobi zu bewerben. »Aber die Hamburger Pfeffersäcke muteten ihm zu, die freie Stelle an St. Jacobi zu kaufen – für 4000 Taler. Die hatte er nicht; und die wollte er wohl auch nicht bezahlen, wenn er sie gehabt hätte. Die Lübecker übrigens haben ihm noch mehr zugemutet, das verschweige ich hier.«[34]

Die Resonanz, die Helmut Schmidts Rede zum 300. Geburtstag von Johann Sebastian Bach fand, ist bemerkenswert. Über sie wurde in Tagezeitungen berichtet, sie wurde in Fachzeitschriften und Sammelbänden abgedruckt und im benachbarten Belgien erschien die Rede sogar in flämischer Übersetzung.[35]

Mehr als 25 Jahre nach seinem ersten DDR-Besuch ist Helmut Schmidt zur Eröffnung des Leipziger Bach-Fests eingeladen, dieses Mal – am 12. Mai 1999 – ist er nicht Besucher, sondern Festredner einer Veranstaltung in der Thomaskirche. Natürlich lässt sich der gewiefte Rhetor die Gelegenheit nicht entgehen, die geschilderte Begebenheit von 1973 in eben dieser Kirche auch an diesem Abend zur Sprache zu bringen. Inzwischen ist aber ein Vierteljahrhundert vergangen, die Einheit ist zumindest formell hergestellt, die bauliche Erneuerung Leipzigs rund um die Thomaskirche weit fortgeschritten, sein Publikum muss Schmidt an die Bedeutung eines gemeinsamen kulturellen Erbes für das geteilte Deutschland im Jahre 1999 nicht mehr explizit erinnern. Lässt man die verschiedenen kurzen und meist amüsanten Einlassungen auf sein Leipziger Publikum einmal außer Acht, greift die Leipziger Bach-Rede von Schmidt im Wesentlichen zurück auf das, was er in der Hamburger St. Michaeliskirche vierzehn Jahre zuvor gesagt hatte. Allerdings geht er hier und da tiefer ins Detail, insbesondere hinsichtlich Bach und seiner Einbettung in die europäische Musikgeschichte. Und vor allem – 1999, zehn Jahre nach der Wiedervereinigung – haben sämtliche Hinweise auf die gemeinsame kulturelle Tradition in Europa noch einmal eine andere, stärkere politische Bedeutung.

»Ich denke, gemeinsam mit Händel hat Bach eine neue Ebene geschaffen, von der aus die Musik Europas sich weiter entfaltet hat. Aber gleichzeitig muß man sagen, ebenso wie Händels ›Messias‹ oder wie Händels Orchesterwerke uns heute mitreißen, so nach wie vor eben auch Bachs h-Moll-Messe oder sein Italienisches Klavierkonzert oder seine Orchestersuiten oder seine ›Brandenburgischen Konzerte‹. Wir Heutigen, wir hören, zehn Generationen, ein Vierteljahrtausend später, wir hören seine Musik immer noch mit dem größten Vergnügen und mit Selbstverständlichkeit, ganz so, als gehöre diese Musik zu unserer eigenen Zeit. Und diese Musik, die erträgt ohne jeden Schaden beinahe jedwede Bearbeitung, von Busoni bis zu Leopold Stokowski und von Jacques Loussier bis zu den Swingle

Singers. Und ich denke, das wird noch lange Zeit so bleiben, so daß Johann Sebastian also nicht einfach Geschichte ist, sondern er ist auch unsere Gegenwart, und so denke ich, auch ist er Zukunft, die noch vor uns liegt. (…) Musik ist ein transnationales kulturelles Phänomen, und Johann Sebastian ist ein Teil der gemeinsamen europäischen Musik, die von Palestrina bis zu Prokofjew reicht oder Schostakowitsch, oder von Verdi bis zu Gustav Mahler; übrigens ein in der Menschheitsgeschichte der Welt einmaliges Gewebe und Mosaik.«[36]

Es ist wieder der große Bogen, den Helmut Schmidt hier in Leipzig schlägt. Biographisch ist interessant, dass die Überführung Bachs in eine aktuelle und kultur*politische* Debatte eng mit der Gründung der von ihm initiierten und mit viel Engagement betriebenen Ausgestaltung der Deutschen Nationalstiftung verbunden ist. 1993 war die Stiftung in Weimar[37] entstanden und der Öffentlichkeit vorgestellt worden. Für ihre Arbeit hatte sie sich ein dreifaches Ziel gesetzt: »Sie will das Zusammenwachsen Deutschlands fördern, die Idee der deutschen Nation als Teil eines vereinten Europas stärken und zu einer nationalen Identität in einem friedlichen, weltoffenen Deutschland beitragen.«[38] Ein friedliches Miteinander mit den Nachbarn, aber auch der Gedanke, dass nur ein vereinigtes Europa wirtschaftlich und politisch in der globalisierten Welt eine Rolle spielen kann, waren zentrale Argumente, die Schmidt bis zu seinem Tod immer wieder vorgebracht hat. Die Gelegenheit, zumindest vorsichtig und indirekt an diese politischen Ziele zu erinnern, ließ sich der Musikfreund und Elder Statesman auch hier in Leipzig nicht entgehen.

Da Helmut Schmidt jedoch an diesem Abend offenbar über die »Schatten« der deutschen Geschichte nicht sprechen wollte, ließ er ein Thema aus, das bei einem Bach-Fest der Neuen-Bach-Gesellschaft zu Leipzig durchaus hätte Erwähnung finden können. 1935 war dieselbe Neue-Bach-Gesellschaft, deren Nachfolger 1999 Schmidt zum Festvortrag eingeladen hatten, maßgeblich an der Organisation des sogenannten Reichs-Bach-Fests in Leipzig beteiligt gewesen[39] und hatte sich in den Dienst der NS-Kulturpolitik gestellt. Die Musik Bachs wurde inzwischen als »rein nordisch«, als »gewaltige Entladung nordischen Geistes und Lebenskunst«, gefeiert, Bach – neben Wagner »der Deutscheste unter den Deutschen« – zum Nationalhelden stilisiert.[40] Führende NS-Politiker waren nach Leipzig angereist, bei der Hauptfeier am 21. Juni wurde Hitler die erste und neue Bach-Plakette der Stadt Leipzig überreicht, am Abend besuchte er zusammen mit Goebbels das Festkonzert im Gewandhaus. Die *Leipziger Volkszeitung* berichtete beflissen: »... leicht vorgebeugt, die Hand aufs Knie gestützt, folgt der Führer der strengen Musik Bachs. Es ist eine Musik, die seinem Geiste entspricht, die streng, zuchtvoll bis ins Letzte und durch und durch deutsch ist.«[41]

Ein besonders engagierter Parteigänger der Nationalsozialisten war der seit 1936 amtierende Vorsitzende der Neuen-Bach-Gesellschaft, der Reichsgerichtspräsident Dr. Erwin Bumke. Als Vorsitzender des »Dritten Strafsenats für Blutschutz« war Bumke tief verstrickt in die NS-Rassenpolitik.[42] Auch der Thomaskantor jener Jahre, Karl Straube, war ein NS-Parteigänger. Er engagierte sich im Ehrenvorstand der den Nazis nahestehenden »Deutschen Christen«, unterstützte die 1937 vollzogene Eingliederung des Thomanerchors in die Hitler-Jugend und war maßgeblich an der Ausrichtung des Reichs-Bach-Fests von 1935 beteiligt.[43]

Und während die NS-Kulturpolitik Bach feierte, wurde Felix Mendelssohn Bartholdy, der 1829 mit einer Aufführung der *Matthäuspassion* die Renaissance des nach dessen Tode in den Konzertsälen nahezu vergessenen Johann Sebastian Bach eingeleitet hatte, aus dem deutschen Kulturleben entfernt. Ein Komponist mit jüdischen Wurzeln hatte in diesen Jahren keinen Platz mehr in der Reihe der Großen der deutschen Musik. In Leipzig, wo Mendelssohn einst als Kapellmeister des Gewandhauses und als Gründer des »Conservatoriums« gefeiert und ihm die Ehrenbürgerwürde erteilt worden war, entfernte man in der Nacht vom 9. auf den 10. November 1936 sein Denkmal vor dem Gewandhaus und bemühte sich, seinen Anteil an der Wiederentdeckung Bachs kleinzureden.[44] Die Jahre der NS-Diktatur waren am Musikleben der Bach-Stadt Leipzig wahrlich nicht spurlos vorübergegangen.

1985 – Das Bach-Jahr: Eine Konzerteinspielung für vier Klaviere

Schon 1983 bei der zweiten Einspielung von Mozarts Konzert für drei Klaviere in Zürich hatte Helmut Schmidt angekündigt, dass er eigentlich gern auch einmal Bach mit einem Orchester und seinen Pianistenfreunden Christoph Eschenbach und Justus Frantz spielen wolle.[45] Das Bach-Jahr 1985 bot dafür eine auch kommerziell gut gewählte Gelegenheit. So kam es im Februar dieses Jahres zur Einspielung des Bach-Konzerts für vier Klaviere und Streicher a-Moll, BWV 106 zusammen mit den Hamburger Philharmonikern.

Komplettiert wurde das Trio Eschenbach, Frantz und Schmidt durch den international bekannten Pianisten Gerhard Oppitz. 1977, im Alter von 24 Jahren, hatte dieser als erster Deutscher den renommierten Arthur-Rubinstein-Klavierwettbewerb in Tel Aviv gewonnen. Wie in Mozarts Konzert für drei Klaviere übernahm Helmut Schmidt mit dem vierten Klavier wieder den einfachen Part, der allerdings anspruchsvoller war als der des dritten Klaviers im »Lodron-Konzert«. Und wie bereits bei dem Mozart-Konzert dirigierte Christoph Eschenbach auch dieses Mal vom Flügel.

Die Deutsche Grammophon, damals noch in Hamburg ansässig, brachte die Aufnahme als Schallplatte heraus; neben dem Konzert für vier Klaviere enthält sie die beiden Konzerte

Programm und Mitwirkende:

Projekt-Nr.
85o2 o52

Johann Sebastian Bach: Konzert für vier Klaviere a-moll BWV 1o65

Solisten:	Christoph Eschenbach,	Klavier I
	Gerhard Oppitz,	Klavier II
	Justus Frantz,	Klavier III
	Helmut Schmidt,	Klavier IV

Johann Sebastian Bach: Konzert für drei Klaviere d-moll BWV 1o63

Solisten:	Christoph Eschenbach,	Klavier I
	Gerhard Oppitz,	Klavier II
	Justus Frantz,	Klavier III

Johann Sebastian Bach: Konzert für zwei Klaviere c-moll BWV 1o60

Solisten:	Justus Frantz,	Klavier I
	Christoph Eschenbach,	Klavier II

Johann Sebastian Bach: Konzert für zwei Klaviere C-dur BWV 1o61

Solisten:	Christoph Eschenbach,	Klavier I
	Justus Frantz,	Klavier II

Hamburger Philharmoniker

Künstlerische Leitung: Christoph Eschenbach

Produzent:	Hanno Rinke
Team:	Hans Weber
	Karl-August Naegler
	Jobst Eberhardt
Ort:	Hamburg-Harburg, Alter Postweg 3o-38
Raum:	Friedrich-Ebert-Halle Tel.: o4o / 771 7o 586
Zeit:	13. bis 17. Februar 1985
Sitzungen:	Mi., 13.2.85 14.oo – 17.3o Uhr
	Do., 14.2.85 14.oo – 18.oo Uhr
	Fr., 15.2.85 14.oo – 17.3o Uhr
	Sa., 16.2.85 14.oo – 17.3o Uhr
	So., 17.2.85 14.oo – 16.45 Uhr

Der Aufnahmeplan vom 7.2.1984 ist hiermit u n g ü l t i g !

Hamburg, den 19. Februar 1985
Jo/Zo

DEUTSCHE GRAMMOPHON PRODUCTION

Aufnahmeplan für die Bach-Einspielung vom Februar 1985

für zwei Klaviere in c-Moll (BWV 1060 und 1061) und das für
drei Klaviere in d-Moll (BWV 1063), die letztgenannten Konzerte allerdings ohne die Beteiligung von Helmut Schmidt.

Eingespielt wurde das Konzert im Februar 1985 in der Friedrich-Ebert-Halle in Hamburg-Harburg, die von der Deutschen Grammophon wegen ihrer guten technischen Ausstattung gern für Tonaufnahmen genutzt wurde. Wie schon bei der Züricher Mozart-Einspielung von 1983 war auch dieses Mal der Schmidt-Freund Gyula Trebitsch beteiligt. Für das ZDF bereitete er die Toneinspielung als Fernsehproduktion auf. 2008, anlässlich von Schmidts 90. Geburtstag, veröffentlichte die Deutsche Grammophon die Einspielung noch einmal unter dem Titel *Edition Kanzler & Pianist* als CD. Alles stets unter großer Medienbeteiligung. Helmut Schmidt war inzwischen auch in seiner Rolle »am Klavier« zu einem Markenzeichen geworden.

Die konkrete Vorbereitung zu der Bach-Einspielung begann für Helmut Schmidt auf Gran Canaria. Die Finca von Justus Frantz und Christoph Eschenbach war in diesen Jahren zu einem Rückzugsort für ihn geworden. Im Januar 1985 stand die Einübung seines Parts in Bachs Konzert für vier Klaviere und Orchester auf dem Programm. Anders noch als bei der Mozart-Aufnahme vom Dezember 1981 in London hatte er nun Muße und Zeit für das Einüben. Die nahm er sich auch noch direkt vor dem Konzert. Vor Ort, in der Friedrich-Ebert-Halle, war man überrascht: Gleich nach dem ersten Probelauf konnten die ersten Aufnahmen beginnen.

Musikgeschichtlich ist das Bach-Konzert für vier Cembali – heute Klaviere – eine Umarbeitung eines Konzerts von Antonio Vivaldi für vier Violinen und Streichorchester h-Moll aus der Sammlung »L'Estro Armonico«; es ist das einzige Konzert von Bach, in dem vier Tasteninstrumente gleichzeitig zum Einsatz kommen. Hier, wie auch an vielen anderen Stellen des Bach'schen Werks, zeigt sich, wie sehr der Komponist die Musik des italienischen Meisters schätzte, sich von ihr inspirieren ließ beziehungsweise sie als konkrete Vorlagen nutzte.[46]

Aufgrund der ursprünglichen Fassung für vier Violinen war es für Bach notwendig, die Partitur um musikalische Farbigkeit, durch zusätzliche, dem Klavier entsprechende Ausgestaltung

Helmut Schmidt im Gespräch mit Gerhard Oppitz: Bach-Einspielung 1985
in Hamburg-Harburg.

der Bassstimmen und weitere musikalische Details zu ergänzen.
Auch die Tonart änderte er von h-Moll zu a-Moll, vermutlich
wegen der Stimmung der Cembali und einer angenehmeren
Spielart.

In diesem Konzert ist, wie schon erwähnt, der Part des vierten Klaviers deutlich solistischer ausgestaltet als im besagten
Mozart-Konzert. Dies zeigt sich zum Beispiel im ersten Satz,
in dem das vierte Klavier auch in längeren Passagen allein und
ohne Begleitung der Streicher oder der anderen Klaviere in den
Vordergrund tritt (Takt 16 ff.). Im dritten Satz finden sich solche solistischen Einwürfe des vierten Klaviers nicht – die klare
Solo-Säule ist hier das erste Klavier.

Trotzdem sind die Schwierigkeiten, welche sich dem Pianisten Helmut Schmidt in diesem Konzert gestellt haben, nicht

zu unterschätzen. Dies gilt für das Zusammenspiel mit den anderen drei Solisten, und es gilt noch mehr für die von Bach geforderte Präzision und Fingerfertigkeit. Immerhin sind über zwei Drittel des Konzerts den schnellen Sätzen vorbehalten – hier gibt es nicht viel Gelegenheit »auszuruhen« –, und auch in diesen Phasen, beispielsweise im zweiten Satz oder beim Pausieren des vierten Klaviers, ist stets höchste Konzentration in Erwartung des nächsten Einsatzes gefordert. Insgesamt strahlt das Werk eine jugendliche Frische und Lebendigkeit aus – in der Originalfassung von Vivaldi, in der Bearbeitung von Bach und auch in der Interpretation von Eschenbach, Frantz, Oppitz und Helmut Schmidt.

An dieser Einspielung beteiligt zu sein, war für Schmidt eine große Bereicherung und Freude. Der damalige Aufnahmeleiter berichtet: »Man hörte, dass es den vier Pianisten Spaß machte, aber man hörte auch, wie sorgfältig sie sich auf die Einspielung vorbereitet hatten, und das Orchester ließ sich vom ersten Augenblick an bis zum letzten Takt des Konzertes inspirieren, um beizutragen zu diesem Klang, diesem Wohlklang.«[47]

Mit Sicherheit war diese Konzertaufnahme für Helmut Schmidt der Höhepunkt im Bach-Jahr 1985, es war gewiss auch seine persönlichste Berührung mit dem Werk Johann Sebastian Bachs in seinem Musikerleben. Im Wohnzimmer der Schmidts liegt die Schallplatte zu diesem Konzert bis heute auf dem Plattenstapel direkt neben dem Abspielgerät ganz oben-auf. Es scheint, als ob sie immer mal wieder aufgelegt worden wäre.

Ein kleines Nachspiel zu dieser Konzerteinspielung soll nicht unerwähnt bleiben. Ende August 1985 hatte die Deutsche Grammophon Helmut Schmidt zwei Belegexemplare der gerade veröffentlichten Schallplatte in sein Haus in Langenhorn geschickt. Wenige Tage später erreicht die damals noch in Hamburg ansässige Firma ein etwas spitz formulierter Brief ihres Pianisten. Aufnahme und Gestaltung der Platte seien sehr gut. »Allerdings findet sich im Text auf der Rückseite des Covers ein Fehler. In der zweiten Spalte von links muß es statt ›Bürgermeister‹ vielmehr ›Senator‹ heißen. Ich war nie Bürgermeister.«[48]

Fehler in Texten entgingen Helmut Schmidt eher selten, das war schon im politischen Geschäft nicht anders gewesen.

HELMUT SCHMIDT

2000 HAMBURG 62 · LANGENHORN
NEUBERGERWEG 80

An die
Deutsche Grammophon GmbH
z.Hd. Herrn H. Rinke oder Vertreter
Glockengießerwall 3
2000 Hamburg 1

2. September 1985

Sehr geehrter Herr Rinke!

Letzte Woche erhielt ich zwei Exemplare der Stereoplatte 415 655 - 1 GH (J.S. Bach/ Klavierkonzerte). Aufnahme und Plattencover sind sehr gut. Allerdings findet sich im Text auf der Rückseite des Covers ein Fehler. In der zweiten Spalte von links muß es statt "Bürgermeister" vielmehr "Senator" heißen; ich war nie Bürgermeister.

Ich hoffe, Sie haben eine Möglichkeit, für die späteren Auflagen diesen Fehler zu korrigieren.

Mit freundlichen Grüßen

Lob und eine Beschwerde zum Schallplattencover.

Am Klavier, an der Orgel und am Cembalet

Der Höhepunkt in Helmut Schmidts Leben als Klavierspieler war die Einspielung von J. S. Bachs Konzert für 4 Klaviere und Streicher in a-Moll 1985 zusammen mit Christoph Eschenbach, Justus Frantz, Gerhard Oppitz und den Hamburger Philharmonikern. Schmidt spielte das vierte Klavier.

Helmut Schmidt am Cembalet im Neubergerweg mit Susanne und Loki Mitte der sechziger Jahre. Das Cembalet besaß er seit Ende 1958, womit er einer der ersten Käufer dieses neu produzierten elektro-mechanischen Instruments der Firma Hohner war.

Am Klavier im ersten Stock des Hauses Neubergerweg. Rechts Loki Schmidt.

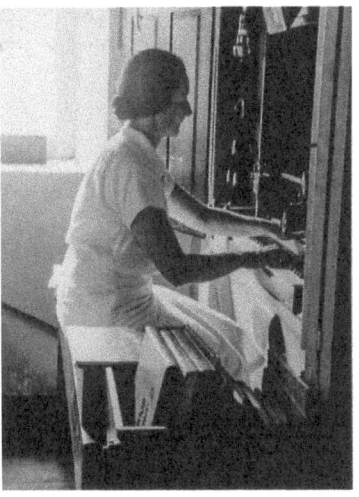

Am Klavier mit Loki im Ferienhaus in Langwedel am Brahmsee. Loki Schmidt war ebenfalls musikalisch gebildet und spielte in ihrer Jugend Geige und Bratsche, später Altflöte.

Olga Bontjes van Beek, Helmut Schmidts erste Orgellehrerin, an der Orgel der Liebfrauenkirche in Fischerhude. Hier übte auch Helmut Schmidt bei seinen Besuchen im Künstlerdorf 1938–1940.

Orgelspiel in einer Kirche bei einem Dänemarkbesuch 1980. Helmut Schmidt nannte sich selbst einmal einen »verhinderten Organisten«.

Helmut Schmidt am Schiedmayer-Flügel des Kanzlerbungalows in Bonn. Oft spielte er spät abends nach langen Arbeitstagen.

Ein weites Musikinteresse

An der Pauke einer Marching Band beim 70. Geburtstag von Kurt Körber am 7. September 1979. Links Walter Scheel, daneben der Jubilar Kurt Körber.

Gesangsvortrag von Gershwin-Songs zusammen mit Felicia Weathers und Jeanette Scovotti zum 70. Geburtstag von Kurt Körber. Am Klavier Eckart Besch.

Bernhard Heisig porträtiert Helmut Schmidt 1986 in Leipzig für die Kanzlergalerie. Derweilen erkundet der Altkanzler eine sonderbare und offenbar umgebaute Tuba aus dem Requisitenbestand der Heisigs.

Mit großen Orchestern und bekannten Pianisten

Das Mozartkonzert für 3 Klaviere und Orchester F-Dur wurde im Dezember 1981 in London eingespielt, 1982 kam es in den Handel. Als CD erschien die Aufnahme später unter dem Titel: *Helmut Schmidt. Das Mozart-Konzert*.

J. S. Bachs Konzert für 4 Klaviere und Streicher a-Moll wurde 1985 eingespielt und veröffentlicht. Später erschien es als CD unter dem Titel *Helmut Schmidt. Kanzler & Pianist*.

Bei der Bacheinspielung 1985 in der Friedrich-Ebert-Halle in Harburg.
Von l. nach r.: Justus Frantz, Helmut Schmidt, Gerhard Oppitz, Christoph Eschenbach.

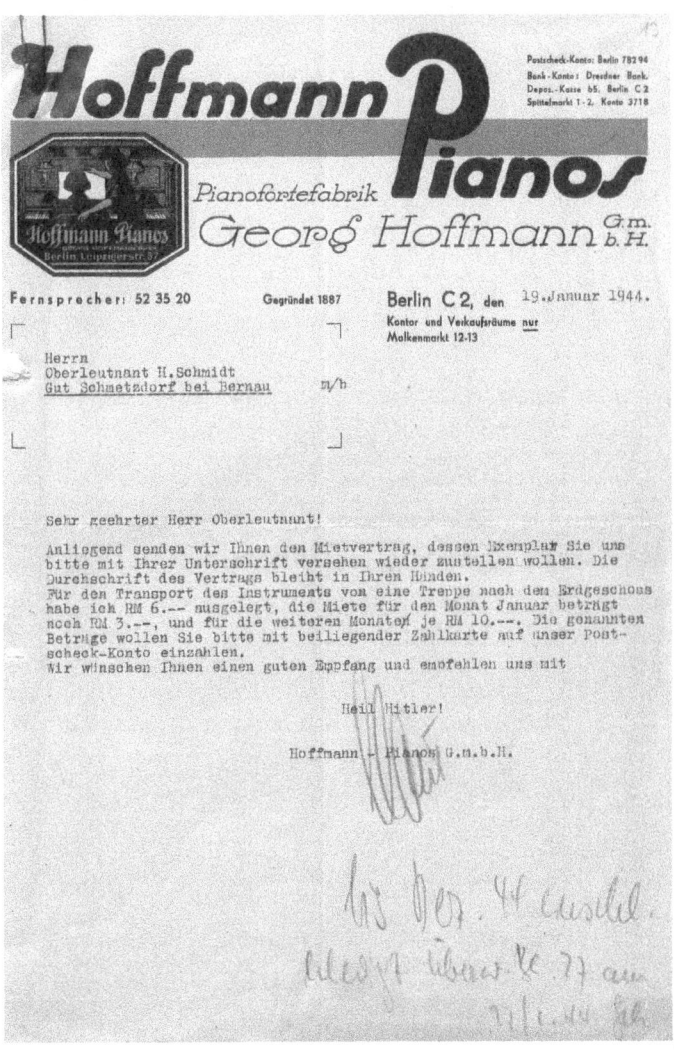

Hoffmann Pianos

Pianofortefabrik

Georg Hoffmann G.m.b.H.

Postscheck-Konto: Berlin 782 94
Bank-Konto: Dresdner Bank.
Depos.-Kasse 65. Berlin C 2
Spittelmarkt 1-2, Konto 3718

Fernsprecher: 52 35 20 — Gegründet 1887 — Berlin C 2, den 19. Januar 1944.
Kontor und Verkaufsräume nur
Molkenmarkt 12-13

Herrn
Oberleutnant H. Schmidt
Gut Schmetzdorf bei Bernau m/h

Sehr geehrter Herr Oberleutnant!

Anliegend senden wir Ihnen den Mietvertrag, dessen Exemplar Sie uns
bitte mit Ihrer Unterschrift versehen wieder zustellen wollen. Die
Durchschrift des Vertrags bleibt in Ihren Händen.
Für den Transport des Instruments von eine Treppe nach dem Erdgeschoss
habe ich RM 6.-- ausgelegt, die Miete für den Monat Januar beträgt
noch RM 3.--, und für die weiteren Monaten je RM 10.--. Die genannten
Beträge wollen Sie bitte mit beiliegender Zahlkarte auf unser Postscheck-Konto einzahlen.
Wir wünschen Ihnen einen guten Empfang und empfehlen uns mit

Heil Hitler!

Hoffmann - Pianos G.m.b.H.

Anschreiben zum Leihvertrag für ein Klavier 1944. Helmut Schmidt war zu dieser Zeit
in Bernau stationiert und wohnte mit seiner Frau in einer Landarbeiterwohnung auf
dem Gut Schmetzdorf.

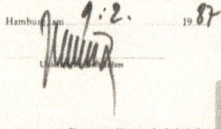

Inoffizielle Gründungs-
unterschriften des
Schleswig-Holstein
Musik Festivals.
Die Initiatoren Helmut
Schmidt, Uwe Barschel,
Justus Frantz und
Leonard Bernstein
waren im Sommer 1985
in der Musikhochschule
Lübeck zusammenge-
kommen.

Kaufvertrag zum
Steinway-Flügel, 1987.
Die Anschaffung eines
Flügels ist für jeden
Klavierspieler ein
besonderes Ereignis.
Das galt auf für
Helmut Schmidt.

10

Der »verhinderte Organist«

*»Sehr bald entdeckte ich, dass mich auch
die Orgel faszinierte.«[1]*
(Helmut Schmidt, 2015, über den Beginn seiner Orgel-
faszination an der damaligen Lichtwarkschule)

Die Fertigkeit des Spiels, die Helmut Schmidt an Klavier und
Flügel hatte, hat er an der Orgel nicht erreichen können. »Gelegentlich werde ich sogar als ›Organist‹ eingestuft, das ist sehr
schmeichelhaft, aber unzutreffend«, schreibt er 1980 selbstkritisch in einem Beitrag in der *Neuen Zeitschrift für Musik*.[2]

Vor allem in den sechziger und siebziger Jahren hatte er zu
Hause am Neubergerweg viel auf seiner Heimorgel musiziert,
aber um an einer Kirchen- oder Konzertorgel zu bestehen,
reichte das Spielen an seiner Heimorgel nicht aus. Anders als
beim Klavierspiel muss sich der Orgelspieler extrem auf den
gleichzeitigen Einsatz von Händen und Füßen an Manualen
und Pedalen konzentrieren, die Füße arbeiten sogar ›blind‹.
Da das Üben an der Pfeifenorgel auch immer an den Standort dieses Instruments gebunden ist, beschränkte auch dieser
Umstand Helmut Schmidts Möglichkeiten, sein Orgelspiel zu
verbessern und auf das Niveau zu bringen, das er am Klavier
vorweisen konnte.

Trotzdem verfolgte er bis ins Kriegsjahr 1943 hartnäckig sein
Ziel und nutzte jede Gelegenheit, auf einer Kirchenorgel zu
spielen. Während seiner militärischen Ausbildung in Bremen
spielte er an der Orgel der Dorfkirche Fischerhude zusammen

mit Olga Bontjes van Beek, die dort Organistin war. Grundlegend aber wurden Schmidts Fertigkeiten an der Pfeifenorgel
durch den systematischen Unterricht beim Orgellehrer Walter
Scharwenka in Berlin in den Jahren 1942/43 verbessert. In der
Nachkriegszeit und später als aktiver Politiker fehlten dann jedoch Zeit und Gelegenheit, weiterhin an einer großen Orgel zu
spielen. Er setzte sich zwar immer wieder einmal an eine Kirchenorgel,[3] wenn sich die Möglichkeit ergab, aber dies geschah
eher spontan aus der Situation heraus und ohne Lernanspruch.
Eine vergleichbare Perfektionierung, wie er sie durch die Pro-
benzeiten mit Justus Frantz und Christoph Eschenbach am
Klavier erreichen konnte, gab es für sein Spiel an der großen
Orgel nicht.

Das änderte aber nichts an der großen Liebe, die Helmut
Schmidt für die Orgel, die »Königin der Instrumente«, hegte.
»Ich bin eigentlich ein verhinderter Organist, der im Klavierspiel Ersatz fand«, konstatiert er nachgerade wehmütig am
Ende seines Lebens.[4] Nach seiner Amtszeit als Kanzler erhielt
er des Öfteren noch Anfragen zu öffentlichen Auftritten, besonders aus Kirchenkreisen,[5] aber anders als beim Klavierspiel ließ
er sich auf öffentliche Auftritte an der Orgel konsequenterweise
nicht ein. Als er 1984 um ein Orgelkonzert im Dom zu Freising
zugunsten der Marianne-Strauß-Stiftung gebeten wurde, formulierte sein Büro eine freundliche Absage und fügte hinzu:
»Helmut Schmidt hat zwar als Klavierspieler an einer Schall-
plattenaufnahme mitgewirkt, er ist bisher aber nie in der Öffentlichkeit als Orgelspieler aufgetreten, zumal nicht bei einem
Orgelkonzert in einer so berühmten Kirche wie dem Dom zu
Freising.«[6]

Eine Ausnahme machte er zwei Jahre später aber doch, als
es in seiner Heimatstadt Hamburg in der Hauptkirche Sankt
Jacobi um die Restaurierung der Arp-Schnitger-Orgel ging. Die
St.-Jacobi-Orgel ist die größte erhaltene Orgel des berühmten Orgelbauers Arp Schnitger, der sie von 1689 bis 1693 in

Helmut Schmidt spielt Bach an der Arp-Schnitger-Orgel in der Hamburger
Hauptkirche St. Jacobi, 1986.

St. Jacobi neu errichtete. Sie gilt als ein kulturgeschichtliches
Denkmal und sucht als größte klingende Barockorgel in Norddeutschland ihresgleichen.

Zu St. Jacobi hatte Schmidt ohnehin eine besondere Beziehung. Gern erwähnte er in seinen Reden über Johann Sebastian
Bach auch die Geschichte von dessen Bewerbung auf die Stelle
eines Organisten an St. Jacobi im Jahr 1720. Einer der Beweg-
gründe für Bachs Bewerbung wird die exzellente Qualität der
großen Arp-Schnitger-Orgel gewesen sein. Dass Arp Schnitgers
Orgelbaukunst nichts an der Strahlkraft, die sie schon 1720 auf
Bach ausübte, eingebüßt hat, zeigt eine begeisterte Beschreibung auf der Internetseite von ›Orgelstadt Hamburg‹: »Bis

heute faszinieren die Brillanz des Sounds seiner Instrumente, die klanggewaltigen Bassregister, die Mischungsfähigkeit der Klangfarben und die Durchhörbarkeit der Stimmen.«[7]

Über die Jahrhunderte konnten manche Schäden, Verschleiß oder Erneuerungen an der Schnitger-Orgel immer erfolgreich in Angriff genommen werden. Zu Beginn des 20. Jahrhunderts aber hatte das Instrument derart schwere Schäden erlitten, dass ein erheblicher Aufwand nötig gewesen wäre, um sie zu beheben. Zum Glück hatte Hans Henny Jahnn, Erbauer der Lichtwarkschul-Orgel und zentrale Persönlichkeit der Orgel-Reformbewegung, 1919 die Schnitger-Orgel wiederentdeckt und sich ihrer Rettung verschrieben. Mit den von Jahnn initiierten Benefizkonzerten und der Organisten-Tagung 1925 gelang es, die nötige öffentliche Unterstützung für das Projekt zu mobilisieren, sodass von 1928 bis 1930 die Restaurierung vom Lübecker Orgelbauunternehmen Kemper unter Beratung von Hans Henny Jahnn ausgeführt werden konnte.

Helmut Schmidt hatte also nicht nur als Orgelfreund und berühmter Sohn der Stadt Hamburg gute Gründe, sich für diese so besondere Orgel einzusetzen, er hatte in Hans Henny Jahnn auch ein großes Vorbild. Als die Spendenkampagne im Herbst 1985 begann, wurden die Kosten für die Restaurierung auf drei Millionen DM geschätzt. Die Summe erhöhte sich sogar auf sechs Millionen DM, als schließlich auch noch die Empore neu gebaut werden musste. Da war die aktive Unterstützung durch den prominenten Orgelliebhaber und Exkanzler Schmidt und seine Mitgliedschaft im Kuratorium zur Rettung der Schnitger-Orgel höchst willkommen. »Kommende Generationen in Kirche, Stadt und Land werden uns für die Erhaltung dieser einzigartigen Orgel dankbar sein«,[8] mit diesen Worten beschließt Helmut Schmidt den Text, den er im Namen des Kuratoriums für die Spendenaktion unterschrieben hatte.

Im Februar 1986 ließ sich Helmut Schmidt dann sogar dazu bewegen, für Presse und Fernsehen auf der Arp-Schnitger-Orgel live zu spielen.[9] An der Orgel geprobt hatte er zuvor nicht, obwohl dies sein erstes öffentliches Spiel an einer großen Kirchenorgel werden sollte. Mitgebracht hatte er eigene Notenblätter von Bachs *Goldberg-Variationen*. Diese Komposition für Cembalo respektive Klavier war für Schmidt eine Herausforderung, aber doch besser zu bewältigen als ein genuines Orgelwerk. So brauchte er das Pedal nicht zu bedienen und konnte sich bei den Variationen 21 und 22, die er zu diesem Anlass spielte, auf eines von vier Manualen beschränken. Das schmälerte jedoch in keiner Weise die Anerkennung für seinen gelungenen Vortrag in St. Jacobi. Und auch sein Einsatz insgesamt war für die Orgelrettung ein hoher Gewinn. Helmut Schmidts Engagement konnte viele Türen öffnen, weiß der damalige Hauptpastor von St. Jacobi, Lutz Mohaupt, zu berichten.[10]

Nahezu zeitgleich engagierte sich der »verhinderte Organist« Helmut Schmidt für eine zweite historische Orgel in Hamburg.[11] Es ging um den Erhalt der Hans-Henny-Jahnn-Orgel in der Aula der ehemaligen Lichtwarkschule, inzwischen Heinrich-Hertz-Schule. Anfang Mai 1985 hatte sich das Ehepaar Schmidt in der Aula der Schule von Sachverständigen über den Zustand der Orgel unterrichten lassen.[12] Sie erfuhren, dass in den fünfziger Jahren die Pfeifen ausgewechselt worden waren, das ursprüngliche Klangpotenzial jedoch verloren gegangen war. Umfängliche Arbeiten an der Orgel waren zu finanzieren, und so wurde an Ort und Stelle beschlossen, einen Verein zur Rettung des historischen Instrumentes zu gründen. Als Nummer 1 und 2 auf der Liste der Vereinsgründer waren Helmut und Loki Schmidt genannt, und der Altkanzler fungierte auch gleich noch als Beiratsmitglied.

Wie bei St. Jacobi ließ es Helmut Schmidt nicht dabei bewenden, seinen prominenten Namen für einen guten Zweck einzusetzen, auch bei dieser Orgelrettung wurden er und seine Frau aktiv. Im Frühjahr 1986 warb Loki Schmidt auf einer Informationsveranstaltung für das Vorhaben und beschwor in ihrer

Die restaurierte Hans-Henny-Jahnn-Orgel heute.

Rede den pädagogischen Nutzen einer intakten Orgel für das Schulleben: »Ich denke, für uns ehemalige Lichtwark-Schüler gibt es darüber hinaus noch etwas Unwägbares, etwas Unbeschreibbares. Die Orgel war immer dabei, bei großen und kleinen Festen, bei Fröhlichem und Traurigem. Und wir müssen dabei helfen, dass sie wieder erklingen kann und dass sie wieder vielen Schülern, großen und kleinen, das Gefühl gibt: Wir sind eine Schule und die Aula mit der Orgel ist der Mittelpunkt.«[13]

Helmut Schmidt widmete sich der finanziellen Seite und akquirierte mit mehreren Schreiben an potenzielle Spender aus der Hamburger Wirtschaft und Finanzwelt erhebliche Summen. Allein Gerd Bucerius ließ über seine *Zeit*-Stiftung 50 000 DM, ein Fünftel der geschätzten Kosten, anweisen. Auch Rudolf Augstein beteiligte sich: »Ich bin zwar kein toller Orgelspieler«, schrieb er, aber Schmidt habe ihm über »die Nöte der Orgel« berichtet.[14]

Schmidts persönlicher Einsatz für die Arp-Schnitger-Orgel

erwies sich ebenso wie sein Engagement für die Jahnn-Orgel der ehemaligen Lichtwarkschule als großer Gewinn für die Initiatoren der beiden Projekte. Und so hatte sich in gewisser Weise der »verhinderte Organist« Helmut Schmidt sogar als ein guter Nachlassverwalter Hans Henny Jahnns erwiesen.

Als es nach dem Mauerfall in der ehemaligen DDR viele Kirchenhäuser und ihre Orgeln zu restaurieren galt, war Helmut Schmidt bereit, sich erneut zu engagieren, nicht mehr so prominent und öffentlich aktiv wie bei den beiden Hamburger Orgeln, aber mit Geldspenden aus dem eigenen Vermögen. Die Orgelkunst und der Erhalt wertvoller Instrumente blieben ein Lebensthema.

11

Der Steinway-Flügel, ein Cembalet, eine Heimorgel und einige Klaviere

»Es musste ein Steinway sein, dazu hatten meine Pianisten-
freunde Eschenbach und Frantz wegen des unvergleichlichen
Klangs nachdrücklich geraten.«[1] (Helmut Schmidt, 2003)

Ob Virtuose oder Freizeitpianist, der Erwerb eines Flügels ist
für jeden Klavierspieler ein besonderer Moment. Für Helmut
Schmidt war das nicht anders. Schon lange hatte er mit der
Anschaffung eines Konzertflügels geliebäugelt und sich schließlich, nach ausführlichen Beratungen mit den befreundeten
Konzertpianisten Christoph Eschenbach und Justus Frantz, für
einen Flügel des Hamburger Klavierbauers Steinway & Sons
entschieden.

Die Geschichte des Steinway-Flügels

Bei den drei Konzerteinspielungen 1981 in London, 1983 in Zürich und 1985 in Hamburg hatte er bereits auf einem Steinway
gespielt und zuvor mit Justus Frantz auf dessen Steinway geübt.
Zum ersten Mal konnte der junge Helmut Schmidt wohl am
Konservatorium Klindworth-Scharwenka mit diesem Kron-
juwel der Klavierbaukunst Bekanntschaft machen, als er dort
Orgelunterricht nahm. Im Konservatorium standen den Mu-
sikschülern Klaviere und Flügel führender Pianofirmen, wie
Bechstein, Bösendorfer oder Ibach, und eben auch der weltbe-

Helmut Schmidts »Baby Grand« von Steinway in seinem Haus im Neubergerweg.

rühmte Steinway-Flügel zur Verfügung. Dem damaligen Programmangebot des Konservatoriums ist zu entnehmen, dass man von renommierten Klavierherstellern unterstützt beziehungsweise gesponsert wurde und damit eine hohe Klangqualität im Instrumentalunterricht und in Konzerten garantiert werden konnte. Anfang 1987 war es dann so weit, dass ein Steinway-Flügel auch bei den Schmidts im Neubergerweg seinen Platz finden sollte. Im Februar erschien der Exkanzler mit seinen Personenschützern im Steinway-Haus und machte den Kauf eines sogenannten Stutzflügels oder auch »Baby Grand«, wie das von Schmidt gewählte Modell in den USA heißt, perfekt. Der Zeitpunkt dieses Ereignisses ist biographisch vielsagend, markiert er doch gleichzeitig eine bedeutsame Zäsur in Helmut Schmidts Leben: Am 9. Februar 1987 setzt er im Steinway-Haus seinen Namen unter den Kaufvertrag. Am 17. Februar 1987 – also nahezu zeitgleich – geht seine fast 35-jährige Tätigkeit als Abgeordneter des Deutschen Bundestages zu Ende.

Nach seiner Abwahl als Bundeskanzler im Oktober 1982 hatte Helmut Schmidt im März 1983 noch einmal erfolgreich als einfacher Abgeordneter kandidiert und seinen Wahlkreis Hamburg-Bergedorf bis zum Februar 1987 in Bonn vertreten. Nun durfte er eine reiche Bilanz seiner fast 35-jährigen parlamentarischen Tätigkeit ziehen: 1953 war er als einfacher Abgeordneter zum ersten Mal in den Bundestag eingezogen und hatte seitdem, mit Ausnahme seiner Amtszeit als Innensenator in Hamburg von 1961 bis 1965, durchgehend, über Jahrzehnte hinweg die Hamburger SPD im Deutschen Bundestag vertreten.[2] Alle wichtigen Funktionen, die man als Politiker in der Bundespolitik überhaupt erreichen kann, hatte er bekleidet: Abgeordneter, Ausschussvorsitzender, Fraktionsvorsitzender, Minister und schließlich Bundeskanzler.

Helmut Schmidt konnte also in diesem Februar 1987 nach einer erfüllten politischen Karriere zufrieden in die Zukunft blicken. Gerade hatte er in seiner Verantwortung als Publizist und Herausgeber der Wochenzeitung *Die Zeit* nicht nur frische berufliche Herausforderungen gefunden, sondern er würde in diesem neuen Lebensabschnitt auch seine Rolle als Elder Statesman deutlicher konturieren können. Mit seinem genuinen Interesse an den Fragen einer gerechteren Weltwirtschaftsordnung hatte er bereits 1985 den Vorsitz des »Inter Action Council« übernommen und im Kreise der dort vertretenen ehemaligen Regierungschefs Impulse zur Rolle der Weltbank, zu Umwelt- und Ressourcenfragen und zu Chancen des interreligiösen Dialogs geben können.

Nach dem Auszug aus der Bonner Politik erwies sich auch der Einzug ins Hamburger Pressehaus der *Zeit* am Speersort als richtige Entscheidung. In der persönlichen Zusammenarbeit mit der Redaktion gewann er schnell Akzeptanz, obwohl man dort anfangs recht zurückhaltend auf einen Exkanzler als Publizisten reagiert hatte. Man zollte ihm Respekt für seine Professionalität sowohl beim Schreiben als auch in der gedeihlichen Zusammenarbeit mit dem Eigner Gerd Bucerius, der Mitherausgeberin Marion Gräfin Dönhoff und dem Chefredakteur Theo Sommer.[3]

Aber Helmut Schmidt war im Februar 1987 nicht nur in einem neuen beruflichen Leben angekommen. Auch als leidenschaftlicher Klavierspieler schlug er neue Saiten an. Man könnte meinen, dass erst das Ende seiner politischen Karriere den Weg ebnete für die Hinwendung und Entscheidung zu seinem Steinway-Flügel. In Schmidts Biographie scheint deshalb der Erwerb des »Baby Grand« zweierlei zu signalisieren: Einerseits ist der Flügel eine großzügige Belohnung für die politische Lebensleistung des Elder Statesman, ebenso aber verkörpert das elegante schwarzglänzende Instrument einen Lebenstraum des Musikers Helmut Schmidt.

Die Wahl eines Klavierflügels von Steinway & Sons, wie das Unternehmen des deutschen Auswanderers Heinrich Engelhard Steinweg seit der Firmengründung 1853 in New York heißt, war alles andere als zufällig. Der Steinway-Konzertflügel hatte seinen Siegeszug zunächst in den USA angetreten, aber schon vor der Jahrhundertwende wuchs die Nachfrage in Europa, sodass bereits 1880 im Hamburger Schanzenviertel eine zweite Fabrik gegründet wurde, um den europäischen Markt zu versorgen und mit den europäischen Wettbewerbern konkurrieren zu können. Seitdem werden die Flügel von Steinway & Sons an den Produktionsstätten in New York und in Hamburg gefertigt – und zwar nicht am Fließband, sondern in gediegener Handwerksarbeit. Steinway-Flügel stehen heute in vielen Konzerthäusern der Welt. Viele berühmte Pianisten sind sogenannte Steinway Artists und treten nur dann auf, wenn ein Steinway-Instrument zur Verfügung steht. Das gilt im Übrigen für Pianisten unterschiedlichster Musikrichtungen, also auch für Jazzer und Popmusiker.

Helmut Schmidt wird sicher bereits in seiner frühen Jugend von seinen klavierbegeisterten Koch-Verwandten gehört haben, dass der Konzertflügel von Steinway & Sons in Hamburg gebaut wurde, und von der Erfolgsgeschichte des Möbelbauers, Organisten und Klavierbauers Heinrich Engelhard Steinweg (1787–1871), der in die Neue Welt auswanderte und mit seinen Söhnen eine Weltmarke begründete, wird er auch erfahren haben.[4] Als Helmut Schmidt sich 1987 endgültig für einen Flügel der Marke Steinway entschied, kam damit auch eine patriotische Verbundenheit für das seit circa 100 Jahren in Hamburg angesiedelte Unternehmen zum Ausdruck.

In den zwanziger Jahren musste Steinway & Sons seine Produktion in Hamburg erweitern und errichtete 1928 ein neues und größeres Werk in Bahrenfeld, was damals noch auf preußischem Gebiet lag. Heute werden in dem mächtigen Backsteingebäude am Rondenbarg 1200 Flügel pro Jahr gebaut. Das Unternehmen ist die älteste Hamburger Niederlassung einer amerikanischen Firma in ganz Deutschland und repräsentiert damit auch ein gelungenes Stück deutsch-amerikanischer Wirtschaftsgeschichte. Mit der NS-Zeit und dem Zweiten Weltkrieg wurde die Hamburger Niederlassung für die amerikanische Geschäftsführung zum Problem.[5] Schon vor Kriegsbeginn wurde der Betrieb von Hitler als »jüdische Firma« denunziert und Steinway & Sons drohte die Enteignung. Mit Beginn des Kriegs wurden die geschäftlichen Verbindungen zwischen Hamburg und New York vollends gekappt, nach Kriegseintritt der USA im Mai 1941 deklarierten die NS-Behörden das Firmeneigentum als Feindvermögen, enteigneten die Firma und setzten die Klavierproduktion aus. Die kostbaren Holzvorräte für die teuren Instrumente wurden fortan für kriegsrelevante Vorhaben verwendet. In den Bombennächten des Juli 1943, als auch die Schmidts ihre Wohnung in der Wandsbeker Chaussee verloren, wurde das Verwaltungsgebäude der Firma Steinway völlig zerstört. 1944 und 1945 erlitt auch das Werk in Bahrenfeld erhebliche Bombenschäden. Erst 1948 konnten Steinway & Sons die Produktion von Flügeln und Klavieren wieder aufnehmen, in den fünfziger und sechziger Jahren machte die Firma wieder gute und ertragreiche Geschäfte.

In den USA hatten sich die Klavierbauer Henry E. Steinway und Söhne mit einer innovativen Verkaufsidee als geniale Vermarkter ihrer Instrumente erwiesen. Bereits 1866 eröffneten sie in New York die erste *Steinway-Hall*, einen eigenen Konzertsaal mit angeschlossenen Besichtigungs- und Verkaufsräumen. Auf diese Weise erlangten die ausgestellten Flügel nach jedem Konzert die Anerkennung des Publikums. Auch auf der anderen Seite des großen Teichs setzte sich die Begeisterung fort, sodass 1875 auch in London eine *Steinway-Hall* eröffnen konnte.

Als 1903 bei Steinway der 100 000ste Flügel in die Produktion ging, wurde er als Sonderanfertigung für das Weiße Haus hergestellt. Der damalige Präsident Theodore Roosevelt nahm den überaus kostbaren Flügel als Geschenk an das amerikanische Volk entgegen. 1937 wurde er gegen ein neues Steinway-Prunkstück mit der Seriennummer 300 000 ausgetauscht. Seit mehr als achtzig Jahren steht nun also dieser Flügel im Amtssitz des

US-Präsidenten. Der Klavierspieler Helmut Schmidt ist in seiner Zeit als Bundeskanzler bei diversen Besuchen seiner amerikanischen Amtskollegen im Weißen Haus sicherlich auch mit dem Steinway-Oldie bekannt gemacht worden. Im Mai 1981, als er mit Ehefrau Loki im Weißen Haus zum Antrittsbesuch beim neuen Präsidenten Ronald Reagan eingeladen ist, spricht dieser einen Toast zur Begrüßung des Kanzlerehepaars. Er erinnert daran, was die USA und Deutschland verbindet, und verweist dabei auf die großen Verdienste deutscher Einwanderer für die kulturelle, wissenschaftliche und wirtschaftliche Entwicklung der Vereinigten Staaten: Als ersten bedeutungsvollen deutschen Einwanderer nennt Präsident Reagan »the piano craftsman Heinrich Steinway«.[6] Der Bundeskanzler, Hamburger und Klavierspieler wird es gern gehört haben.

Eine kleine Klavierbiographie

Als 2003 das Unternehmen Steinway sein 150-jähriges Bestehen feierte, bat die Redaktion der *Welt am Sonntag* Helmut Schmidt, einen Beitrag von maximal 30 Zeilen für eine Reportage über den berühmten Hamburger Klavierbauer beizusteuern. Er ließ sich nicht lange bitten, arbeitete mit 28 handschriftlichen Zeilen ziemlich exakt nach den Vorgaben der Redaktion und schrieb dabei ein kleines bemerkenswertes Dokument zu seiner eigenen Klavierbiographie, wenngleich dem inzwischen bald 85-Jährigen einige der Zeitangaben dabei verrutschten.[7]

Natürlich beginnt er mit seinem ersten Klavierspiel auf dem »Klavier meiner Mutter«. Im August 1914 hatten Ludovika und Gustav Schmidt geheiratet, ob nach Kriegsende die Mutter ihr Klavier aus der elterlichen Wohnung mitgebracht hatte und bereits zur Ausstattung ihrer ersten gemeinsamen Wohnung ein Klavier gehörte, ist nicht überliefert. Falls das Instrument neu angeschafft wurde, so sicherlich erst Mitte der zwanziger Jahre,

Aus dem Manuskript von Helmut Schmidt zum Firmenjubiläum von
Steinway & Sons, 2003.

denn zu diesem Zeitpunkt war Gustav Schmidt als Alleinverdie-
ner in der Familie in eine höhere Besoldungsstufe aufgerückt.
Nach seinem akademischen Zusatzstudium war er vom Volksschullehrer zum Berufs- und Handelsschullehrer avanciert und
zum Studienrat befördert worden, was eine erhebliche Gehalts-
verbesserung bedeutete. Man kann annehmen, dass sein Einkommen im Jahr 1925 um fast ein Drittel gestiegen war, von
3030 RM auf 3960 RM. Bei einem solchen Einkommen war der
Erwerb eines Klaviers also durchaus möglich geworden.[8]

Auf dem Klavier der Mutter hatte Helmut Schmidt bis zu
seinem Einzug zum Arbeitsdienst und später dann zum Wehrdienst spielen können. Als Loki und Helmut Schmidt im Sommer 1942 geheiratet hatten, bezogen sie eine eigene Wohnung in
der Wandsbeker Chaussee. Die Wohnung war geräumig genug
für ein Klavier, und als Oberleutnant konnte er, wie beschrieben,
es sich leisten, Anfang 1943 ein Leihklavier bei der Hamburger

Firma Emil Trübger anzuschaffen. Ein Jahr später wurde für die Wohnung an seinem neuen Wehrmachtsstandort Bernau bei Berlin wiederum ein Leihklavier herbeigeschafft.

In der Behelfswohnung, in die das Ehepaar nach Helmut Schmidts Rückkehr aus der Kriegsgefangenschaft Ende August 1945 einzog, war an ein Klavier nicht zu denken. Die primitive Behausung bestand aus nur einem Zimmer, und die wirtschaftlichen Probleme in den ersten Nachkriegsjahren waren existenziell. Er studierte, und Loki strickte und putzte, um den gemeinsamen Lebensunterhalt zu finanzieren. Erst als sie vom Entnazifizierungsausschuss als »Unbelastet« eingestuft wurde, wieder unterrichten durfte und damit eine wenn auch geringe, so doch gesicherte Entlohnung erhielt, verbesserte sich die Lage der Familie. Seit Mai 1947 gehörte auch die Tochter Susanne dazu.

Als die Schmidts 1948 nach Othmarschen umzogen und das Obergeschoss einer stattlichen Villa mit zwei anderen Mietparteien bewohnen konnten, verbesserte sich ihre Lebenssituation deutlich. Fast an ein Wunder grenzte es, dass sie in diesen Räumlichkeiten ein intaktes Klavier vorfanden. Nach den langen Kriegsjahren, der Kriegsgefangenschaft und den schweren Zeiten direkt nach Kriegsende kann man sich die Freude von Helmut Schmidt ausmalen, als er sich nach Absprache mit den anderen Bewohnern ans Klavier setzte und endlich wieder spielen konnte.[9]

Es sollte noch lange dauern, bis Helmut Schmidt in den Besitz eines Klavierflügels kam, und so spielte er in den kommenden vier Jahrzehnten auf einer ganzen Reihe von sehr verschiedenen Tasteninstrumenten. Aus den Fotobeständen der Familie und ihren Erzählungen lässt sich rekonstruieren, dass er zumindest zwei elektronische Instrumente besaß. Da war zunächst das einmanualige Cembalet der Marke Hohner.[10] Das Cembalet war eine technische Neuheit, die 1958 auf den Markt gekommen war. Sein Klang erinnert an ein Cembalo, und womöglich sprach gerade das einen Musikliebhaber, der wie Schmidt Barockmusik favorisierte, besonders an. Technische Mängel schränkten die Freude allerdings ein.[11] Ende der Sechziger erstand er eine Heimorgel der niederländischen Firma Philipps, die den schönen Markennamen »Philcorda« trug. Mit diesem Instrument konnte er sowohl klassische Klavierwerke als auch Orgelkompositionen spielen.

Das erste Klavier, das Helmut Schmidt erwarb, war wohl ein Hohner-Klavier Modell 106 aus der Produktion des traditionsreichen Herstellers für Akkordeons und Mundharmonikas.[12] Im Stil der sechziger und siebziger Jahre war es aus feinem Nussbaumholz gefertigt, robust, preiswert und dennoch für den fortgeschrittenen Klavierspieler geeignet, wie es auch in der Produktbeschreibung heißt.[13] Anfang der achtziger Jahre schenkte ihm Ehefrau Loki schließlich ein Ibach-Klavier Modell C-1, in einer vornehmen Ausstattung in Mahagoni-Matt.

Als die Schmidts das Ibach-Klavier erwarben, galt die Klavier- und Orgelbaufirma aus dem Bergischen Land, die den Namen ihres Gründers Johann Adolf Ibach (1766–1848) trägt, als ältester Klavierhersteller der Welt und genoss einen sehr guten Ruf. Das Ibach-Klavier gehört zu den wenigen kleineren Traditionsmarken, welche bis heute die Zeitläufte überstanden haben.

Im Februar 1987 hatte das Ibach-Klavier mit dem Erwerb des Flügels seine Dienste am Neubergerweg getan. Die Firma Steinway nahm das Klavier in Kommission, der erzielte Betrag sei auf das Konto von Helmut Schmidt zu überweisen. All dies wurde neben der Kaufsumme und der Bezifferung des üblichen Rabatts gewissenhaft im Kaufvertrag zwischen Helmut Schmidt und der Firma Steinway verzeichnet.[14]

So ein Steinway hat seinen Preis, stolze 43 850 DM hat das von Helmut Schmidt erworbene »Baby Grand« 1987 gekostet. Auch wenn bis heute gilt, dass ein Steinway eine gute Investition ist und nicht an Wert verliert, so bleibt die Anschaffung eines solchen Instruments doch immer ein finanzieller Angang.

Aber auch dieser Herausforderung war Helmut Schmidt in seiner neuen Lebenssituation vollauf gewachsen. Heute müsste man übrigens für den »Baby Grand« 80 000 Euro auf den Tisch des Hauses Steinway legen. Für einen Flügel, wie ihn Helmut Schmidt 1987 erstanden hatte, würde man heute 30 000 Euro erzielen, wenn das Instrument in gutem Zustand ist. Als Schmidt später zum Kaufakt anmerkt, dass sein »Sparbuch« den Erwerb eines kostspieligen Flügels erlaubt habe, so handelt es sich bei dieser Formulierung wohl eher um eine Metapher für das inzwischen beträchtliche Vermögen des Alt-Kanzlers. Im Wahljahr 1980 war seine finanzielle Situation noch überschaubar gewesen. Unter den Argusaugen der bundesdeutschen Wählerschaft hatte er als Spitzenpolitiker im Wahlkampf über sein Vermögen Auskunft gegeben: Neben seinem Einkommen, dem Haus in Langenhorn, das noch mit einem Kredit belastet war, und dem einfachen Ferienhaus am Brahmsee gab er als weiteres Vermögen Bundesanleihen im Wert von 98 000 DM an.[15] So genau hatte die Öffentlichkeit noch nie in die Finanzen eines Spitzenpolitikers Einblick nehmen können. Der Kanzlerkandidat der Union, Franz Josef Strauß, verweigerte hingegen die Aussagen. Dem Wissenden genügt's, mögen sich die Schmidts gedacht haben. Man darf annehmen, dass Strauß über die Ausführungen des Bundeskanzlers und Kontrahenten zur eigenen wirtschaftlichen Lage milde gelächelt haben dürfte, denn bekanntermaßen galt das Ehepaar Strauß als vermögend.

Nur sieben Jahre später hatte sich die Vermögenslage des Exkanzlers deutlich verändert. Er bezog Einkünfte als Bundestagsabgeordneter, ein Gehalt als Herausgeber der *Zeit* und erhielt für seine Publikationen und Vorträge insbesondere in den USA hohe Honorare. Seine renommierte New Yorker Agentur Harry Walker sorgte für professionelle Vorbereitung und Akquise.[16] Im März 1983 zitierte die *Bild am Sonntag* den Exkanzler mit den Worten: »Ich habe jetzt zwei Millionen.«[17] Falls Helmut Schmidt 1987 tatsächlich noch sein altes Sparbuch gehabt haben sollte, so wird er es für den Kauf seines Steinway-Flügels nicht belastet haben.

Finanziell hätte sich Helmut Schmidt also sogar das Flaggschiff von Steinway, den sogenannten Konzertflügel mit einer stattlichen Ausdehnung von 274 cm leisten können. Für einen Privathaushalt wäre ein großer Konzertflügel räumlich und klanglich jedoch völlig überproportioniert gewesen. Bereits seit 1900 hatten sich die Steinways mit der Konstruktion eines kleineren Flügels auf den reinen Privatgebrauch eingestellt und waren so der großen Nachfrage des Bürgertums von den Kosten wie auch von der Ausführung her entgegengekommen. 1936 war der sogenannte S-Flügel, mit 155 cm der kleinste in der siebenstufigen Produktpalette, auf den deutschen Markt gekommen und ist bis heute faktisch unverändert geblieben. Einen solchen Flügel in eleganter schwarzer Lackierung hatte Helmut Schmidt gewählt, und – wie er nach der Aufstellung in seiner lichten Diele am Neubergerweg zufrieden bemerkte – alles richtig gemacht. Hier am Eingang des Wohnbereichs der Schmidts fügt sich der »Baby Grand« harmonisch ein, er ist durch sein Volumen und seine Ausstrahlung ein dominanter Blickfang, wirkt aber nicht erdrückend. Der Ort, an dem Helmut Schmidt seinen Flügel hat aufstellen lassen, scheint, als wäre er wie für ihn geschaffen worden.

Klavierspiel und Alter

Auf seinem Flügel spielte Schmidt von nun an bis zum Ende seines langen Lebens. Eine fortschreitende Schwerhörigkeit wurde zwar zur Plage seines Alters, aber dennoch spielte er weiter, selbst als er das eigene Spiel nicht mehr hören konnte. Loki Schmidt erzählte, dass er sich »ab und an« bei ihr vergewissern wollte und fragte: »Wie hört sich das an, was ich spiele?« Auch wenn sie ihn beruhigen konnte und ihm gerne zuhörte, litt er stark unter dem Verlust seines Hörsinns und sprach im kleineren Kreis davon, wie entsetzlich die Taubheit erst für einen genialen Komponisten wie Beethoven gewesen sein musste.

Wenn sich Helmut Schmidt im Alter an seinen Flügel setzte, zeigte der Blick in den kleinen, hinteren Garten des Hauses am Neubergerweg. Wendete er sich auf seiner schwarzen Klavierbank nach rechts, blickte er oberhalb einer beeindruckenden Bücherwand auf sechs Landschaftsbilder von Worpsweder und Fischerhuder Künstlerinnen und Künstlern, denen er in jungen Jahren begegnet war.[18] Er wusste, dass hinter ihm, an einer etwa 4 × 5 m großen Bilderwand, die Porträtbilder hingen, die ihm so viel bedeuteten. Da waren die zwei Porträts von Loki, gemalt von den Künstlern Gudrun Brüne-Heisig und Ansgar Beer, drei Porträts von Bernhard Heisig,[19] die den Dirigenten Kurt Masur, den Widerstandskämpfer Claus Schenk Graf von Stauffenberg und den Hausherrn Helmut Schmidt selbst darstellten, und oben links – direkt auf ihn an seinem Klavierflügel schauend – sein engster und vertrautester Freund, Willi Berkhan.

Zu dem Heisig-Porträt von Kurt Masur hatte er einen persönlichen Zugang. Es erinnerte ihn an seine Begegnungen mit dem Dirigenten: »Kraftvoll und bestimmt, aber offen und diskussionsfreudig«, sei er gewesen.[20]

Noch zur DDR-Zeit hatte er ihn in Leipzig kennengelernt, spontan zeigte ihm Masur das Neue Gewandhaus, das erste Masur-Konzert hatten er und seine Frau jedoch erst nach der Wende miterlebt. Schmidt schätzte an ihm auch sein politisches Engagement und seinen Mut bei der friedlichen Revolution in Leipzig vor der Wende. 1993 bat er ihn zur Mitarbeit in der von ihm gegründeten Nationalstiftung. Bei einem seiner Amerikaaufenthalte in den achtziger Jahren berichtete man Schmidt in New York über den Besuch Kurt Masurs mit seinem Gewandhausorchester in der Stadt. »Er hätte wunderbare Musik gemacht, es sei ein großer Erfolg gewesen, und einer hätte gesagt ›Lenny Bernstein hätte es geliebt‹. Und ich muss sagen, ich habe

Bernhard Heisigs Porträt von Kurt Masur. Porträtwand im Neubergerweg.

mich schrecklich gefreut über diesen Erfolg eines ostdeutschen Kapellmeisters.«[21]

Keiner war Helmut Schmidt jedoch so nah, über keinen hat Helmut Schmidt so gefühlvoll geschrieben und gesprochen wie über seinen Lebensfreund Willi Berkhan.[22] Als dieser im

März 1994 viel zu früh verstarb, bedeutete dies einen tiefen Einschnitt im Leben von Helmut Schmidt. Auf der Trauerfeier fand er bewegende Worte. »Es fällt mir heute schwer, das Wort zu ergreifen. Denn für Loki und für Susanne und für mich war Willi Berkhan unser nächster Freund. Und beide – Friedel und Willi Berkhan – haben wir immer als Teil unserer eigenen Familie betrachtet.«[23] Zwei Jahre nach Willi Berkhans Tod baten die Schmidts die Malerin Meike Lipp, ein Porträt von Willi Berkhan anzufertigen.[24] Der Freund sollte ihm auch räumlich nahe sein, wie besser konnte das möglich sein als mit einem Porträt und einer Hängung, sodass Willi Berkhan ihn bei seinem Klavierspiel quasi zusehen konnte. Fast könnte man meinen, Kurt Masur mit seinem Taktstock dirigiere, Willi Berkhan und die anderen Porträts bildeten ein kleines Publikum und leisteten dem Hausherrn ihre stille Gesellschaft beim Spiel auf

Meike Lipps Porträt von Willi Berkhan. Porträtwand im Neubergerweg.

seinem Flügel. Kunst und Musik könnten die Menschen verbinden, so hat Helmut Schmidt wiederholt gesagt, und offenbar galt das für ihn nicht nur für die Lebenden.

Von den Gebrechen des Alters – mochten es ernsthafte Herzprobleme oder die heftigen Hüftschmerzen sein, die seine Bewegungsfähigkeit stark einschränkten – war der Hörverlust der für ihn wohl schwerste Schlag. Schon seit dem Krieg war die Hörfähigkeit seines linken Ohres deutlich vermindert. Die Hörfähigkeit des rechten Ohres verlor er ohne Vorwarnung bei einem Hörsturz im Jahre 1998. Das Gleichgewicht stellte sich wieder ein, der Hörverlust auf dem rechten Ohr aber blieb. Immer wieder probierte er es mit neuen Hörgeräten, alle Bemühungen erwiesen sich jedoch als unbefriedigend. Zu Hause im Zusammensein mit seiner Frau kam er ohne technische Mittel aus, in größeren Gesprächskreisen, vor allem bei öffentlichen Veranstaltungen, ging ohne Hörgerät oder seine Kopfhörer gar nichts mehr. Mit der Zeit wurden die übergroßen Kopfhörer zu seinem Markenzeichen.

Konzerte, die das Paar so sehr geliebt hatte, wurden fortan nicht mehr besucht. Loki zeigte sich entschieden solidarisch und lehnte es ab, allein Konzerte zu besuchen. Mit dem Verlust der Konzertbesuche wurde das eigene Klavierspiel umso wichtiger für Helmut Schmidt, denn auch wenn er die Noten, die er spielte, akustisch kaum mehr vernehmen konnte, war ihm die innere Vorstellung von den Klängen seines Klaviers erhalten geblieben. Auch die Freude und tiefe Entspannung, die er beim Klavierspiel empfand, waren ihm nicht verloren gegangen und stellten sich ein, sobald er auf der Klavierbank an seinem Steinway-Flügel Platz nahm und zu spielen begann. Die Töne waren aus seinem Leben verschwunden, das eigene Klavierspiel jedoch nicht gänzlich.

12

Musik verbindet:
Loki

»Nein, wissen Sie, das habe ich ihm zugetraut.
Aber das war schon eine beachtliche Leistung.«[1]
(Loki Schmidt, 2010 auf meine Frage, ob sie nach seiner
Mozart-Einspielung stolz auf Ihren Mann gewesen sei.)

Über die Lichtwarkschulzeit berichtete ein Schulfreund der
Schmidts zum 70. Geburtstag seiner ehemaligen Klassenkameradin Loki Schmidt: »Musik verband uns mehr, als uns damals
bewusst wurde.«[2] Auch wenn Percy Gerd Watkinson diesen
Satz auf die eigene Freundschaft zu Loki geschrieben hatte, der
Satz galt für viele der damaligen Mitschüler und ohne Abstriche
für das wohl prominenteste spätere Ehepaar, das die Lichtwarkschule besucht hatte.

Beide kamen mit musikalischen Vorkenntnissen an die höhere Schule, er hatte seit seinem siebten Lebensjahr Klavierunterricht, Loki hatte sogar noch früher angefangen, ein Instrument zu erlernen. So berichtet sie, dass sie im Alter von fünf
Jahren mit dem Geigenunterricht auf einer sogenannten halben
Geige begonnen habe.[3] »Und ich muss wohl ein ganz begabtes
Kind gewesen sein. Der Geigenlehrer hat jedenfalls sehr schnell
begriffen, dass ich keine Mühe hatte, Noten zu lesen. Ich konnte
also Noten lesen, bevor ich ein Buch lesen konnte.«[4] Und anders
als ihr späterer Klassenkamerad Helmut, der die ersten Jahre
des Klavierunterrichts eher lästig fand und erst auf der höheren
Schule als Freude empfunden hatte, zeichnete sich Loki Glaser

von klein an durch einen erstaunlichen Ehrgeiz aus. »Und dann passierte es häufiger, dass der Geigenlehrer Gäste einlud, und ich wurde vorgeführt. Doch dann habe ich mir selbst einmal gesagt: Wenn du immerzu gelobt wirst, dann denkst du, du brauchst nicht mehr richtig zu üben. Ich habe mich also selbst zur Ordnung gerufen. Das erinnere ich noch so deutlich, weil ich darüber meistens abends nachgedacht habe, so vor dem Einschlafen.«[5]

Einige Jahre nachdem die Familie nach Hamburg-Horn in eine etwas größere Wohnung gezogen war, begann Vater Hermann Glaser mit den beiden älteren Töchtern und dem Sohn Hausmusik zu machen. Er hatte sich selbst das Cellospiel beigebracht, Linde spielte Geige, Loki Geige oder Bratsche und Christoph Querflöte. Für die Musik hieß das, »wir mussten entweder Partituren suchen, in denen diese Instrumente vorkamen, oder wir haben Partituren genommen, bei denen mein Bruder die zweite Stimme, die eigentlich ein Streicher spielen sollte, mit der Flöte spielte. Hat sich trotzdem ganz gut angehört«, wusste Loki Schmidt zu erzählen.[6] Ein-, zweimal habe er vor der Wohnung gestanden und der Musik der Glasers zugehört, berichtete mir Helmut Schmidt. Er hatte sich nicht getraut anzuklopfen und gewartet, bis sie ausgespielt hatten.

Von Loki Glaser, ihrer Musikliebe und ihrem Geigenspiel war Helmut Schmidt also von Beginn an angetan, ohnehin ragte sie aus der Riege der anderen Mitschülerinnen und Mitschüler nicht nur wegen ihrer körperlichen Größe und physischen Stärke heraus. Sie war eine Anführerin, wie eine Klassenkameradin berichtete, vielseitig interessiert und talentiert. Bereits in der Sexta spielte sie im Kleinen Orchester der Schule Geige, bereits in der Quinta berief sie der Musiklehrer in das Große Orchester, da war sie die Jüngste, und da es dort nur einen einzigen Bratschenspieler gab, wechselte sie alsbald an dieses Instrument. Sie müsse die Finger nur ein wenig breiter spreizen, habe der Musiklehrer ihr Mut gemacht. Seitdem habe sie bei den Streichern »Bracia« geheißen. »War doch ein schöner Name«, fand sie noch als ältere Dame.[7] Ihr erstes Stück, das sie im Großen Orchester an der Bratsche spielte, war die »Bauernkantate« von Johann Sebastian Bach, keine große Herausforderung, wie sie meinte, denn die Bratschenstimme bleibt quasi als Begleitung ganz im Hintergrund.

Mit diesem Wissen wird verständlich, dass für die Klassenkameraden Loki und Helmut Musik ein großes Thema war. Es war aber gewiss nicht ihr einziges, Lokis Pflanzenliebe und -kenntnis waren für Helmut Schmidt nicht minder beeindruckend, sie hingegen war angetan von seinen Geschichtskenntnissen und rhetorischen Fähigkeiten. Die acht Jahre einer gemeinsamen Schulzeit sind für das spätere Paar eine solide Basis ihrer Beziehung geblieben.

So einwickelten sie sehr ähnliche Vorlieben in Kunst und Musik, beide behielten eine lebenslange, enge Beziehung zur Musik bei, allerdings gab Loki Schmidt das eigene Musizieren an Geige und Bratsche als Erwachsene irgendwann auf. Beim Feuersturm und Verlust ihrer Wohnung im Juli 1943 waren Geige und Bratsche verbrannt, letztere hatte sie nicht wieder ersetzt, später hatte sie bei einer Musiklehrerin auf einer Alt-Blockflöte spielen gelernt. Die Altflöte kam gelegentlich in ihrem Unterricht zum Einsatz. Für die Grundschullehrerin spielte vor allem das Singen eine große Rolle. Jeden Morgen wurde in ihrer eigenen Klasse als Erstes gemeinsam ein Lied gesungen. Dafür hatte sie mit ihren Klassen vom ersten Schuljahr an einen Liederfundus aufgebaut. Singen führt zusammen und schafft eine Atmosphäre, die hilft, etwas gemeinsam zu erarbeiten oder zu gestalten, war ihr pädagogisches Credo. Natürlich gilt das auch heute! In der Schule Othmarscher Kirchenweg hatte Loki Schmidt auch ihre eigene Gesangsschulung in den fünfziger und frühen sechziger Jahren fortgesetzt und regelmäßig an einem Singkreis von Kolleginnen und Kollegen teilgenommen.

Loki Schmidt interessierte sich für die Musik und die Instrumente ihres Mannes: hier die Heimorgel.

Gesungen wurde bei den Schmidts auch zu Hause, bei Geburtstagen animierte und dirigierte Loki die Gäste gern. Im Alter, so berichten beide, hätten sie das gemeinsame Singen zu Hause noch einmal für sich wiederentdeckt. Dabei kam beiden die Chorzeit in der Lichtwarkschule in Erinnerung. Zur gemeinsamen Hausmusik mit ihrem Mann sei allerdings nur wenige Male Gelegenheit gewesen. Es habe einfach die Muße dafür gefehlt. »Das war bei uns immer: ›Wir haben jetzt eine Stunde Zeit, und dann kommt das und das ...‹ Das ist nicht gut für Hausmusik.«[8] Feste Vorsätze hatte er allerdings nach seiner Kanzlerzeit schon gehabt, wie Helmut Schmidt 1983 in einem Interview beschreibt. »Und es gibt erste hoffnungsvolle Ansätze: Kürzlich haben wir Händel-Sonaten gespielt. Loki auf der Alt-Blockflöte und ich am Klavier.«[9] Für schöne Momente der Zweisamkeit haben es die beiden jedoch immer vorgezogen, eine Partie Schach zu spielen. Loki Schmidts Interesse am Klavierspiel ihres Mannes hielt aber an; im Alter, als er anderen nicht mehr vorspielen wollte, wurde sie zu seiner alleinigen Zuhörerin.

Was das Paar besonders verbunden hat, war ihre Nähe zur Musik von Johann Sebastian Bach. Zeitlebens hätten sie für Bach geschwärmt, sagt Loki Schmidt noch in ihrem letzten Buch aus dem Jahre 2010.[10] Die große Sammlung an Schallplattenaufnahmen der Bach-Werke in ihrem privaten Besitz wurde von beiden wertgeschätzt. Sie hatten sogar eine kleine eigene Systematik entwickelt: »Loki und ich haben Bachs Musik in zwei Gruppen unterteilt: Kompositionen mit und Kompositionen ohne Stimme. Genauer gesagt, Stücke mit und Stücke ohne Text. Das ist zweifellos eine recht laienhafte Unterteilung, aber sie war für uns wichtig.«[11] In Kindheit und Jugend habe man die Texte kaum verstanden, als Erwachsene seien sie wegen der tiefen Religiosität eher irritierend gewesen, später sogar störend. »Selbst in der ›Matthäuspassion‹, für viele der Gipfel Bach'scher Kunst, stoße ich mich an dem Wortlaut, der da gesungen wird«, schreibt er.[12] Seiner Frau, bekennende Atheistin, war es nicht anders ergangen.

Wie stark Bachs Musik auf die beiden wirkte, beschreibt Helmut Schmidt anhand eines Erlebnisses aus den Kriegsjahren, genauer zu Weihnachten 1942, »als Loki und ich auf dem Wege in unsere Wohnung vom Turm der Eilbeker Kirche vier

Posaunen hörten. Es war noch ein halbes Jahr vor der Hamburger Bombenkatastrophe, aber wir rechneten bereits mit einem schrecklichen Ende Deutschlands. Doch an diesem Abend führten uns die Posaunen in eine unbeschreibliche Rührung – und zugleich gewannen wir neue Lebenskraft. Denn die Musik, welche die vier Männer bliesen, das war Bachs vierstimmiger Choral ›Wachet auf, ruft uns die Stimme‹.«[13] Allerdings hinderten ihn diese und andere Begebenheiten nicht daran, sich 1943 und auch noch 1944 freiwillig für einen Kampfeinsatz an der Front zu melden, für einen Krieg, der nicht nur für Deutschland, sondern für alle beteiligten Staaten in schrecklicher Verwüstung und mit vielen Opfern endete.

Die gemeinsame Wertschätzung klassischer Musik hat die Schmidts während ihres langen gemeinsamen Lebens in wohl einige Hunderte von Konzerten geführt, manche davon wurden unvergesslich. Wie zum Beispiel das Bach-Konzert 1973 in der Thomaskirche zu Leipzig, die ersten Bach-Konzerte nach dem Krieg in Hamburg, oder Konzerte mit Yehudi Menuhin und Leonard Bernstein in der Beethovenhalle in Bonn beziehungsweise aus Anlass des Schleswig-Holstein-Musik-Festivals.

In Hamburg pflegte das Paar engeren Kontakt zu dem langjährigen Intendanten der Hamburger Staatsoper, dem Schweizer Dirigenten und Komponisten Rolf Liebermann. Von 1959 bis 1973 und noch einmal von 1985 bis 1988 leitete er die Staatsoper in der Heimatstadt der Schmidts. Helmut Schmidt charakterisierte ihn als eine »Orientierungsfigur« für ihn persönlich und für das Musikleben der Hansestadt. In Liebermann sah er vor allem aber den *europäischen* Kulturschaffenden. In der Schweiz geboren und Schweizer Staatsbürger geblieben, arbeitete und lebte er in Frankreich und in Deutschland. Die nationalen Grenzen waren für Liebermanns Lebensweg ohne Bedeutung. »Sie sind, wie die Musik, leicht über die Grenzen hinweggegangen. Sie sind Europäer«, sagte Schmidt in seiner Ansprache zu Liebermanns 70. Geburtstag 1981 in der Hamburger Staatsoper.[14]

Aus diesen Verbindungen ergab sich, dass Loki Schmidt dem Kuratorium der »Stiftung zur Förderung der Hamburgischen Staatsoper« beitrat und ihr über lange Jahre verbunden blieb.[15]

Vor allem in seiner Kanzlerzeit bemühte sich Helmut Schmidt aktiv um eigene Kontakte in die Musikszene, und alle diese Kontakte waren immer auch ein Erlebnis für die Schmidts als Paar. Sie luden prominente Musiker zu sich in ihr sehr bescheidenes Ferienhaus am Brahmsee und in Bonn in den Kanzlerbungalow im Park der Villa Hammerschmidt ein. Einige von ihnen setzten sich auch an den Schiedmayer-Flügel im Kanzlerbungalow, unter anderem Leonard Bernstein. »Der Flügel stand offen, bisweilen hat er etwas gespielt, bisweilen haben wir zusammen etwas gesungen. Einmal wollte ich einen bestimmten Song von Gershwin, aber der Maestro behauptete, das könne er nicht auswendig; er war dann ganz erstaunt, als ich ihm die Noten dazu auf das Pult stellte. Also musste er nun doch ›Somebody loves me …‹ spielen und die ganze Korona sang mit.«[16]

Verbindend für die Schmidts war nicht zuletzt die gemeinsame Gestaltung der Hauskonzerte im Kanzleramt, die sich über die gesamte Amtszeit des Bundeskanzlers Helmut Schmidt erstreckten. Bei jeder Gelegenheit betonte der Kanzler, dass seine Frau und er zusammen die Gastgeber waren, auf den offiziellen Einladungen hieß es: »Der Bundeskanzler und Frau Schmidt geben sich die Ehre zu einem Hauskonzert …« Bei den Begrüßungen ihrer Gäste bezog er immer seine Frau als Mitausrichterin des Abends ein, und nach den Konzerten saßen die beiden mit den jeweiligen Künstlern am Tisch und führten mit ihnen einen Austausch über Musik und Privates. In den Tagen nach den Konzerten war es Loki Schmidt, die den Künstlern noch einmal schrieb und mit einigen auch darüber hinaus Kontakt hielt. Alle, die ich zu diesen Abenden befragen konnte, betonten, dass diese Konzerte für die Schmidts keine Pflichtveranstaltungen, sondern deutlich erkennbar Herzensangelegenheiten waren.

Helmut Schmidt und Felicia Weathers singen Gershwin.
Das Duo hatte 1979 gleich zwei Auftritte: im März auf Loki Schmidts und
im September auf Kurt Körbers Geburtstag.

Musik verbindet, das galt für die Schmidts in hohem Maße für
die anstrengenden und schwierigen Bonner Jahre. Erst mit
Beginn der Amtszeit als Verteidigungsminister ihres Mannes
im Herbst 1969 war Loki Schmidt nach Bonn gezogen, lange
zuvor hatten die beiden – mit einer etwa dreieinhalbjährigen
Pause, als Helmut Schmidt Senator in Hamburg war – eine
Fernbeziehung geführt: Sie in Hamburg als Lehrerin und Mutter, er in Bonn als Bundestagsabgeordneter. Dass ihre Ehe so
lange Bestand hatte, sei zuallererst seiner Frau zu verdanken,
hat Helmut Schmidt mehrfach öffentlich bekundet, ein genau-
erer Blick auf diesen sehr privaten Bereich seiner Lebensgeschichte kann das bestätigen.[17] Ein kleiner Teil von dem, was

das Paar zusammenhielt, ist vielleicht auch der Musik geschuldet.

Zum 60. Geburtstag seiner Frau bereitete Helmut Schmidt ihr eine besondere Freude. Zu der von ihrer »Stiftung zum Schutz gefährdeter Pflanzen« ausgerichteten kleinen Feier im Bonner Kanzlerbungalow war auch die Opern- und Konzertsängerin Felicia Weathers eingeladen.[18] Felicia Weathers war eine international anerkannte Künstlerin, in den sechziger und siebziger Jahren hatte sie feste Engagements in Hamburg und München, sie sang unter anderem in Mailand, Paris, Stockholm und New York. Herbert von Karajan galt als einer ihrer prominenten Förderer. Mit den Schmidts war sie befreundet,[19] es gab Besuche in Langenhorn und Bonn, mit Loki Schmidt war sie gemeinsam am Tegernsee auf Gertraud Grubers Schönheitsfarm gewesen. Für das dritte Berliner Kanzlerfest in der Berliner Philharmonie, einem Jazzfest, hatte sie der Bundeskanzler im November 1980 als Moderatorin und Sängerin gewinnen können.[20] Zu Loki Schmidts Geburts-

Geburtstagsfeier Helmut Schmidt
»Haus im Park« Hamburg-Bergedorf
22./23. Dezember 1988

Programm

19.45 Uhr Platznehmen im Theatersaal

Quodlibet von Johann Sebastian Bach
Ausführende: Kirsten Blank (Sopran)
Christiane Iven (Alt)
Harald Stockfleth (Tenor)
Wolf-Andre Sturm (Baß)
Robert Reitberger (Violoncello)
Günter Jena (Klavier)

Loki Schmidt

»Eine mögliche Begegnung« von Paul Barz
Darsteller: Friedrich Schütter
Jörg Pleva
Günther Jerschke

Justus Frantz

Buffet (keine Tischordnung)

23.20 Uhr Platznehmen im Theatersaal

Kurt Körber

Peter Ustinov

0.00 Uhr »Happy birthday«

Peter Schulz

Helmut Schmidts 70. Geburtstag.
Bei allen runden Geburtstagen spielten
Musikvorführungen eine große Rolle.

tagsfeier war die Künstlerin nicht nur als Gast geladen, an diesem Abend sang sie mit Begleitung am Klavier als Solistin und – zur Überraschung aller – auch im Duett mit dem Ehemann des Geburtstagskinds. Songs aus Gershwins *Porgy and Bess* standen auf dem Programm. Zwar war die warme Jahreszeit noch weit entfernt, aber »Summertime, and the livin' is easy« sorgte zumindest für ein wenig Vorfreude.

Musikvorführungen anlässlich runder Geburtstage gehörten bei den Schmidts im Übrigen zu den beliebten Aufmerksamkeiten. Und da der Auftritt zu Lokis Sechzigstem wohl gelungen war, wiederholten die beiden Sänger des Geburtstagsabends diesen Auftritt noch einmal einige Monate später bei der Feier zum 70. Geburtstag des Industriellen und Schmidt-Freundes Kurt A. Körber in Hamburg-Bergedorf.[21]

Musik und Freundschaften: Yehudi Menuhin, Leonard Bernstein, Herbert von Karajan, Christoph Eschenbach, Justus Frantz

»Loki und ich haben Rolf Liebermann entweder durch
Karl Klasen oder Kurt Körber kennengelernt. (...)
Alle drei haben uns im Laufe der Jahre mit einer größeren
Zahl von Musikern und Sängern, Männern und Frauen,
zusammengebracht und unsere musikalischen Interessen
aktiviert. Aber auf den Gedanken, die Bekanntschaft
mit Musikern auf eigene Faust zu suchen, bin ich dann
erst als Bundeskanzler gekommen.«[1]

(Helmut Schmidt, 1996 in *Weggefährten*)

Die Hamburger Freunde

Im allerengsten Kreis der Hamburger Freunde von Helmut Schmidt hatte die Musik keine allzu große Bedeutung. Zu diesem Hamburger Kreis gehörten Willi und Friedel Berkhan, Sonja und Peter Schulz, Ingrid und Hans Apel, Ursel und Kurt Philipp sowie Liebgard und Walter Tormin, alles Freundschaften, die sich nach 1945 in den frühen Jahren des politischen Engagements Helmut Schmidts entwickelt hatten. Über Jahrzehnte hielten die Schmidts zu diesen Ehepaaren Kontakt, bis zuletzt bildeten sie den Kreis der Gäste auf seiner privaten Geburtstagsfeier.

Es war die Politik, die diese Hamburger Freunde zusammengeführt hatte,[2] aber spätestens mit Kurt Körber und Karl Klasen entwickelten sich in der Heimatstadt Hamburg neue Freundschaften, in denen die Musik eine zentrale Rolle spielte.

Helmut Schmidt schildert Kurt Körber als einen Opernliebhaber und Unterstützer der Hamburger Oper. Karl Klasen war vor allem der konzertanten Musik zugeneigt; seit den sechziger Jahren luden er und seine Frau Ilse zu Hauskonzerten in ihr Haus am Alsterkanal ein. Es kamen immer um die dreißig Freunde und Bekannte des Ehepaars zusammen, oft spielten Christoph Eschenbach und Justus Frantz am hauseigenen Flügel – man kannte sich. Die Musik wurde für den Politiker der Zugang zur Hamburger Stadtgesellschaft.

Zum Freundeskreis der Klasens gehörten auch in Hamburg lebende Musiker wie Rolf Liebermann und Christoph von Dohnányi, mit denen man die musikalischen Erlebnisse im späteren Gespräch vertiefen konnte. Den stilvollen Einladungen des Ehepaars Klasen folgten die Schmidts bis weit in die achtziger Jahre.

Als Helmut Schmidt Bundesminister und Bundeskanzler war und Karl Klasen von 1970 bis 1977 in Frankfurt Bundesbankpräsident war, fuhren die Schmidts, wenn es sich irgend einrichten ließ, von Bonn aus zu Klasens musikalischen Einladungen ins Schlosshotel Kronberg nahe der Mainmetropole. Hier traf sich eine gesellschaftliche Elite aus Wirtschaft, Politik und Kultur. Natürlich tauschte sich der Minister und spätere Kanzler mit dem Bankier im Anschluss an die musikalische Erbauung zu finanz- und wirtschaftspolitischen Themen aus, denn die beiden Sozialdemokraten kannten sich seit Mitte der fünfziger Jahre und hatten auch in politischen Fragen ein Vertrauensverhältnis entwickelt.[3]

Zum 70. Geburtstag von Kurt A. Körber am 7. September 1979 gab es sogar einen veritablen eigenen musikalischen Beitrag des damaligen Bundeskanzlers für seinen Freund.[4] Mit Kurt Körber waren beide Schmidts seit den sechziger Jahren enger befreundet. Körber war nicht nur erfolgreicher Unternehmer, er war Mäzen für zahlreiche gesellschaftliche und kulturelle Veranstaltungen und Institutionen. Darüber hinaus standen seine Hauni-Werke in Bergedorf, dem Wahlkreis des Bundestagsabgeordneten Helmut Schmidt. Am Körber-Geburtstag wurde auch die Fertigstellung einer neuen Produktionshalle der Körber-Werke gefeiert. Die Einweihung vollzog der Bundeskanzler, in seiner Ansprache konnte er sich auch der versammelten Belegschaft zuwenden, unter der es sicher viele Schmidt-Wähler gegeben hat. Dass für Helmut Schmidt die Feier des 70. Geburtstages seines Freundes einen festen und lange reservierten Platz im Terminkalender hatte, war selbstverständlich. Am Vormittag

Karl und Ilse Klasen
würden sich freuen

am Sonnabend, dem 30. April 1983, 18.00 Uhr,
zu einem Konzert von
Christoph Eschenbach und Justus Frantz
bei sich zu sehen.
Anschließend Büffet.

U. A. w. g. Tel. (040) 377 3203
2000 Hamburg 60, Brabandstraße 34
Smoking

Einladung zum Hauskonzert bei Karl und Ilse Klasen in ihrer Villa in Hamburg.

hatte er noch Amtsgeschäfte in Bonn zu erfüllen, um 15 Uhr ging es dann per Hubschrauber und Flugzeug zum Flughafen Hamburg-Fuhlsbüttel und von da per Kanzlerwagen und Bewachungseskorte direkt nach Bergedorf.

Für den Nachmittag und Abend war aber nicht nur die Ansprache des Bundeskanzlers vorgesehen, im Vorfeld hatte es offenbar auch einige lose Verabredungen für Helmut Schmidts Beitrag zum Festprogramm gegeben, anderes ergab sich spontan. An hochkarätigen musikalischen Mitstreitern fehlte es nicht. Unter anderem kamen mit Jeanette Scovotti, Anja Silja und Felicia Weathers drei international renommierte Sängerinnen und mit den Intendanten und Dirigenten Christoph von Dohnányi und Rolf Liebermann zwei Akteure der Hamburger Hochkultur. Zu all dieser musikalischen Prominenz gesellte sich auch noch der sangesfreudige ehemalige Bundespräsident Walter Scheel.

So kam es auch, dass Helmut Schmidt sich an diesem Abend mehrfach ans Klavier setzte und Jeanette Scovotti und Felicia Weathers[5] sowie Walter Scheel bei ihrem Gesang begleitete. Er spielte aber nicht nur Klavier, er trat auch, eher ungewöhnlich in einem so großen Rahmen, als Sänger auf. Im Duett mit Felicia Weathers gab er die in seiner Generation überaus beliebte Arie »Reich mir die Hand, mein Leben ...« aus Mozarts *Don Giovanni* zum Besten, und im Terzett mit Scovotti und Weathers wurden Stücke aus George Gershwins großer Volksoper *Porgy and Bess* vorgetragen.[6] Wie sich Helmut Schmidt in der Rolle des Don Giovanni machte und ob es ihm gesanglich gelang, die reizende Weathers/Zeline zu überzeugen, kann man nicht mit Sicherheit sagen, da es keine Tonaufnahme der Darbietung gibt. Aber die Sympathie der Sängerinnen, des Freundes Kurt Körber und der gutgelaunten Geburtstagsgäste wird der Kanzler mit seinem Gesang gewonnen haben!

Überhaupt muss man sich Körbers Feier als ein musikalisch äußerst unterhaltsames, unkonventionelles und abwechslungsreiches Fest vorstellen. So standen Gästeschar und Belegschaft Spalier zu einem lautstarken Musikumzug, der quer durch das neu eingeweihte Industriegebäude der Hauni-Werke führte und von einem amüsierten Helmut Schmidt in der Rolle des Paukisten angeführt wurde. Wenn Musiker und Sänger während der Feierlichkeiten eine Pause einlegten, dann dirigierte Loki

Schmidt die Gäste bei weiteren Gesangseinlagen. Sieht man sich Fotos und Erinnerungen an diese Feier an, gewinnt man den Eindruck, dass das Kanzlerehepaar an diesem Abend in Bergedorf einen musikalischen Großauftritt hatte.

Ganz ähnlich engagierte sich Helmut Schmidt bei einem kleineren festlichen Anlass zwei Monate später. Am 3. November 1979 feierte der Hamburger Filmproduzent Gyula Trebitsch seinen 65. Geburtstag und wurde auf Einladung der Hamburger Musikhochschule mit einer Matinee im Ernst Deutsch Theater geehrt. Trebitsch war der Musikhochschule und ihrem Präsidenten Hermann Rauhe sehr verbunden. Abends folgte eine »Privateinladung«, wie es im Kalender des Kanzlers heißt, auf dem Programm stand unter anderem ein Kurzvortrag Hermann Rauhes zum »Geheimnis der Popularität von Musik«. Im Anschluss an den Vortrag kam man gesellig im Hause Trebitsch am Rondeelteich zusammen. »Helmut Schmidt hatte seinerzeit mit großem Interesse mein Buch ›Musik – Intelligenz – Phantasie‹ gelesen«, berichtet Hermann Rauhe.[7]

Helmut Schmidt war der Einladung jedoch nicht primär aus Interesse für Rauhes Vortrag gefolgt, vielmehr galt die Anwesenheit des Kanzlers ganz wesentlich als Freundschaftsbeweis für den Jubilar und Gastgeber Trebitsch. Die beiden kannten sich schon seit 1953, als der bereits erfolgreiche Filmproduzent Trebitsch dem Jungpolitiker Schmidt angeboten hatte, Wahlkampf für die SPD mit Kurzfilmen zu unterstützen. Die Filme, die Kandidat Schmidt und sein Wahlprogramm vorstellten, zeigte Trebitsch auf mobilen Leinwänden vor stark frequentierten Stationen der Hamburger Hochbahn. Das sorgte für werbewirksames Aufsehen, denn so etwas hatte es in der Hansestadt noch nicht gegeben. Bei der Wahl 1957 wurde die erfolgreiche Strategie wiederholt.[8] Am Abend der Geburtstagsfeier revanchierte sich Helmut Schmidt mit einer musikalischen Einlage bei seinem Freund. Er setzte sich mit Hermann Rauhe an das vom Hausherrn Trebitsch eigens für die Feier ausgeliehene

Kurt A. Körbers 70. Geburtstag im Haus im Park der Körber-Stiftung. Stehend von links: Gyula Trebitsch, Kurt Körber, Walter Scheel, Jeanette Scovotti, Rolf Liebermann.

Klavier und unterhielt die kleine Gesellschaft mit Shantys und Volksliedern.[9] Man habe gesungen und auch vierhändig gespielt, erinnert sich Hermann Rauhe. Wenige Jahre später produzierte Gyula Trebitsch das Mozart-Konzert für drei Klaviere und das Bach-Konzert für vier Klaviere mit Helmut Schmidt für das Fernsehen. Die Freundschaft von Helmut Schmidt und Gyula Trebitsch hatte inzwischen einen maßgeblichen musikalischen Unterton erhalten.

Für Freunde griff Helmut Schmidt auch zu Hause im Neubergerweg gern in die Tasten. Als zum Beispiel im Frühjahr 1974 der Erweiterungsbau in Langenhorn mit einem geräumigen Esszimmer, kleinem Schwimmbad, Bar und Außenwache für die Sicherheit eingeweiht wurde, setzte sich der Hausherr an die Heimorgel und verbreitete gute Laune bei den zahlreichen

Gästen des Hauses – alles gut belegt durch eine Fülle von Foto-
dokumenten in einem der vielen Familienalben der Schmidts.

Und da die Schmidts in den Jahren seiner Kanzlerschaft und
danach häufiger Staatsgäste nach Langenhorn einluden, gab es
auch zu diesen Anlässen kleine musikalische Einlagen des Hausherrn. »Allen Mitgliedern der internationalen Machtelite ist der
instrumentale Wohllaut des Herrgottsorglers von Langenhorn
in angenehmster Zurückerinnerung«, schreibt der *Spiegel* 1992
nicht ohne Augenzwinkern.[10] Beim legendären Besuch von Le-
onid Breschnew 1978 spielte, wie es im Bericht des *Spiegels* weiter heißt, der »überaus tastenfertige Hausherr« Bach-Choräle
auf seiner Heimorgel. Den Gast aus der Sowjetunion habe das
kleine Konzert durchaus ergriffen, sein anschließender Schwä-
cheanfall sei aber eher Resultat des Alkoholgenusses als eine
Gemütsreaktion auf Schmidts Orgelspiel gewesen. Tatsächlich
war Breschnew zum Zeitpunkt seines Besuches nicht mehr bei
bester Gesundheit und musste von seinem begleitenden Arzt
im Hause der Schmidts behandelt werden. Dennoch wertete
Schmidt auch diesen Besuch als einen Erfolg.[11] Deutlich wird,
dass Helmut Schmidts musikalische Auftritte am Klavier oder
Heimorgel den Treffen mit Freunden, Bekannten und offiziellen
Gästen eine freundliche Atmosphäre gaben. Man konnte ent-
spannen, kam sich näher und wurde vertrauter.

Musikerfreundschaften

In den Jahren der Kanzlerschaft lernten Helmut und Loki
Schmidt eine Vielzahl von Musikern und berühmten Dirigenten näher kennen, und aus einigen dieser Begegnungen entwickelten sich langjährige enge Beziehungen. Es waren sehr
unterschiedliche Freundschaften, die Helmut Schmidt zu den
Dirigenten Yehudi Menuhin, Leonard Bernstein, Herbert von
Karajan, Christoph Eschenbach und Justus Frantz pflegte.

Ebenso waren es auch sehr unterschiedliche Musikerpersönlichkeiten, die für den Staatsmann Helmut Schmidt Freundschaft und wohl auch Zuneigung empfanden. Die biographischen Erinnerungen, Briefwechsel und Fotos zeigen, dass es sich nicht bloß um prominente Bekanntschaften vom politischen oder kulturellen Parkett handelte. Man hatte sich mehr zu sagen, als man es landläufig von Persönlichkeiten aus so differenten Sphären der Gesellschaft erwartete.

Mit seiner Liebe zum Klavier- und Orgelspiel, seinem Engagement für eine musikalische Allgemeinbildung und seinem gesellschaftlichen Unternehmungsgeist hatte Helmut Schmidt selbst schon viel zu bieten für diese Freundschaften. Zudem war auch seine intellektuelle Präsenz, die sich mit angelsächsischem *common sense* paarte, nicht unattraktiv für die internationalen Starmusiker. So verband ihn mit Bernstein und Menuhin das gesellschaftliche Engagement, der Gedanke der Völkerverständigung und der Aussöhnung. In Yehudi Menuhin gewinnt er einen feinnervigen Idealisten zum Freund, der Komponist und Dirigent Leonard Bernstein befeuerte Schmidt mit seiner Dynamik und unerschöpflichen Schaffenskraft. Konzerte mit Herbert von Karajan am Dirigentenpult schildert Helmut Schmidt als unvergessliche Höhepunkte, die jahrzehntelang in ihm weiterlebten. Der hanseatische Schmidt war aber auch beeindruckt von Karajans außergewöhnlichem wirtschaftlichen Erfolg und seinem luxuriösen Lebensstil. Mit den Dirigenten und Pianisten Christoph Eschenbach und Justus Frantz verbindet ihn ganz wesentlich die Leidenschaft für das Klavierspiel, aber auch die gute Fügung, dass man in der Hansestadt zum richtigen Zeitpunkt zusammenkam. Mit Eschenbach und Frantz erlebte Helmut Schmidt nicht nur wunderbare Konzerte, er erfuhr auch Ermutigung und Begleitung für das eigene Klavierspiel. In der Freundschaft mit diesen beiden Pianisten erlebte er wohl die intensivste Übereinstimmung. Alle fünf Musikerfreunde hatten ein gemeinsames Anliegen, für das auch Helmut

Schmidt brannte: Sie waren unermüdliche Musikpädagogen, Förderer, Stifter und Kommunikatoren für die Musik und mit der Musik.

Yehudi Menuhin

Helmut Schmidt lernte den amerikanischen Violinisten Yehudi Menuhin in den siebziger Jahren bei einem Konzert in Bonn kennen, schon zuvor war er von der humanistischen Aura, die der weltberühmte Musiker und engagierte Weltbürger Menuhin ausstrahlte, beeindruckt gewesen. Schmidt nannte ihn »einen der bewegendsten Internationalisten unter den Musikern meiner Generation«. Der mit Schmidt fast gleichaltrige Menuhin war als Sohn weißrussischer Eltern, die zunächst nach Palästina und dann nach Amerika ausgewandert waren, in New York zur Welt gekommen. Mit besonderer Hochachtung sprach Schmidt von Menuhins früher Versöhnungsbereitschaft mit den Deutschen und seinem späteren Auftreten als europäischer Friedenspolitiker. Bei verschiedenen Gelegenheiten erwähnte er das für ihn bedeutsame Konzert des Musikerfreundes vor Opfern des NS-Regimes nur wenige Wochen nach ihrer Befreiung: »Unmittelbar nach Kriegsende hat er im Sommer 1945, zusammen mit Benjamin Britten, in Bergen-Belsen gespielt.«[12] Helmut Schmidt bezieht sich auf zwei Konzerte, die am 27. Juli 1945 für überlebende jüdische Häftlinge des KZ Bergen-Belsen, Zwangsarbeiter und Kriegsgefangene der Deutschen im Kasernenkomplex des Truppenübungsplatzes stattfanden. Die vom NS-Terror schwer gezeichneten Menschen lebten hier seit ihrer Befreiung in den von den Briten hergerichteten ehemaligen Kasernen der Wehrmacht. »Displaced Persons« nannten die Alliierten sie; diese Menschen warteten darauf, in ihre Heimat zurückkehren zu können oder aber ins britische Protektorat Palästina auswandern zu dürfen. Der damals schon international bekannte Geiger Menuhin und sein junger britischer Begleiter am Klavier, der Komponist Benjamin Britten, spielten für die gepeinigten NS-Verfolgten Musikstücke von Bach, Mendelssohn Bartholdy, Beethoven und Grieg, zwei Monate nach Kriegsende war das ein anspruchsvolles Repertoire.

»Die waren noch sehr ›bewildered‹ – wie sagt man? – die haben sich nicht finden können. Die konnten an das Gute nicht mehr glauben«, schildert Menuhin seinen Eindruck, als er in den neunziger Jahren das ehemalige Konzentrationslager Bergen-Belsen erneut besucht.[13] Mit dem englischen Ausdruck *bewildered* beschreibt er sicherlich sehr treffend die tiefe Verstörung seiner Zuhörer im Juli 1945. Aber viele seien dennoch stark bewegt gewesen, über Jahrzehnte habe er Dankesbriefe von Menschen erhalten, die dabei gewesen waren. Auch für ihn selbst waren diese Konzerte einzigartige Erlebnisse als Mensch und als Künstler: »Solange ich lebe, werde ich diesen Nachmittag nicht vergessen«, schreibt er in seiner Autobiographie.[14]

Bei seinem Aufenthalt im Juli 1945 kam es spontan zu einem weiteren historischen Musikereignis, als Menuhin in einer Übertragung des Nordwestdeutschen Rundfunks als Solist das Violinkonzert in e-Moll von Felix Mendelssohn Bartholdy spielte. Es war eine Erinnerung an einen im NS-Deutschland verfemten Musiker und gleichzeitig eine starke Versöhnungsgeste. Der Amerikaner Menuhin war mit diesem Konzert nämlich der erste Musiker aus dem Ausland, der nach dem Ende des Nationalsozialismus für ein deutsches Publikum musizierte, und die Zuhörer am Radio hörten zum ersten Mal nach dem Krieg ein Mendelssohn'sches Violinkonzert. Der Komponist Felix Mendelssohn Bartholdy war als Sohn der angesehenen jüdischen Familie Mendelssohn und Nachfahre des jüdischen Philosophen Moses Mendelssohn von den Nazis geächtet und die Aufführung seiner Werke verboten worden.

Helmut Schmidt berichtete auch von den späteren Menuhin-Konzerten im Jahr 1947 »mit dem damals verfemten Furtwängler in Berlin. Er wurde deshalb zu Hause in England als Verräter beschimpft und mit Mord bedroht. Aber er blieb fest, und seine Berliner Versöhnungsgeste blieb signifikant und symptomatisch für Menuhins ganzes weiteres Leben.«[15] Liest man zu dieser Äußerung Schmidts noch einmal in Menuhins Autobiographie zu dem gemeinsamen Auftritt mit dem wegen seiner Zusammenarbeit mit den Nazis umstrittenen Wilhelm Furtwängler nach, dann versteht man, dass es im Geiste der Musik eine mutige, aber im politischen Kontext eine mit Unverständnis aufzunehmende Geste war, als Menuhin im Herbst 1947 zusammen mit Furtwängler im Osten wie auch im Westen Berlins konzertierte und damit dessen Weg zurück zu einem anerkannten deutschen Dirigenten unterstützte.[16]

Am 27. September 1979 erhielt Menuhin den Friedenspreis des Deutschen Buchhandels. In der Begründung der Jury hieß es: »Die Musik ist für ihn ein Medium, um Völker, Rassen und Zivilisationen einander näherzubringen. Wir ehren einen mutigen Mann und Idealisten, der durch seine menschliche und künstlerische Haltung und durch seine pädagogische Arbeit unbeirrt für Gerechtigkeit und Versöhnung eintritt.«[17]

Es war wohl diese großherzige Menschlichkeit, die gepaart mit seiner einzigartigen musikalischen Begabung den Politiker und Musikfreund Helmut Schmidt so beeindruckt hat, dass er sich mit dieser Persönlichkeit so stark verbunden fühlte. »Für mich waren Sie immer ein ›active Humanitarian‹, nicht nur ein großer Musiker, sondern immer zugleich auch ein Mann der Versöhnung. Dem besiegten Deutschland gegenüber, der Sowjetunion gegenüber, der antagonistischen Apartheids-Politik Südafrikas gegenüber. Ich meine, Sie waren der ›Entspannungspolitiker‹ Amerikas schlechthin – längst bevor dieses Wort gängige Münze geworden ist. (…) Sie sind nicht nur ein großer Musiker, sondern zugleich auch ein Philosoph, zugleich ein Pädagoge und – nach meiner persönlichen Auffassung – ein guter Mensch schlechthin.«[18]

236

Diese respektvolle Verbundenheit beruhte auf Gegenseitigkeit. Zu Menuhins Festschrift anlässlich dessen 75. Geburtstags schrieb Helmut Schmidt gern den Beitrag, um den die Herausgeber gebeten hatten. Seinerseits hatte Yehudi Menuhin schon vorher dem ehemaligen Kanzler einen besonderen Freundschaftsdienst erwiesen. Als der große Violinist im Mai 1982 im kleineren Rahmen der Hauskonzerte im Palais Schaumburg vor circa 100 Zuhörern spielte, wurde Menuhins Auftritt zum unbestrittenen Höhepunkt in der Konzertreihe des Kanzlers und stärkte ihre Freundschaft.

Und noch etwas fällt auf bei der Freundschaft zwischen dem Politiker und dem Musiker. Wie viele Briefe die beiden austauschten, ist unklar, aber bei den wenigen, die überliefert sind, geht es immer sehr herzlich, manchmal sogar poetisch zu. Am 1. Dezember 1980 zum Beispiel muss Menuhin dem Kanzler auf eine Einladung zu seinem 62. Geburtstag wegen einer Tournee in Frankreich eine Absage erteilen und schließt mit den Worten: »Would it not be possible to arrange one's life in reverse order of precedence: that is, first of all, to follow all one's instincts, hopes and so very human impulses, and relegate the rest to the bits of time left over.«[19] Sechs Jahre später gratuliert Helmut Schmidt dem Freund in einem Telegramm zu dessen 70. Geburtstag und fügt hinzu die Zeilen aus Joseph von Eichendorffs Gedicht »Wünschelrute«: »Schläft ein Lied in allen Dingen, die da träumen fort und fort, und die Welt hebt an zu singen, triffst du nur das Zauberwort.« Das Telegramm beschließt der Gratulant sehr zugewandt: »In beständiger und herzlicher Verbundenheit, Ihr Helmut Schmidt«.[20] Diese Formulierung ist zugleich gültiger Ausdruck ihrer Beziehung und Freundschaft über räumliche und zeitliche Entfernungen hinweg. Zuletzt begegneten sich die beiden bei der Nachfeier zu Helmut Schmidts 80. Geburtstag im Januar 1999; im März darauf verstarb Yehudi Menuhin.

Leonard Bernstein

Mit dem Komponisten, Pianisten und Dirigenten Lenny Bernstein, wie Schmidt Leonard Bernstein vertraut nannte, hatte
es bereits seit den siebziger Jahren im Bonner Kanzlerbungalow einige private Begegnungen gegeben, zu der auch diejenige
gehört, von der bereits die Rede war: »Eine Szene ist mir besonders in Erinnerung geblieben«, beschreibt Helmut Schmidt.
»Sie spielte in Bonn, spät in der Nacht. Bernstein kam von
einem Konzert in der Beethoven-Halle, er brachte einige seiner Freunde mit; wir hatten ohnehin einige Freunde zu Gast.
Alsbald entspann sich ein Gespräch über U-Musik und E-Musik. Lenny Bernstein vertrat mit Vehemenz seinen Standpunkt:
die Unterscheidung zwischen Unterhaltungs-Musik und ernst-
hafter Musik sei künstlich und absurd; vielmehr sei die einzig
zulässige Unterscheidung die zwischen guter und schlechter
Musik. Ich weiß nicht mehr, ob er alle Anwesenden überzeugt
hat, aber mich jedenfalls hat er überzeugt. Ich freute mich, von
einer unbezweifelbaren Autorität das zu hören, was ich selbst
zwar immer schon gedacht, bis dahin aber auszusprechen nicht
gewagt hatte. Die Rede kam auf Jazz, auf Dave Brubeck, natürlich auch auf ›Westside-Story‹, auf ›Yesterday‹ und schließlich auf Gershwin, dessen ›Rhapsody in Blue‹ und ›Ein Amerikaner in Paris‹ mir immer viel Spaß gemacht haben. Lenny
setzte sich ans Klavier, um Gershwin zu spielen, was ihm aus
dem Gedächtnis hinsichtlich der Begleitung aber nicht ganz
vollständig gelang. Zufällig fand ich jedoch einen Noten-Band
mit Gershwin-Songs im Hause; das führte dazu, daß wir alle
um den Flügel herumstanden und fröhlich mitsangen, Felicia
Weathers machte den Chorleiter.«[21]

In seiner neuen Rolle als Publizist führte Helmut Schmidt im
Sommer 1985 in der Lübecker Musikhochschule mit Bernstein
ein öffentliches Gespräch, das einige inhaltliche Differenzen
zwischen den beiden zwar nicht in Fragen der Musik, aber zu

Gershwin-Noten finden sich noch heute im Notenbestand am Neubergerweg.

Fragen der damaligen Sicherheitspolitik offenlegte.[22] Vorausgegangen war ein persönlicher Brief an Schmidt, den Bernstein im Nachgang zu seinem Besuch und einem Konzert in Hiroshima aus Anlass des 40. Jahrestages der atomaren Vernichtung der Stadt geschrieben hatte. In Hiroshima war Bernstein mit dem European Community Youth Orchestra aufgetreten. Anschließend führte die »Journey for Peace«, wie sie offiziell hieß, nach Athen, Budapest und Wien. Helmut Schmidt hatte für das Programmheft ein kleines Grußwort geschrieben. Die außergewöhnlichen Bemühungen seines Freundes Bernstein um die Nachwuchsarbeit und die Zusammenführung junger Musiker aus verschiedensten Nationen bewunderte Schmidt sehr, Bernsteins Positionen zu Abrüstungsfragen mochte er jedoch nicht teilen.

In seinem Brief an Schmidt hatte sich Bernstein wegen der amerikanischen Aufrüstungspolitik von US-Präsident Reagan besorgt gezeigt. Er warnte vor der Gefahr eines atomaren Holocaust und endete mit einem Appell für Abrüstung; »Act, not talk. And the action is simply to disarm. Unilaterally, if necessary. Then we can talk all we want.« Direkt an den Politiker Schmidt gewandt, heißt es dann mit Blick auf das geplante TV-Gespräch: »I hope your response will be positive. If not, only tell me, show me why I am wrong, if I am wrong. I trust your integrity, your honesty, your Menschenliebe, and your most precious friendship.«[23]

Mit diesem Brief Bernsteins wurde die Abrüstungsfrage natürlich das zentrale Thema des Lübecker Gesprächs. In längeren Ausführungen lehnte Schmidt entsprechend seiner Strategie des Nato-Doppelbeschlusses eine einseitige Abrüstung ab. Noch zu diesem Zeitpunkt spürt man, dass Schmidt die öffentliche Ablehnung seiner Sicherheitspolitik durch die westdeutsche Friedensbewegung und aus den Reihen der eigenen Partei weiter nachhing. Während in Fragen der Sicherheitspolitik gestritten wurde, verlief das Gespräch mit Leonard Bernstein zu Fragen von Religion, Musik und vielen anderen Themen harmonischer und wurde spürbar getragen von der gegenseitigen Wertschätzung. Schmidt erinnert an Bernsteins Engagement im Deutschland der Nachkriegszeit und bringt damit dessen Initiativen zur Versöhnung im Geiste der europäischen Musik ins Gespräch.

Bereits am 9. Mai 1948 hatte Leonard Bernstein in München ein Konzert mit dem Bayerischen Staatsorchester dirigiert. Eingeladen hatte ihn der von der amerikanischen Militärregierung 1946 eingesetzte Generalmusikdirektor der Bayerischen Staatsoper, der ungarisch-britische Dirigent Georg Solti. Solti, ursprünglich György Stern, war wegen seiner jüdischen Herkunft 1938 nach England emigriert und hatte sich während der Kriegsjahre in der Schweiz aufhalten können. Die Einladung Bernsteins nach München kann man als gezielten Akt der amerikanischen Kulturpolitik für den Neuaufbau des besiegten Deutschlands sehen. Auf dem Programm standen eine Symphonie des Amerikaners Roy Harris, ein Klavierkonzert des Franzosen Maurice Ravel und Robert Schumanns C-Dur-Symphonie. Er habe deutlich die Skepsis, vielleicht aber auch Verunsicherung der deutschen Musiker ihm gegenüber, dem jungen jüdischen Maestro aus Amerika, gespürt, sagt Bernstein später in einem Gespräch mit seinem Biographen Michael Horowitz.[24]

Einen Tag nach der Münchener Aufführung gab er zwei Konzerte in Camps für jüdische Displaced Persons in Feldafing und Landsberg am Lech. Bernstein dirigierte ein Orchester mit Musikern eines litauischen Ghetto-Ensembles, gespielt wurden Kompositionen, deren Noten die Musiker im Lager versteckt hatten, und so dirigierte Bernstein nach einer Orchesterprobe am Morgen Bizet, Verdi, Puccini, von Weber und Gershwin in zwei aufeinanderfolgenden Konzerten am Nachmittag. Bei Gershwins »Rhapsody in Blue« übernahm Bernstein auch den Klavierpart und leitete das Orchester von einem schlecht gestimmten Klavier aus. In großer Zahl lauschten die Überlebenden des NS-Terrors den Musikern, jeweils 5000 Menschen besuchten die beiden Konzerte.

Zur Überraschung Bernsteins saßen neben den Überlebenden des Holocaust auch die Musiker des Bayerischen Staatsorchesters im Publikum. »Und jeder von ihnen hat mir eine Rose ans Pult gebracht. Ich kann es Ihnen kaum erzählen, ohne zu heulen«, berichtete Bernstein.[25]

Das facettenreiche Gespräch von Schmidt und Bernstein wurde zu einem medialen Ereignis. Der Fernsehsender Sat.1 setzte es Anfang November auf sein Programm, und am 18. November veröffentlichte die *Zeit* einen vollständigen Abdruck.

Das Lübecker Treffen nutzte Helmut Schmidt, um dem Freund Lenny die Idee eines neuen, in Schleswig-Holstein angesiedelten Musik-Festivals mit herausragenden Musikern und an besonderen Orten des nördlichsten Bundeslandes nahezubringen. Man wollte nicht bloß in Konzertsälen, sondern in Scheunen, Schlössern und Herrenhäusern musizieren und so auch ein neues Publikum gewinnen. Der Initiator Justus Frantz hatte Helmut Schmidt und den damaligen schleswig-holsteinischen Ministerpräsidenten Uwe Barschel für diese Idee begeistern können, und auch Leonard Bernstein ließ sich anstecken und wollte sich engagieren. Für das Schleswig-Holstein Festival war das ein Glücksfall: Am 2. Juli 1986 konnte das neue Festival mit einem Konzert des Symphonieorchesters des Bayerischen Rundfunks unter der Leitung des Stardirigenten Leonard Bernstein in Kiel eröffnet werden und wurde begeistert aufgenommen.

Nicht zuletzt war es Bernsteins internationalen Kontakten zu verdanken, dass bereits im ersten Festivaljahr so erfolgreiche Musiker und Musikerinnen wie Yehudi Menuhin, Neville Marriner, Anne-Sophie Mutter oder Mstislaw Rostropowitsch vertreten waren. Auch musikpädagogisch engagierte sich Bernstein: Er bot einen Dirigierkurs für junge Dirigenten an und gründete 1987 das Schleswig-Holstein Festivalorchester, das Nachwuchsmusikern aus verschiedenen Ländern die Gelegenheit geben sollte, unter seiner Leitung zu proben und mit ihm vor einem größeren Publikum aufzutreten. Von 1986 bis 1989 dirigierte Bernstein insgesamt 17 Konzerte auf dem Schleswig-Holstein Musik Festival, neun davon mit dem Schleswig-Holstein Musikorchester.[26] Es war gerade auch dieses besondere pädagogische Engagement und Talent, das Helmut Schmidt an seinem Freund bewunderte. In seinem Beitrag zum 90. Geburtstag Leonard Bernsteins stellt er dessen Arbeit mit dem Nachwuchs besonders heraus.

Bernsteins Engagement für das Schleswig-Holstein Musik

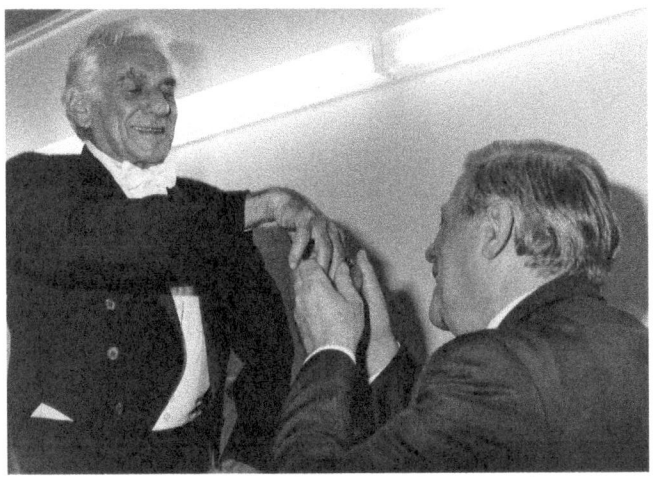

Helmut Schmidt »huldigt« dem Maestro Leonard Bernstein beim Schleswig-Holstein Musik Festival am 11.7.1987 in der Künstlergarderobe der Holstenhalle in Neumünster.

Festival vertiefte die Freundschaft zu Helmut und Loki Schmidt. Bei vielen Konzerten Bernsteins waren sie dabei, manchmal feierten sie mit ihm nach den Konzerten in seiner Garderobe, und seine Besuche in ihrem Ferienhaus in Langwedel am Brahmsee gehörten zu den freudigen Ereignissen ihres Sommerprogramms. Als 1990 Leonard Bernstein einem Lungenleiden erlag, war das für Ehepaar Schmidt eine sehr traurige Nachricht. Helmut Schmidt hatte einen einzigartigen Freund verloren.

Herbert von Karajan

Herausragende Konzerterlebnisse hatten Helmut und Loki Schmidt mit *dem* Dirigenten der Nachkriegszeit: Herbert von Karajan. 1954 wurde er Chefdirigent der Berliner Philharmoniker, gleichzeitig dirigierte er an der Wiener Staatsoper und in Salzburg. Seit 1956 war Herbert von Karajan künstlerischer Leiter der Festspiele in der Mozart-Stadt, seit 1964 war er in das Direktorium eingebunden, und spätestens seitdem und bis zu seinem Tode im Jahr 1989 waren die Salzburger Festspiele vor allem mit seinem Namen verbunden.

Mit Herbert von Karajan und seiner Frau freundeten sich die Schmidts an. Ihre mehrtägigen Besuche zu den Festspielen in Salzburg machten großen Eindruck auf die beiden. Zu Ostern 1980 übernachteten sie noch in einem Hotel in Salzburg, zwei Jahre später kamen sie als private Gäste des Dirigenten.[27] Helmut Schmidt folgte darüber hinaus einer Einladung Karajans in sein Anwesen im französischen St. Tropez, wo der Gastgeber eine ansehnliche Segelyacht vor Anker liegen hatte.

Als das Ehepaar Schmidt 1982 Karajans Osterfestspiele besuchte, wohnten sie dann in der Privatvilla der Karajans in Anif nahe Salzburg. Im privaten Kalender Schmidts findet sich dazu der Eintrag: »BK u. Frau nach Salzburg. U.a. Mozart Requiem und G. Verdi ›Te Deum‹. Übernachtung b. Karajan.«[28] Abends

Die Schmidts mit Herbert von Karajan, Berlin 1979.

brachen sie gemeinsam mit ihren Gastgebern zu den Konzerten auf, und Karajan interessierte sich, wie Loki Schmidt schreibt, nach der Vorstellung immer für ihre Meinung. »Kaum saßen wir im Auto, hieß es ›Frau Schmidt, wie war's?‹. Und da es nicht immer Komponisten waren, die mir besonders lagen – moderne Komponisten wurden dort ja auch gespielt –, ist meine Reaktion sehr unterschiedlich gewesen. Doch ihm war offenbar daran gelegen, die Meinung einer musikalisch interessierten, aber nicht ausgebildeten Kritikerin zu hören. Also, diese Zeit war anregend.«[29]

Den Segler Helmut Schmidt interessierte und beeindruckte auch Karajans Rennyacht *Helisara VI*. Bei seinem Besuch im mondänen St. Tropez unternahmen die beiden Herren mit einer vielköpfigen Besatzung einen Segeltörn entlang der Côte d'Azur; es gibt ein Foto mit dem Kanzler am Ruder der *Helisara*, mit der Karajan mehrere Regatten gewann. In seinem Buch *Weggefährten* widmet Helmut Schmidt seinem, wie er schreibt, »Freund Herbert von Karajan« mehrere Seiten. Fast pathetisch heißt es dort: »Ich habe ihn bewundert und geliebt. Bewundert wegen seiner musikalischen Einfühlsamkeit, wegen seiner Fähigkeit, die Berliner Philharmoniker zur Vollkommenheit zu führen, auch wegen seiner Selbstdisziplin. Geliebt habe ich ihn wegen der unerhörten Musikerlebnisse, die ich ihm verdanke, und auch wegen seiner inneren Bescheidenheit.«[30] Und von dem Freund moderner Technik erhielt Helmut Schmidt ein ganz besonderes Geschenk: einen Walkman. Vor allem habe er diesen oft unterwegs auf seinen vielen Reisen benutzt. Seine Lieblingsmusik hatte er seither immer dabei, und stets wird ihn sein Walkman an Karajan erinnert haben.[31]

Im September 1979, anlässlich des zweiten Berliner Kanzlerfests, hatte Helmut Schmidt den Dirigenten erstmals getroffen. Der Kanzler fand es »schmeichelhaft«,[32] dass Karajan und die Berliner Philharmoniker bereit waren, zu diesem Anlass zu spielen. Das Motto des Abends war: »Philharmonische Eulenspiegeleien«, ein Kontrastprogramm zu den Aufmärschen, die am gleichen Tage auf der anderen Seite der Mauer stattfanden, wo die DDR-Führung zum 30. Jahrestag der DDR geladen hatte.

Zu Beginn dirigierte Karajan *Till Eulenspiegels lustige Streiche* von Richard Strauss, es folgte die Ouvertüre zur *Fledermaus* von Johann Strauß. Die Steilvorlage »zweimal Strauß« ließ sich der Kanzler nicht entgehen. Seit Juli stand bereits fest, dass bei der kommenden Bundestagswahl 1980 nicht Helmut Kohl, sondern der bayerische CSU-Ministerpräsident Franz Josef Strauß als Kanzlerkandidat der Union antreten würde. »Zweimal Strauß hintereinander, ich wußte gar nicht, daß das so viel Spaß macht«, scherzte er in seiner Begrüßungsrede.[33] Schon im Programmheft hatte der Regierende Bürgermeister, Dietrich Stobbe, die Frage gestellt: »Was soll man davon halten, der Bundeskanzler lädt ein, und der Strauß ist mehrfach im Programm.«[34]

Zum Abschluss des Musikprogramms hatte sich Schmidt etwas Modernes erbeten und mit Gershwins weltberühmter »Rhapsody in Blue« eine Komposition benannt, in der Konzertsinfonik auf neue Weise mit Blues und Jazz verbunden wird. Dieser Vorschlag traf jedoch auf die unmissverständliche Ablehnung von Herbert von Karajan. Gershwin gehöre eindeutig nicht zum Programm des Maestro und auch an diesem Abend werde sich das nicht ändern. »Schließlich habe ich ihm einen persönlichen Brief geschrieben und meine Bitte erneuert. Darauf hat Karajan nachgegeben, aber unter der strikten Bedingung, dass Alexis Weissenberg den Klavierpart übernähme. So ist es auch geschehen, es wurde eine runde Sache.«[35] Wie von Karajan das gesehen hat, ist nicht überliefert. Fest steht, Herbert von Karajan hat Musik von Gershwin nur dieses eine Mal in Berlin und nur auf die ausdrückliche Bitte Helmut Schmidts hin gespielt. Das Musikprogramm des Kanzlerfests von 1979 blieb also eine Besonderheit in der musikalischen Vita des Meisters.[36]

Die Freundschaft zu Karajan hielt bis zu dessen Tod im Jahr

1989. »In seinen letzten Jahren hat es immer weh getan, ihn sehr mühsam auf das Podium kraxeln zu sehen. Gleichwohl hat die Nachricht von seinem Tode auf mich gewirkt wie ein eigenes Herzversagen.«[37] Helmut Schmidt war eher bekannt für zugespitzte, knappe Formulierungen, aber in seinem Verhältnis zu Künstlern und Musikern fand er zuweilen sehr einfühlsame und ausdrucksvolle Worte.

Bemerkenswert bleibt, dass Helmut Schmidt gegenüber dem österreichischen Stardirigenten, der ja schon zu Lebzeiten kritisch bewertet wurde, keinerlei Distanz zulässt. Weder irritierte ihn dessen offenbar stark ausgeprägter Geschäftssinn noch der zur Schau getragene Reichtum mit den drei mondänen Wohnsitzen in Anif, St. Moritz und St. Tropez oder der Besitz teurer Luxusautos und Flugzeuge. Schon gar nicht interessierte Schmidt der politische Opportunismus Karajans gegenüber dem NS-Regime. Es war erwiesen, dass Karajan gleich zweimal in die NSDAP eingetreten war, zunächst im April 1933 in seiner österreichischen Heimatstadt Salzburg und noch einmal im März 1935 in Aachen, wo er eine Stelle als Generalmusikdirektor angenommen hatte. 1944 wurde er in die von Hitler abgesegnete ›Gottbegnadeten-Liste‹ aufgenommen, eine ›Ehrung‹, die ihn auch vor einem möglichen Fronteinsatz schützte.[38]

All das war in den Jahren der Freundschaft zwischen dem Kanzler und dem Dirigenten bekannt und wurde auch in der Öffentlichkeit diskutiert. Als 1988 der *Spiegel* über die Geschäftstätigkeiten und Vermarktungsstrategien des Stardirigenten berichtete, lagen auch die Fakten zum außergewöhnlichen Geschäftssinn des Herbert von Karajan offen.[39] Ende der achtziger Jahre hatte er 115 Millionen Tonträger verkauft, bis heute sollen es annähernd 300 Millionen sein,[40] er generierte hohe Millionenbeträge allein für die Vermarktung seiner Konzerte mit den Berliner Philharmonikern, einem Orchester, das in den achtziger Jahren mit annähernd 20 Millionen DM pro Jahr aus Steuergeldern subventioniert wurde.[41] Vielleicht passt zum Geschäftsmann Herbert von Karajan, was Bertolt Brecht einmal über sich selbst gesagt hat: »Mein Name ist eine Marke, und wer sie benutzt, muss dafür bezahlen.« Die wunderbaren Konzerte aber, die mit Karajan und »seinen« Berliner Philharmonikern zu unvergesslichen Erlebnissen für das Ehepaar Schmidt wurden, ließ solch weltliche Kritik vergessen.

Christoph Eschenbach

Anlässlich der Verleihung des Ernst-von-Siemens-Musikpreises an Christoph Eschenbach im Mai 2015 steuert Helmut Schmidt – »Bundeskanzler a. D.«, wie es im Druck heißt – einen bemerkenswerten Text bei.[42] Da er aus gesundheitlichen Gründen nicht selbst nach München anreisen konnte, schreibt er einen Essay, der im Wesentlichen eine Laudatio auf den Musiker ist, aber auch als kleine Rede über ihre Freundschaft gelesen werden darf. Kundig und gefühlvoll verfolgt Helmut Schmidt den Lebensweg des kleinen Jungen Christoph Eschenbach, der ohne Mutter bei Breslau aufwächst, erst den Vater und dann die Großmutter durch Krieg und Flucht verliert, von seiner Verwandten, Wallydore Eschenbach, einer Pianistin, adoptiert wird und mit der Unterstützung seiner Pflegemutter das eigene musikalische Talent entfalten kann. Bereits als Zehnjähriger wird er ausgezeichnet, auch sein Musikexamen besteht er mit Auszeichnung, wird zu einem gefragten Pianisten und arbeitet schon früh mit Herbert von Karajan zusammen. Die Karriere des Dirigenten Christoph Eschenbach, der mit vielen bedeutenden Orchestern in Europa, den USA und Kanada zusammenarbeitete, zeichnet Schmidt in seinem Festbeitrag präzise nach und zitiert aus der *FAZ*: »Es wäre einfacher, unter den großen Orchestern der Welt diejenigen aufzuführen, die Christoph Eschenbach noch nicht dirigiert hat.« Auf Schmidts Frage, warum Eschenbach eine erfolgreiche Sololaufbahn als Pianist aufgegeben habe, hatte er eine imponierende Antwort erhalten: »Ich finde das Kommunizieren mit mir selbst – alleine mit einem Werk – nicht interessant. Ich bin doch kein Alleinunterhalter. Das ist vorbei.«

Besonders beeindruckt zeigt sich der Expolitiker und Publizist von Eschenbachs immerwährendem Streben nach Perfektion in seiner Arbeit und zitiert dazu einen Zeitungsbericht, den er seinerzeit sicher gern auch über die eigene Leitungstätigkeit im Kabinett hätte lesen wollen: »Eschenbachs Dirigat war an Präzision nicht zu übertreffen. Ohne die Musiker zu gängeln, wachte er über jede Einzelheit des Geschehens.«

Im zweiten Teil seiner Würdigung spricht Helmut Schmidt von seiner Zusammenarbeit mit Christoph Eschenbach und Justus Frantz bei ihren Einspielungen der beiden Mozart- und Bach-Konzerte. Und da Eschenbach Klavier spielte und gleichzeitig dirigierte, war er für Helmut Schmidt Mitspieler und Taktgeber gleichermaßen. »Am meisten hat mich damals das Tempo überrascht, mit dem Eschenbach vom Flügel aus dirigierte. Ich war seinem Tempo technisch nur mit größter Mühe gewachsen.« Noch mehr als 35 Jahre später scheint ein wenig auch der Stolz über die eigenen erfolgreichen Auftritte als Pianist durch.

Bedeutsam für die Beziehung der beiden waren auch Schmidts Aufenthalte im Ferienhaus von Eschenbach und Frantz auf Gran Canaria. Hier verbrachte Helmut Schmidt über viele Jahre hinweg entspannte Arbeitsferien, er schrieb an seinen Büchern und spielte am hauseigenen Flügel. In seiner Rede auf Eschenbach heißt es: »Das Haus lag abseits des Strandtrubels, war spanisch reduziert eingerichtet und ermöglichte es mir so, mich auf das Wesentliche zu konzentrieren.« 2015 schreibt Justus Frantz, Helmut Schmidt habe mehr Tage in seiner Finca verbracht als er selbst.[43]

Am Ende spricht Helmut Schmidt direkt den Freund Christoph Eschenbach an. Ihre Lebenswege hatten sich über viele

Jahrzehnte immer wieder gekreuzt, immer wieder gab es Gelegenheiten, dem Künstler menschlich näherzukommen. »Und ich kann sagen, ich habe jede Begegnung als Gewinn betrachtet, weil ich sowohl den Musiker als auch den Menschen immer sehr geschätzt habe«, schreibt Schmidt. »Er ist ein gebildeter Mann, mit dem man über eine Vielzahl von Themen sprechen kann. Natürlich auch über Musik. Uns verbindet zum Beispiel die Liebe zu Bach. Er selbst sagt über sich, er beginne den Tag am liebsten mit einem Stück von Bach, wenn ein Klavier vorhanden ist. Sonst denke er sich das Stück – das finde ich sehr sympathisch und kann es gut nachempfinden. Christoph Eschenbach ist für mich ein herausragender Musiker, ob als Pianist oder als Dirigent. Aber er ist auch eine große Persönlichkeit, ein Star ganz ohne Allüren, ein Mann der leisen Töne, ein stiller Star – und doch ganz groß. Was für eine Lebensleistung in den ersten 75 Jahren. Glücklicherweise haben wir die Chance, noch viele wunderbare Konzerte von ihm zu hören. Ad multos annos, Christoph!«

Es klingt, als hätte sich der 96-jährige Helmut Schmidt mit seiner Freundesrede die erfüllten Zeiten vergangener Jahre noch einmal vor Augen geführt und gleichzeitig die Hoffnung auf weitere gemeinsame zukünftige Tage beschwören wollen.

Justus Frantz

Unter den vielen Freunden aus dem Kreis der Musik ist Helmut Schmidt der Pianist und Dirigent Justus Frantz gewiss am nächsten gekommen. Niemand, außer seiner frühen Klavierlehrerin Lilli Sington-Rosdal, hat so häufig und so intensiv mit ihm zusammen am Klavier oder Flügel gesessen, geübt und gespielt wie Justus Frantz.

In den späten fünfziger Jahren gab es mit Justus Frantz, der damals Anhänger der Jungen Union war, eine frühe Begegnung

Helmut Schmidt, Justus Frantz und Christoph Eschenbach 1985 auf
Gran Canaria auf der Finca der beiden Pianisten.

bei einer politischen Veranstaltung in Kiel.[44] In den sechziger
Jahren folgte das erste engere Zusammentreffen anlässlich
eines Konzertes im Hause des Bankiers Karl Klasen. In den
Siebzigern begannen die gelegentlichen Klavierstunden bei
Justus Frantz in dessen Hamburger Domizil, die sich dann mit
den achtziger Jahren im gemeinsam mit Christoph Eschenbach
erbauten Haus auf Gran Canaria intensivierten.[45] Schon früh
gehörte Justus Frantz der von Helmut Schmidt im Jahr 1985 gegründeten Freitagsgesellschaft an, zwei Mal hatte er in diesem
engen Kreis, am Schmidt'schen Flügel in Langenhorn sitzend,
zu Musikthemen vorgetragen und für sein musikpädagogisches
Geschick große Anerkennung gefunden.[46]

Die Verbindung der beiden war längst zu einer Freundschaft
angewachsen, als Justus Frantz Ende 1981 den Kanzler Helmut Schmidt zur Mitwirkung bei der Konzerteinspielung von
Mozarts »Lodron-Konzert« überreden konnte. Schmidts Zusage zu diesem Auftritt war ein Coup, der nur gelingen konnte,

weil er den Freunden Justus Frantz und Christoph Eschenbach vertraute und wusste, dass diese ihn nicht in eine unlösbare Aufgabe manövrieren würden. Wenn man Fotos von ihrem Zusammenspiel sieht, wie sich Justus Frantz, aber auch Christoph Eschenbach bei den Proben um ihren Mitspieler bemühen, ihn beraten und begleiten, kann man nachempfinden, was dem Klavierspieler Schmidt diese Freundschaft bedeutet hat.

Justus Frantz hat Schmidts Fähigkeiten am Klavier hoch eingeschätzt, er hätte sogar »Berufspianist werden können«,[47] lautete eine seiner Beschreibungen. Wenn ein Klavierlehrer so überzeugt von seinem Schüler ist und dies auch so vermitteln kann, dann hilft das sehr, selbst wenn dieser im Hauptberuf Bundeskanzler ist. In dieser Weise war die Freundschaft zu Justus Frantz für den Musiker Schmidt ein großer Gewinn. Der 25 Jahre jüngere Klavierlehrer Helmut Schmidts fand in ihm einen akribischen Arbeiter, der Ausdauer beim Üben und Freude am Gelingen hatte, alles Tugenden, die für das Reüssieren am Klavier unerlässlich sind. Sogar die *Goldberg-Variationen* von Bach waren ein lange verfolgtes Projekt. Mit Justus Frantz zusammen hatte Schmidt begonnen, sich dieses schwierige Werk zu erarbeiten, und sie nahmen es – nach Schilderungen von Justus Frantz – sogar auf eine Musikkassette auf.[48] Nicht zur Veröffentlichung geeignet, aber ein Beleg dafür, dass Schmidt sich auch schwierigen Partien am Klavier stellen wollte.

Verglichen mit den anderen Musikerfreunden des Helmut Schmidt war Justus Frantz ein junger Mann, vielleicht hatte Schmidt ihn auch gerade deshalb als Klavierlehrer akzeptieren können. Hier konnte er nachempfinden, welche Herausforderungen mit einer eigenen Musikerkarriere verbunden gewesen wären und welche ungeheuren Anstrengungen schließlich dazu gehören, als Berufsmusiker im internationalen Musikgeschäft zu bestehen. Justus Frantz hat eine eigene Deutung der freundschaftlichen Beziehung zu Helmut Schmidt: Die Schmidts hätten ihn vielleicht »als so etwas wie einen Sohn betrachtet«, wird er zitiert.[49] Wie auch immer man mutmaßt, es handelte sich auf jeden Fall um eine ganz besondere und in mancher Hinsicht auch ungewöhnliche Beziehung. So konnte ihm Justus Frantz sogar Musik näherbringen, die nicht unmittelbar seinen Geschmack traf. In einem Rückblick auf ihre Freundschaft erzählt Justus Frantz dazu die folgende Anekdote: »Und eines Tages hielt Schmidt mir jungem Pianisten einen Vortrag darüber, dass Musik nur erträglich sei, wenn sie polyphon ist. Und dann habe ich ihm die letzte Rhapsodie von Johannes Brahms vorgespielt, und er hat mir in seiner charakteristisch barschen, dabei sehr emotionalen Art gesagt, das sei doch alles so pathetisch. Da habe ich mir erlaubt zu antworten und habe ihn dabei nachgemacht: ›Genau so, wie Sie eben gesprochen haben, genau so pathetisch ist diese Musik.‹ Da stutzte er und sagte: ›Spiel das noch mal.‹ Ich glaube, er mochte es ganz gerne, wenn man ihm Kontra gab, das imponierte ihm.«[50]

Als Frantz 1985 berichtet, dass er für das Musikfestival in Schleswig-Holstein den CDU-Ministerpräsidenten Barschel für die gemeinsame Planung gewonnen hatte, zeigt Helmut Schmidt keinerlei Berührungsängste und sichert sofort auch die eigene Unterstützung zu. Besonders gefiel ihm die Vorstellung eines Klassik-Festivals, das aus den Konzerthäusern herauskommen wollte, ein junges Publikum ansprechen wollte und darüber hinaus eine engagierte Nachwuchsarbeit ins Auge fasste. Einem solchen Konzept maß er einen hohen kulturpolitischen Wert zu.[51]

Bei Schmidts anschließendem Treffen mit Frantz, Bernstein und Barschel im Sommer 1985 setzen die vier schließlich ihre Unterschriften auf eine Postkarte, die sie als eine Art inoffizielles Gründungsdokument betrachteten (s. Bildteil S. VIII). Bei der Eröffnungsveranstaltung in Lübeck im April 1986 hält er eine Rede, im Juli 1986 sitzt er beim Eröffnungskonzert in der Kieler Ostseehalle mit seiner Frau in der ersten Reihe. Auf dem Programm stand *Die Schöpfung* von Josef Haydn, der Dirigent war, wie berichtet, Leonard Bernstein. Auch ließ er sich in das Festivalkuratorium berufen und spendete im Herbst 1986 aus seinem Privatvermögen 30 000 DM. Justus Frantz bedankte sich mit warmen Worten: »Sie wissen, dass dieses Festival ohne Ihren Namen, Ihre Hilfe nicht zu dem Erfolg geworden wäre, und die Weltgeltung, die es jetzt schon besitzt, verdankt es zu einem sehr großen Teil Ihnen.«[52] An anderer Stelle fügt er hinzu, dass der für das Festival wichtige Sergiu Celibidache, der 1986 mit Bernstein das erste Festivalorchester geleitet hatte, ohne Schmidt wohl nicht hätte gewonnen werden können.[53]

Bei allem, was in späteren Jahren an Schwierigkeiten, Fehlern und Rückschlägen im Management zu beklagen war, blieb Helmut Schmidt doch immer der festen Ansicht, dass der große Erfolg des Festivals ohne Justus Frantz nicht möglich gewesen wäre. Als 1994 wegen Unstimmigkeiten mit dem Kuratorium, vor allem mit der Vorsitzenden und damaligen schleswig-holsteinischen Ministerpräsidentin Heide Simonis, die Intendanz von Justus Frantz endete, war Schmidt zwar nicht unkritisch gegenüber Frantz, hielt aber an seiner Unterstützung für den Freund fest.[54] Es habe eine sehr enge Beziehung zwischen Helmut Schmidt und Justus Frantz bestanden, beschreibt Björn Engholm, als Ministerpräsident von 1988 bis 1993 selbst mit dem Festival häufig befasst, das Verhältnis der beiden, und dass Helmut Schmidt die Freundschaft zu Justus Frantz nicht aufgegeben habe, sei menschlich verständlich und ein sympathischer Wesenszug des Exkanzlers.[55] Es mag auch eine Dankbarkeit für das gemeinsame Musizieren mitgespielt haben, die den Klavierspieler Helmut Schmidt so eng mit Justus Frantz verband.

Im März 1995 erklärte Helmut Schmidt mit einem Brief an die Ministerpräsidentin und Vorsitzende des Festivalkuratoriums seinen Austritt aus diesem Gremium. Der *Welt am Sonntag* erlaubte er den Abdruck seines Briefs, in dem er ausdrücklich die kulturpolitischen Erfolge und Verdienste von Justus Frantz als Gründer und Intendant darlegt: »Zugleich mit dieser Erklärung wünsche ich dem Festival Erfolg bei dem Versuch, die volkspädagogische Arbeit von Justus Frantz fortzusetzen und viele Menschen an die klassische Musik heranzuführen, ebenso die Verknüpfung von Orchesterpädagogik mit Verständigung zwischen den jungen Menschen verschiedenster Nationen in Salzau fortzusetzen und dabei drittens zugleich wie bisher für das Land Schleswig-Holstein zu werben.« Und da er »der guten Ordnung halber« der SPD-Ministerpräsidentin Simonis noch mitteilt, dass er dem Kuratorium für die von Justus Frantz neu gegründete »Philharmonie der Nationen« beigetreten sei, machte er deutlich, dass er auch in Zukunft gedenke, Justus Frantz und seine Projekte zu unterstützen.[56] Dieser denkwürdige Brief ist nicht nur ein öffentlicher Freundschaftsbeweis für Justus Frantz, sondern drückt zugleich eine bemerkenswerte Distanzierung von Spitzenvertretern der eigenen Partei in der schleswig-holsteinischen Regierung aus.

1996 äußert er sich in seinem Buch *Weggefährten* noch einmal zu Justus Frantz und dem Schleswig-Holstein Musik Festival: »Leider sind meinem Freund Frantz, der ein großer Improvisator ist, im Verlaufe seiner acht Festival-Sommer auch einige kleinere Fehler unterlaufen, leider sind der Landesregierung in Kiel einige größere Fehler unterlaufen (...). Ich hoffe aber, die großartige musikalische und demokratische Tradition des Festivals wird erhalten bleiben.«[57] Schmidts Hoffnung hat sich erfüllt, das Schleswig-Holstein Musik Festival zählt bis heute zu den großen Klassikfestivals in Europa, und der Beitrag seines Freundes Justus Frantz zu diesem Erfolg wird auch heute von keinem bestritten.

Die Plattensammlung:
Eine kleine Geschichte

»Ich habe sie alle abgegeben an die Hochschule für Musik.
Ich kann ja nicht mehr richtig hören.«[1]
(Helmut Schmidt, 2007 über seine Schallplatten)

Im Sommer 2007 hatte Helmut Schmidt einen Termin mit dem Präsidenten der Hamburger Hochschule für Musik und Theater ausgemacht. Es ging um die Übergabe seiner umfangreichen Plattensammlung, die am Neubergerweg im oberen Stockwerk und an anderen Stellen des Hauses aufgestellt war. Seit mehreren Jahren plagte ihn die Schwerhörigkeit, schon lange konnte er keine Platten mehr hören, und ohnehin hatten er und seine Frau längst begonnen, ihren Nachlass zu regeln. Gern und häufig zitierte er den Psalm 90/10 des Alten Testaments, auf das eigene Ende vorbereitet sein zu wollen: »Unser Leben währet siebzig Jahre, und wenn es hoch kommt, so sind's achtzig Jahre; und worauf man stolz ist, das ist Mühsal und Nichtigkeit, denn schnell entflieht es, und wir fliegen dahin.«

Bereits 1992 hatten er und seine Frau die Helmut-und-Loki-Schmidt-Stiftung gegründet und ihr Anwesen am Neubergerweg der Stiftung und einer öffentlichen Nutzung übergeben. Nach der Jahrtausendwende hatten sie die meisten Mitgliedschaften in Vereinen gekündigt, 2006/07 baute er für seine Dokumente und Archivalien ein eigenes Archivhaus auf seinem Grundstück, und 2007 nun wollte er seine überaus umfängliche Plattensammlung aus dem Haus und in andere gute Hände geben. Sein politi-

scher Weggefährte und Freund Manfred Lahnstein, Honorar-
professor für Kulturmanagement an der Hochschule für Musik
und Theater, hatte dazu geraten, den Schmidt'schen Schatz der
Musikhochschule anzuvertrauen und zu diesem Zweck mit dem
Präsidenten, Elmar Lampson, Kontakt aufzunehmen. Der Auszug der Plattensammlung wurde vereinbart, und wenige Tage
später fuhr Professor Lampson mit seiner Tochter in einem
Kleinwagen zwecks Übernahme der Sammlung am Neubergerweg vor. Vater und Tochter waren dann nicht wenig überrascht,
als es statt zum Plattenpacken erst einmal zum gemeinsamen
Kaffeetrinken mit von Loki Schmidt selbstgebackenem Kuchen
ging und das gastfreundliche Ehepaar Schmidt sie mit außeror-
dentlichem Interesse und viel Zeit empfing. Ausführlich erkun-
digten sie sich nach dem Befinden und den Vorhaben der beiden
Gäste, man streifte viele Themen und fand so manches, über das
man sich angeregt austauschen konnte.

Als es schließlich doch zu den Platten kam, nahm Helmut
Schmidt viele davon in die Hand und wusste kleine Geschichten
zu berichten, verwies auf gelegentliche Widmungen und gab
musikgeschichtliche Erklärungen. Elmar Lampson war vom
Wissen und dem tiefgehenden Musikverständnis des Hausherrn
stark beeindruckt, wie er auf einer Matinee zum 99. Geburtstag
von Helmut Schmidt in der Musikhochschule detailreich zu erzählen wusste. Die Schmidts hätten der Plattensammlung und
deren Übergabe an ihn so viel Aufmerksamkeit geschenkt, als
wäre es eine staatspolitische Angelegenheit gewesen. Es habe
ihn berührt, wie Loki und Helmut Schmidt diese Begegnung
gestalteten, sie setzten, um es in der Sprache der Musik zu for-
mulieren, »die Fermate über der Gegenwart«.[2]

Der Abtransport erwies sich allerdings schwieriger als gedacht. In den Kleinwagen konnte man gerade mal ein Drittel
des Bestands einpacken, am nächsten Tag kam Lampson zum
zweiten Mal, dieses Mal mit größerer Familienunterstützung
und größerem Pkw. Es mag an dem schweißtreibenden und

aufwendigen Transport gelegen haben, dass Elmar Lampson die Größe der Sammlung mit der von ihm bezifferten Zahl von 2500 Platten bei weitem überschätzte. Rechnet man den damals im Hause verbliebenen kleinen Bestand mit den an die Musikhochschule übergebenen Platten zusammen, so kommt man auf die zwar geringere, aber immer noch beeindruckende Zahl von rund 1000 Platten,[3] welche sich die Schmidts seit der Nachkriegszeit angeschafft beziehungsweise zu einem kleineren Teil wohl auch als Geschenke von Interpreten und Freunden erhalten hatten.[4]

Schaut man sich die Sammlung genauer an, so sind einige mögliche Rückschlüsse erlaubt. Zum einen ist die Sammlung ein Beleg der von Helmut Schmidt immer wieder bekundeten Vorlieben seines Musikgeschmacks. Im Wesentlichen ist es eine Sammlung klassischer Konzert-, Klavier- und Orgelmusik mit einer kleinen Anzahl von Jazzplatten (New Orleans, Dave Brubeck, Jacques Loussier). Unterhaltungs- und Popmusik spielen in der Sammlung keine Rolle.

Zum anderen zeigt sich, dass Schmidt offenbar auch an einem repräsentativen Querschnitt für seine Sammlung interessiert war; denn im Prinzip sind Komponisten aller Epochen, Barock, Romantik, Klassik und Moderne vertreten, das heißt, sein skeptisches Urteil der modernen Musik gegenüber beruht offenbar auf einer genaueren Auseinandersetzung mit dieser Musik. Auffallend ist auch, dass eine Vielzahl von europäischen Ländern mit ihren bedeutenden nationalen Komponisten in seiner Plattensammlung vertreten sind. An Opern finden sich die großen Aufführungen von Mozart, Beethoven und Verdi, weitere italienische Opernkomponisten, wie Puccini oder Rossini, sind mit einzelnen Werken oder mit Opernausschnitten auf Samplern vertreten.

Ausgeprägt und nicht übersehbar ist die hohe Bedeutung des Barocks: Bach, Händel, Telemann, Vivaldi. Allen voran stehen die Werke von Johann Sebastian Bach mit über 100 Aufnahmen,

Helmut Schmidts Plattensammlung im Neubergerweg 2021.

hinzu kommen Dutzende Sampler mit Orgelmusik seines Lieblingskomponisten. Die Orgel ist im Übrigen thematisch auch in seinem Buchbestand gut vertreten, es gibt Literatur zur Orgelmusik, aber auch ein Dutzend Bücher über die Technik und Baugeschichte des Instruments. Nach Bach finden sich bei den einzelnen Komponisten an zweiter und dritter Stelle Mozart und Beethoven.

Helmut Schmidt hatte, wie angedeutet, im Sommer 2007 nicht alle seine Schallplatten an die Hamburger Musikhochschule übergeben. Etwa fünfzig Platten und gleich viele CDs, darunter mehrere Bach-Trompetenkonzerte mit dem deutschen Trompeter Ludwig Güttler sowie weitere Bach-Kompositionen,[5] waren im Hause geblieben. Ebenso blieben im Neubergerweg einzelne Werke von Pachelbel, Mozart, Tschaikowsky, Dvořák, Brahms, Orff, Schütz und – dies sei hervorgehoben – zwei Exemplare der eigenen Mozart- und Bach-Aufnahmen mit Christoph Eschenbach und Justus Frantz!

Von diesen musikalischen Schätzen abgesehen hatte Helmut Schmidt auch *alle* Schallplatten und CDs des kanadischen Pianisten Glenn Gould behalten. »Wieder und wieder« habe er dessen *Goldberg-Variationen* gehört, erzählte er, und dem nicht nur im angelsächsischen Raum gültigen Urteil, Gould sei »ein echtes musikalisches Genie« gewesen,[6] konnte Schmidt ohne Vorbehalte zustimmen. »Glenn Gould! Das ist für mich der herausragende, faszinierende Interpret [von J.S. Bach, R.L.].«[7] Und wie alle Gould-Verehrer besaß Helmut Schmidt sämtliche Aufnahmen der *Goldberg-Variationen*: Das Debütalbum des 22-jährigen Kanadiers im New Yorker Columbia-Studio von 1955, die Live-Aufnahmen in Moskau 1956 und Salzburg 1959 und die zweite Studioaufnahme mit Columbia aus dem Jahr 1981. Nur wenige Tage nachdem die Aufnahme 1982 veröffentlicht worden war, verstarb der einzigartige Pianist im Alter von nur fünfzig Jahren, der mit »seinen« *Goldberg-Variationen* die Barockmusik noch vor dem Jacques-Loussier-Trio hatte populär machen können. Dass Glenn Gould beim Klavierspiel häufig mitsummte, störte weder Helmut Schmidt noch Gould-Bewunderer weltweit. Ebenso wenig nahm man Anstoß an Goulds eigenwilliger Haltung beim Klavierspiel. Er stellte seinen Klavierhocker so tief ein, dass er sein Gesicht ganz dicht an die Tasten bringen konnte, um so in unmittelbarer Nähe der Töne zu sein und – mitzusummen.

1980 zitiert Helmut Schmidt in einem Beitrag für eine musikwissenschaftliche Zeitschrift Johann Wolfgang von Goethes Roman *Wilhelm Meisters Wanderjahre*: »Musik im besten Sinne bedarf weniger der Neuheit, ja vielmehr: je älter sie ist, je gewohnter man sie ist, desto mehr wirkt sie«,[8] und man denkt, er habe dabei besonders an Johann Sebastian Bach und dessen Interpreten Glenn Gould gedacht.

2019 überstellte die Musikhochschule die 2007 übereignete Plattensammlung zurück an den Neubergerweg in Langenhorn. Letztlich hatte man an der Hochschule keine angemessene

Glenn Gould ist in der Plattensammlung von
Helmut Schmidt bestens vertreten.

Nutzung der Sammlung finden können und vertrat die nachvollziehbare Ansicht, dass die Sammlung besser im inzwischen
als Museum geführten ehemaligen Wohnhaus der Schmidts
präsentiert als im Archiv der Hochschule ungenutzt gelagert
werden sollte. Dem hätten wohl auch die Schmidts zugestimmt.

Schlussakkord:
Der Kanzler eröffnet sein Jazzfest

»Es war schön und laut.«[1]   (Loki Schmidts Antwort auf die
Frage, wie sie den Jazzabend in Berlin fand.)

Im Oktober 1980 erhielt der deutsche Generalkonsul in New
York, Hartmut Schulze-Boysen, einen ungewöhnlichen Auftrag
aus Bonn. Der Bundeskanzler höchstpersönlich hatte ange-
ordnet, dass er den in Connecticut lebenden Jazzmusiker und
Bandleader Benny Goodman aufsuchen solle, um diesen zu einer Zusage für einen Auftritt auf dem inzwischen dritten Kanzlerfest in Berlin wenige Wochen später zu bewegen.[2] Man hatte
es bereits aus dem Kanzleramt per Telefon versucht. Goodman,
der sich offenbar nicht sicher war, ob der Anruf tatsächlich
aus dem Bonner Machtzentrum kam, war aber zögerlich geblieben; nun sollte der Generalkonsul das Angebot persönlich
überbringen.[3] Es war Eile geboten, denn die Berliner Organi-
satoren unter der Leitung von George Gruntz hatten eine kurzfristige Absage des fest eingeplanten Count Basie erhalten, aber
Schmidt hatte auf einer musikalisch hochkarätigen Alternative
bestanden.[4] Als Schulze-Boysen die Zusage Goodmans übermit-
telte, war man in Bonn und Berlin erleichtert. Helmut Schmidt
war Benny Goodman einige Jahre zuvor bei einem Empfang im
Weißen Haus begegnet und hatte sich bei dieser Gelegenheit als
Fan seiner Musik gezeigt. Benny Goodman bei seinem Kanzlerfest am Abend des 7. November 1980 präsentieren zu dürfen,
war ihm Ehre und Vergnügen zugleich.[5]

Wenn Helmut Schmidt nach seinem Musikgeschmack gefragt wurde, so nannte er neben der Klassik immer auch seine Neigung zur Jazzmusik. Zudem waren gerade die international bekannten Berliner »Jazztage« in der Philharmonie zu Ende gegangen – was lag also näher, als daran anzuknüpfen und zum dritten Kanzlerfest in Berlin ein Jazzfest à la Schmidt anzubieten. Die Hauskonzerte passten zum Regierungssitz und zur Beethovenstadt Bonn, dagegen war ein swingendes Jazzfest genau das Richtige für die Metropole Berlin, in jenen Jahren im Übrigen die »Hauptstadt des Jazz« in Deutschland. Kanzler Schmidt verstand sich darauf, seinen Musikgeschmack und seine musische Bildung auch mit seinen Einladungen zu präsentieren.

In der farbigen Palette der Jazzstile hatte Schmidt eindeutig seine Vorlieben. Wenn er von seiner Affinität zum Jazz sprach, dann meinte er zunächst einmal den Jazz aus New Orleans und den Swing, entstanden in den dreißiger und vierziger Jahren. Nach seinen Angaben habe er Swingmusik in der NS-Zeit kennengelernt.[6] In Hamburg und Berlin gab es Jugendgruppen, die gemeinsam Swing hörten und Swing tanzten. Obwohl dies nicht ausdrücklich verboten war, verfolgten die NS-Behörden die Jugendlichen, die bei größeren Zusammenkünften ihrer Freude am Swing nachgingen. Solche Zusammenkünfte wird Helmut Schmidt nicht aufgesucht haben, nach eigenen Angaben mied er in der NS-Zeit Treffen, bei denen er sich der Gefahr anschließender politischer Verfolgung aussetzte.[7]

Neben New Orleans Jazz und Swing entwickelte er in den Nachkriegsjahren eine Vorliebe für den Cool Jazz eines Dave Brubeck, den er in New York und Chicago in den Sechzigern live erlebt hatte,[8] und die aufregenden Varianten der Verbindung von Barock und Jazz, die mit dem Pianisten und Komponisten John Lewis und seiner legendären Band Modern Jazz Quartett in den USA ihren Anfang nahm und längst stilbildend in Europa geworden war. Auch Schmidt bezog sich mit Jacques

Loussiers »Play Bach« und Arrangements des Vokalensembles »Swingle Singers«, die den Jazz über Beethoven, Händel und Mozart bis hin zu Chopin neu interpretierten, gern auf musikalische Begegnungen von Jazz und Klassik. In diesem Sinne dankt Helmut Schmidt in der hier abgedruckten Ansprache zu seinem Jazzfest dem Klarinettisten Benny Goodman ausdrücklich für dessen Einspielung »Bach Goes to Town« (1938) – bei Schmidt heißt sie »Mr. Bach Goes to Town« – ein Track, der den späteren Kanzler schon früh begeisterte.[9] Übrigens war George Gruntz nicht nur der langjährige Organisator und Leiter der berühmten Berliner Jazztage und dieses Schmidt'schen Jazzfestes, sondern auch ein international renommierter Jazzpianist und Komponist. Mit seiner Produktion *Jazz Goes Baroque* hatte er 1964 einen Riesenerfolg gelandet. Man darf also annehmen, dass der Groove zwischen Jazzer und Kanzler stimmte.

Der Jazz, den Goodman und Gruntz präsentierten, war also der Jazz, den Helmut Schmidt liebte. Für Stilrichtungen wie Bebop, Neobop, Free Jazz oder andere Ausprägungen des modernen Jazz konnte er sich nicht erwärmen und hatte wohl auch nicht das rechte Ohr dafür. Und so kamen im Programm des 7. November in prominenter Weise die Vorlieben des Kanzlers zum Zuge. Zur Eröffnung typischer New-Orleans-Jazz mit der Young Tuxedo Brass Band und dann weitere Bands mit Folk und Blues aus den Südstaaten. Felicia Weathers, die Helmut Schmidt für den Abend auch als Moderatorin gewonnen hatte, singt George Gershwin, der mit seinen Kompositionen Blues und swingende Rhythmen so einzigartig verbinden konnte.

Goodman spielt Carl Maria von Weber zusammen mit dem großen klassischen Pianisten Andor Foldes und steht dann selbst als Stargast und ungekrönter »King of Swing« im Rampenlicht des Kanzlerfestes. An diesem Abend spielt er nicht in großer Formation, sondern als Bandleader zusammen mit dem amerikanischen Pianisten Don Haas, dem deutschen Bassisten Peter ›Fifi‹ Witte, dem österreichischen Gitarristen Harry Pepl und dem Schweizer Drummer Charly Antolini. Als Goodman nach dem zweiten Stück die Musiker vorstellt, kündigt er sie verschmitzt als »All-American Band« an: »I want to introduce my colleagues, an All-American Band«, und sorgt für Heiterkeit in der voll besetzten Philharmonie.[10]

Die Geschichte dieses glänzend aufgelegten euro-amerikanischen Quintetts ist bemerkenswert. Benny Goodman hatte, nachdem er für Berlin zugesagt hatte, bereits in San Francisco den Pianisten und Musikprofessor Don Haas (Donald Lee Haas) für den Auftritt gewonnen. Die weiteren Musiker sollten aus Europa dazukommen, und dafür übernahm Goodmans Schweizer Freund und Produzent Kurt A. Mueller die Initiative. Am 6. November, einen Tag nach Benny Goodmans Ankunft in Berlin, trafen die fünf Musiker bei der ersten Probe im großen Saal der Philharmonie zum ersten Mal aufeinander. Die musikalische Kommunikation funktionierte perfekt, der Swing stimmte auf Anhieb, und so gaben sie am 7. November ihr erstes gemeinsames Konzert beim Jazzfest des deutschen Kanzlers Helmut Schmidt. Einen Tag später wiederholten sie ihr Konzert am selben Ort, nun aber mussten die Besucher Eintritt zahlen. Erst 1996 gelang es Kurt A. Mueller, die Konzertaufnahme, die 1980 mit Unterstützung von Schmidt zustande gekommen war, als CD zu veröffentlichen.[11] Die Aufnahme *Benny Goodman, Berlin Concerts 1980, November 7 & 8* gilt in der Jazzbranche als ein Kleinod in der Diskographie des Meisters Benny Goodman.[12] Das Publikum im Saal nahm das Konzert begeistert auf, und auch die frisch zusammengesetzte Goodman Band genoss offenkundig das Zusammenspiel. In der Berichterstattung der Printmedien findet man hohes Lob für die Jazzlegende Goodman: Schmidt hatte mit Benny Goodman nicht nur seine Gäste, sondern auch Berlin in Stimmung gebracht; so hatte er sich das gewünscht.

Der Journalist Dieter Stadach schrieb zum Auftritt Benny Goodmans: »71 Jahre alt, ein wenig gebrechlich schon, doch als er seine Klarinette ansetzte, brach die Begeisterung im

Benny Goodman mit Ehepaar Schmidt am 7.11.1980 in Berlin beim Jazz-
und Kanzlerfest.

Rund der Philharmonie sofort auf. Traumhaft schön spielte der
Grand Old Man, der mit seinen Jazz-Arrangements in den dreißiger Jahren bereits die Carnegie Hall zur Raserei brachte. Ihn
vier Jahrzehnte danach noch einmal live zu erleben, die Töne
seiner Klarinette perlen zu hören, das war nostalgische Verzau-
berung, großartig, hinreißend, fast schon nicht mehr wahr.«[13]

Wenn man sich in der Presse auch nicht einig war, ob das
Fest als Ganzes ein Erfolg war, so gab es doch keine zwei Mei-
nungen, dass Benny Goodman und seine Band der Höhepunkt
des Abends waren. Und darüber, dass Schmidt bemerkenswerte
Worte zur Eröffnung des Jazzfestes gefunden hatte, gab es ebenfalls keine geteilte Meinung.[14]

Schmidt hatte mehr als einen Grund, am Abend des 7. November gut gestimmt zu sein. Nur zwei Tage zuvor, am 5. November 1980, hatte der Deutsche Bundestag ihn erneut zum
Bundeskanzler gewählt, nachdem die sozialliberale Koalition
aus der Wahl vom 8. Oktober nach einem harten Wahlkampf

Der »King of Swing« und sein »Fan«.

gegen den Kandidaten der Union, Franz Josef Strauß, als Sieger
hervorgegangen war. Als er mit Loki die Philharmonie betritt,
werden sie von der Young Tuxedo Brass Band in der Tradition
einer Marching Band begleitet. »When the Saints Go Marching
In« spielen die Musiker aus Louisiana, Schmidt nimmt die fröhliche Heiligsprechung mit Humor an.

In seiner originellen und selbst beim Lesen locker wirkenden
und gleichzeitig kenntnisreichen Rede über Jazz und Politik verweist er am Rande, wie so häufig, auf seine eigene Musiknähe.
Seine Gedanken zum Jazz gründen authentisch in seiner Person,
und die nonchalanten Vergleiche von Musik und Politik kommen erfrischend selbstironisch daher. Auch wenn Schmidt eine
Einladung, beim Kanzlerfest selbst in die Tasten zu greifen, abgelehnt hatte,[15] so bietet dennoch das Jazzfest des Bundeskanzlers in Berlin 1980 eine gute Gelegenheit, dem Protagonisten des
Buches *Helmut Schmidt am Klavier* das letzte Wort zu überlassen und einen angemessenen Schlussakkord zu setzen:

Herzlich willkommen zum »Jazzfest Berlin«, zum Finale der Berliner Jazztage!

Ich begrüße die mehr als zweitausend Gäste,[16] jeden sehr herzlich, vor allem die Menschen aus den Berliner Betrieben, die jungen Leute ebenso wie die Älteren, die sich noch erinnern, wie der Jazz in den zwanziger und dreißiger Jahren geklungen hat, nicht nur in New Orleans und in New York, sondern auch damals schon in Berlin.

In den letzten Wochen bin ich oft in Berlin gewesen: Bei drei Gewerkschaftstagen, bei der Abschlusskundgebung meiner Partei im Wahlkampf. Ich komme gern hierher. Heute bin ich besonders gern gekommen, denn heute brauche ich keine Rede zu halten.

Für dieses Jazzfest brauchen wir bessere Interpreten als einen Bundeskanzler, der manchmal auf der Orgel oder am Klavier allzu dilettantisch vor sich hin improvisiert – und wir haben sie! Ich begrüße heute Abend »The King of Swing«: Benny Goodman und seine Band. Ich begrüße die Musiker und Gruppen aus dem amerikanischen Süden. Ich danke der »Young Tuxedo Brass Band«, die mich hier musikalisch eingeführt hat. Ich danke Felicia Weathers und George Gruntz, die das Programm präsentieren werden. Meine Frau und ich sind Ihnen allen dankbar – auch den vielen Helfern und Arrangeuren, ohne die ein solches Fest nicht sein kann.

Ich habe mich besonders gefreut, dass heute Abend auch deutsche Gruppen dabei sind, Berliner Gruppen. Der Jazz kommt zwar aus den USA – aber die Amerikaner haben kein Monopol auf Jazz. Musik kennt keine Grenzen. Musik geht auch über Mauern. Das ist bei den Berliner Jazztagen dieses Jahr sehr deutlich geworden. (...)

Ich möchte auch zitieren, was der unvergessene Martin Luther King in seinem Grußwort zu den ersten Berliner Jazztagen 1964 gesagt hat: »Viel von der Kraft unserer Freiheitsbewegung in den Vereinigten Staaten ist von dieser Musik gekommen. Sie hat uns mit ihren machtvollen Rhythmen gestärkt, wenn der Mut zu verzagen begann. Sie hat uns mit ihren reichen Harmonien erfüllt, wenn die Lebensgeister zu erlahmen begannen.« Deshalb, liebe Berlinerinnen und Berliner, passt der Jazz nach Berlin: Ein Rhythmus, der uns in schwierigen Zeiten neuen Mut gibt; ein Reichtum an Harmonie, der uns belebt. (...)

Vielleicht hat sich mancher von ihnen überlegt, ob das eigentlich zusammenpasst: Ein Bundeskanzler und Jazz? Ich sage dazu: das passt sehr gut zusammen. Politik und Jazz – beide leben von der Spontaneität, von der Improvisation, aber nicht regellos, sondern in einem festen Rahmen, immer auf Rhythmus und Takt, immer auf Harmonie bedacht! Politisch gesagt: Ein fester Bestand an Gemeinsamkeiten, Einigkeit über das Grundthema, und dann die Fähigkeit, dieses Thema zu variieren, auf Veränderungen zu reagieren, selbst schöpferisch tätig zu werden.

Auf diese Weise haben wir in diesen Tagen in Bonn am Programm der sozialliberalen Gesetzgebungs- und Regierungskoalition gearbeitet. Ob dabei meine Partei eher die Rhythmusgruppe darstellt, die das metrische Fundament gibt, während die Freien Demokraten sich eher als Melodiegruppe durch Off-Beat-Phrasierung swingend davon abheben möchten, wenigstens hier und da – dazu möchte ich mich hier ebenso wenig äußern wie zu der Frage, wie sich in der Regierungserklärung die Dur-Töne und die Moll-Töne mischen werden.

Ein Bundeskanzler und ein Band Leader, das ist sicher, haben manches gemeinsam. Sie müssen immer wieder für neue Arrangements sorgen – ohne dass der Stil und die Substanz darunter leiden. Sie müssen ihren Solisten manche Freiheiten geben – aber nicht zu viel, damit die anderen nicht sauer werden. Deshalb wundert es mich nicht, als ich dieser Tage die folgende kritische Anmerkung eines engen Mitarbeiters gelesen habe: »Für ihn zu arbeiten ist nicht leicht. Er will der Star sein, es wirft ihn um, sollte jemand ihm diesen Platz streitig machen.

Aber er weiß, was er will, und er will das und nichts anderes
tun. Das schätzen wir an ihm.« – Das ist nicht etwa eine An-
merkung zu Helmut Schmidt – sondern das war ein Mitarbeiter
von Benny Goodman!

Nochmals herzlich willkommen, Benny Goodman – der Mann,
ohne den es Swing so nicht gegeben hätte; der Mann, der als
erster weißer Jazzband Leader mit farbigen Musikern zusam-
mengearbeitet hat, der Mann, der Brücken zu Mozart geschla-
gen und mit Bartók und Hindemith musiziert hat; der Mann,
der am 16. Januar 1938 mit seinem Jazzkonzert in der Carnegie
Hall Musikgeschichte gemacht hat. Ich selbst werde Ihnen die
Begeisterung nicht vergessen, die Sie in mir geweckt haben mit
»Mr. Bach Goes to Town«. Danke, dass Sie nach Berlin gekom-
men sind, Benny Goodman! Herzlichen Dank auch für Andor
Foldes! Er wird zusammen mit Benny Goodman ein Stück von
Carl Maria von Weber spielen.

Meine Damen und Herren, wir haben einen langen, heißen
Abend vor uns. Sollte jemandem der Rhythmus zu »hot« sein,
dann kann er sich auf das Eis-Buffet freuen.

Meine Frau und ich wünschen Ihnen allen viel Vergnügen![17]

Postskriptum: Fast auf den Tag genau ein Jahr später zum
Berliner Kanzlerfest, am 2.11.1981, spielte Benny Goodman
auf Einladung Ronald Reagans im Weißen Haus. Dazu gab er
der *Washington Post* ein Interview und erinnerte daran, dass
er schon einmal, 1966, ins Weiße Haus eingeladen worden war,
Musik habe er damals aber nicht gemacht. Präsident war zu
jener Zeit Lyndon B. Johnson. »I really don't think he was a
fan«, sagte Benny Goodman über Johnson, dann ergänzte er
jedoch: »But his guest of honor was Helmut Schmidt and he
loved jazz.«[18]

Anhang

Danksagung

In allen musikalischen Fragen des Buches hat mich der studierte Kirchen- und Schulmusiker Johannes Wulf beraten und begleitet. Ihm gebührt als Erstem mein großer Dank.

Den Zeitumständen geschuldet waren Archivreisen für mein Buch nur in sehr begrenzter Form möglich. Alle von mir konsultierten Archive waren jedoch bereit, mir Scans oder Kopien von den relevanten Archivalien zu übersenden. Dafür danke ich allen Mitarbeiterinnen und Mitarbeitern der unter »Archive« aufgeführten Institutionen. Auch aus den Bibliotheken der Universitäten Hamburg und Bonn, dem Institut für die Geschichte der deutschen Juden, dem Hans-Bredow-Institut und der Hochschule für Musik und Theater Hamburg, habe ich ebenfalls unkonventionelle Unterstützung erhalten, wofür ich danken möchte.

Das Helmut-Schmidt-Archiv in Hamburg-Langenhorn spielte für meine Arbeit naturgemäß eine besondere Rolle. Hier gilt mein besonderer Dank der Leiterin des Archivs Frau Karin Ellermann, die mich kompetent und mit großem Engagement unterstützt hat. Viele Dokumente und Fotos, die für dieses Buch wichtig waren, entstammen diesem Archiv.

Aus den Archiven, die mich unterstützt haben, möchte ich besonders hervorheben: Den jüngst verstorbenen Peter Wachalski von der Scharwenka-Stiftung in Bad Saarow für mein Thema Klindworth-Scharwenka-Konservatorium in Berlin; Simone Neumann von der Bibliothek der Helmut-Schmidt-Universität der Bundeswehr, Antje Kalcher vom Universitätsarchiv der

Universität der Künste in Berlin und Sven Haarmann von der Friedrich-Ebert-Stiftung in Bonn.

Ohne das Privatarchiv von Saskia Bontjes van Beek, deren Überlassung von Fotos und Dokumenten sowie ihre sorgfältige Beratung hätte mein Kapitel zu Helmut Schmidts Verbindung zu der Fischerhuder Künstlerin und Musikerin Olga Bontjes van Beek so nicht geschrieben werden können.

Sehr dankbar bin ich auch Ulrich Sington-Rosdal, der mir erste Spuren für Helmut Schmidts Klavierlehrerin Lilli Sington-Rosdal eröffnet hat. Fabian Peterson von der Immanuel-Albertinen-Diakonie war zu diesem Thema ebenfalls hilfreich. Wertvolle Unterstützung habe ich zu Lilli Sington-Rosdal auch von der Historikerin Beate Meyer und dem Archivar Jürgen Sielemann erhalten

Die Intensität, mit der Helmut Schmidt sich der Musik gewidmet hat, haben für mich besonders die Gespräche mit den Musikerinnen und Musikern, die bei seinen Hauskonzerten im Palais Schaumburg gespielt haben, deutlich werden lassen. Ich bedanke mich bei Jenny Abel, Pierre W. Feit, Olga und Josef Rissin, Sontraud Speidel und Rose Marie Zartner. Sontraud Speidel hat mir darüber hinaus zahlreiche Dokumente von ihrem Auftritt zugänglich gemacht. Dank geht auch an die Konzertsängerinnen Jeanette Scovotti und Felicia Weathers.

Für die Überlassung beziehungsweise für Hinweise zu Fotos danke ich dem Helmut-Schmidt-Archiv, Flemming Petersen, Joachim Grossert, Franz Lambert, Sylke Merbold vom Bayerischen Jazzinstitut, Karin Pilnitz, Sabine Schumann, Ulrich Sington-Rosdal, Andreas Weiss und nicht zuletzt der Körber-Stiftung in Hamburg.

Für wertvolle Recherchen und Beratung bedanke ich mich bei Christine Hellwig. Das Jazz-Kapitel wäre ohne ihre Hilfe in der vorliegenden Form so nicht möglich gewesen. Auch Katharina Krüger danke ich, sie hat mich bei diversen Recherchearbeiten unterstützt.

Kai-Jacob Klasen danke ich dafür, dass ich das Haus seiner Eltern, Ilse und Karl Klasen, Ort zahlreicher Hauskonzerte, denen Loki und Helmut Schmidt beiwohnten, kennenlernen durfte. Das besondere Flair dieses Hauses war für mich durchaus zu spüren.

Hartwig Kalb danke ich für seine Geduld, meine vielen Fragen zu Steinway & Sons und zu Helmut Schmidts Flügel zu beantworten. Hermann Rauhe hat mir lebhaft schildern können, wie er mit Helmut Schmidt zusammen am Flügel im Hause von Gyula Trebitsch spielen konnte. Auch hat er mir als ehemaliger Präsident der Hamburger Musikhochschule deutlich gemacht, dass Helmut Schmidt als Musikkenner auch in der akademischen Landschaft ernst genommen wurde. Wer das in Zweifel zieht, lese nach bei Kent Nagano, *Erwarten Sie Wunder!*.

Für Hinweise zur Verbesserung meines Textes danke ich der Lektorin Angelika Künne, meinen Freunden Peter Daschner, Ulrich Gebhard, Wolfram Weiße sowie Christine Hellwig.

Allen, mit denen ich Gespräche geführt habe, danke ich für wertvolle Informationen und die Bereitschaft, sich auf meine Fragen einzulassen. Ihre Namen finden sich im Verzeichnis der Gesprächs- und Interviewpartner.

Die Verantwortung für verbliebene Fehler oder fehlerhafte Urteile liegt allein bei mir.

Zeittafel:
Helmut Schmidt – Ein Leben mit Musik

23. 12. 1918
Geburt als Sohn von Ludovika und Gustav Ludwig Schmidt.

1925 Beginn des Klavierunterrichts.
Seine Lehrerin ist bis 1937 Lilli Sington-Rosdal.

Kindheit.
Wichtige musikalische Impulse aus der Familie der Mutter,
den Kochs.

Grundschüler 1925–1929 Schule Wallstraße.

Lichtwarkschüler von 1929 bis 1937.
Erwerb einer soliden Musikausbildung.

1930 H. Schmidt spielt Klavier auf einer Schulveranstaltung in
der Hamburger Musikhalle.

1931 Die Hans-Henny-Jahnn-Orgel der Lichtwarkschule wird
fertiggestellt. Beginn seiner Faszination für das Orgelspiel.

November 1937 bis 1945 Rekrut und Soldat der Wehrmacht.
Letzter Dienstgrad: Oberleutnant.

1938 bis Ende 1940 Besuche des Soldaten H. Schmidt im
Künstlerdorf Fischerhude.
Musik und Kunst bei Olga Bontjes van Beek.

Juni 1942 Heirat mit Hannelore Glaser, genannt Loki.

November 1942 bis Herbst *1943*
Orgelunterricht in Berlin bei Walter Scharwenka am
Klindworth-Scharwenka-Konservatorium.

März 1943 Leihklavier in der ehelichen Wohnung an der
Wandsbeker Chaussee.

Juli 1943 Ausbombung. Verlust aller Instrumente, des Noten-
und Buchbestands des Ehepaars Schmidt.

Januar 1944 Leihklavier für die eheliche Wohnung auf dem
Gut Schmetzdorf bei Bernau.

Juni 1944 Geburt des Sohns Helmut Walter.
Er verstirbt im Januar 1945.

November 1945–1949
Studium, dann Berufstätigkeit in der Hamburger Verwaltung.
Ab 1953 Bundestagsabgeordneter und Berufspolitiker.

Mai 1947 Geburt der Tochter Susanne.

Fünfziger bis siebziger Jahre: Erwerb und Spiel auf diversen
Tasteninstrumenten: Cembalet, Heimorgel, Klavier.

Frühe sechziger Jahre bis in die zweite Hälfte der achtziger Jahre:
Besuch der Hauskonzerte bei Karl und Ilse Klasen.

Anfang der Sechziger: Beginn einer andauernden Freundschaft
mit Christoph Eschenbach und Justus Frantz.

Seit 1969 Minister, von 1974 bis 1982 Bundeskanzler:
Treffen und Freundschaften mit führenden Musikern, u. a.
Leonard Bernstein, Herbert von Karajan, Yehudi Menuhin.

1972 Engagement bei der Gründung der Big Band der
Bundeswehr.

1972 Auftritt an der Orgel in Wim Thoelkes TV-Show. H. Schmidt spielt Gershwin.

Juni 1974 Einzug der Schmidts in den Kanzlerbungalow. H. Schmidt nutzt hier regelmäßig den hauseigenen Schiedmayer-Flügel.

1974–1982
Sommerfeste des Kanzlers mit großem Musikprogramm.

1975–1982
Der Bundeskanzler und seine Frau laden als Gastgeber zu Hauskonzerten ins Palais Schaumburg mit renomierten Musikerinnen und Musikern ein.

1978–1982
Kanzlerfeste in Berlin mit großem Musikprogramm.

1980 Das dritte Kanzlerfest in Berlin ist ein Jazzfest mit Benny Goodman als Stargast.

Dezember 1981 Einspielung von Mozarts Klavierkonzert für drei Klaviere in London mit Christoph Eschenbach und Justus Frantz und dem London Philharmonic Orchestra.

10.5.1982 Yehudi Menuhin spielt auf dem letzten Hauskonzert des Bundeskanzlers H. Schmidt.

1982 Loki Schmidt schenkt ihrem Mann zu Weihnachten ein Ibach-Klavier.

Seit 1983 Herausgeber der *Zeit* und Publizist.

Juli 1983 Ton- und Bildaufnahme von Mozarts Konzert für drei Klaviere mit dem Tonhalle-Orchester in Zürich.

Februar 1985 Ton- und Bildaufnahme von Bachs Klavierkonzert für vier Klaviere mit Christoph Eschenbach,
Justus Frantz, Gerhard Oppitz und den Hamburger Philharmonikern.

1985 Rede zum Bach-Jahr in der Hauptkirche St. Michaelis
in Hamburg.

1985 H. Schmidt wird zu einem der Initiatoren des
Schleswig-Holstein Musik Festivals (SHMF).

Juli 1986 Eröffnung des SHMF in Kiel. Leonard Bernstein
dirigiert das Symphonieorchester des Bayerischen Rundfunks.

In den folgenden Jahren des Festivalsommers Besuch
zahlreicher Konzerte und Einladungen von Musikern in
das Ferienhaus der Schmidts am Brahmsee.

1986 H. Schmidt engagiert sich für den Erhalt der Arp-
Schnitger-Orgel in der Hamburger Hauptkirche St. Jacobi
und der Hans-Henny-Jahnn-Orgel der ehemaligen
Lichtwarkschule, heute Heinrich-Hertz-Schule.

Februar 1987 Erwerb eines Steinway-Flügels für sein Haus
am Neubergerweg.

1999 Rede in der Thomaskirche zu Leipzig zum Bach-Fest.

1999 Hörsturz mit bleibendem Hörverlust:
H. Schmidt stellt den Besuch von Konzerten ein.

2007 Übergabe der Plattensammlung an die Hamburger
Hochschule für Musik und Theater.

2014 Letztes großes Interview zur Musik.
Sein Gesprächspartner ist der Dirigent Kent Nagano.

10.11.2015

H. Schmidt verstirbt in seinem Haus am Neubergerweg.

23.11.2015 Auf der von ihm detailliert vorgeplanten Trauerfeier in der Hauptkirche St. Michaelis wird folgende Musik
gespielt: J. S. Bach: Praeludium e-Moll, BWV 533. »Der Geist
hilft unser Schwachheit auf«, BWV 226. Johann Sebastian
Bach: Brandenburgisches Konzert Nr. 5 D-Dur, BWV 1050,
1. Satz: Allegro. Johann Sebastian Bach: Ouvertüre (Orchester)
Nr. 3 D-Dur, BWV 1068, 2. Satz: Air. M. Claudius / J. A. P. Schulz:
Abendlied. Johann Pachelbel: Kanon D-Dur. Johann Pachelbel:
Gigue D-Dur. »Mien Jehann«, Volkslied.

Programm der Hauskonzerte 1975–1982

25. 1. 1975: Tel-Aviv-Streichquartett
Sonaten von Mozart und Mendelssohn u. a. m.

15. 6. 1975: Rose Marie Zartner (Klavier)
Marko Tajčevič: Sieben Balkantänze
Maurice Ravel: Le Tombeau de Couperin
Joseph Haydn: Sonate c-Moll, Hoboken-Verz. XVI/20
Robert Schumann: Kinderszenen op. 15
Frédéric Chopin: Bolero a-Moll op. 19

9. 5. 1976: Christoph Eschenbach und Justus Frantz (Klavier)
Wolfgang Amadeus Mozart:
    Klaviersonate C-Dur und Sonate für zwei Klaviere D-Dur
Maurice Ravel: Ma Mère L'oye
Franz Schubert: Phantasie f-Moll

20. 3. 1977: Josef Rissin (Violine) und Olga Rissin (Klavier)
Wolfgang Amadeus Mozart:
    Sonate e-Moll für Violine und Klavier, KV 304
Johann Sebastian Bach:
    Ciaccona aus der Partita Nr. 2 d-Moll für Violine, BWV 1004
Ludwig van Beethoven:
    Sonate Nr. 7 c-Moll für Violine und Klavier
Antonín Dvořák:
    Sonatine G-Dur op. 100 für Violine und Klavier

12. 2. 1978: Barock-Ensemble Büchner. Otto Büchner (Violine), Kurt Hausmann (Oboe), Rudolf Zartner (Cembalo)

Georg Friedrich Händel:

Triosonate E-Dur für Oboe, Violine und Cembalo

Johann Sebastian Bach:

Sonate G-Dur für Violine und Cembalo

Georg Philipp Telemann:

Sonate a-Moll für Oboe und Cembalo

Johann Sebastian Bach:

Sarabande und Andante aus Solo-Sonaten für Violine

Johannes J. Schnell: Parthia für Oboe, Violine und Cembalo

21. 1. 1979: Andor Foldes (Klavier)

Wolfgang Amadeus Mozart: Sonate in A-Dur, KV 331

Robert Schumann: Kinderszenen op. 15

Ludwig van Beethoven: Sonate in cis-Moll op. 27, Nr. 2

20. 5. 1979: Westdeutsche Kammersolisten. Albert Kocsis (Leitung und Violine), Pierre W. Feit (Oboe)

Georg Friedrich Händel:

Konzert für Oboe und Streichorchester g-Moll.

Johann Sebastian Bach:

Konzert für Violine und Streichorchester E-Dur

Johann Sebastian Bach:

Konzert für Violine, Oboe und Streicher d-Moll

Peter I. Tschaikowsky: Serenade für Streicher C-Dur op. 48

11. 11. 1979: Sontraud Speidel (Klavier)
Johann Sebastian Bach:
  Aria variata alla maniera italiana und Partita Nr. 3 a-Moll,
  BWV 827
Ludwig van Beethoven: Klaviersonate Nr. 30 E-Dur op. 109
Nikolai Medtner: Improvisation en forme de variations op. 31
César Franck: Präludium, Choral und Fuge

13. 4. 1980: Alexander Braginsky (Klavier) und
  Tatiana Remenikova (Violoncello)
Aus den Werken von Franz Schubert, Igor Strawinsky,
  César Franck

26. 10. 1980:
Justus Frantz (Klavier) und Will Quadflieg (Rezitation)
Klavier- und Rezitationsabend zu Beethoven und Schiller
Ludwig van Beethoven: 32 Variationen in c-Moll
Sonate Nr. 23 f-Moll op. 57, »Appassionata«
Sonate Nr. 28 A-Dur op. 101

22. 3. 1981: Siegfried Palm (Cello) und Aloys Kontarsky (Klavier)
Max Reger: Sonate a-Moll für Violoncello und Klavier
Krzysztof Penderecki: Capriccio per Siegfried Palm
Johannes Brahms:
  Sonate e-Moll für Violoncello und Klavier op. 38

21. 6. 1981: Ivan Moravec (Klavier)
Robert Schumann: Kinderszenen
Ludwig van Beethoven: Variationen
Claude Debussy: Prélude Feux d'artifice
Leoš Janáček: Im Nebel
Frédéric Chopin: Ballade Nr. 1

29. 11. 1981: Jenny Abel (Violine) und Roberto Szidon (Klavier)
Gabriel Fauré:

    Erste Sonate für Violine und Klavier A-Dur op. 13
Heitor Villa-Lobos: Dritte Sonate für Violine und Klavier
Ludwig van Beethoven:

    Sonate für Klavier und Violine G-Dur op. 96

10. 5. 1982: Yehudi Menuhin (Violine) und Paul Coker (Klavier)
Ludwig van Beethoven:

    Sonate für Klavier und Violine Nr. 5 F-Dur op. 24 und
    Frühlingssonate
Johann Sebastian Bach: Partita II d-Moll (Violine allein)
Johannes Brahms:

    Sonate für Klavier und Violine Nr. 3 d-Moll op. 108

Literatur

Veröffentlichungen von Helmut Schmidt

Bücher

Schmidt, Helmut: Als Christ in der politischen Entscheidung. Gütersloh 1976.

Schmidt, Helmut: Menschen und Mächte. Berlin 1989.

Schmidt, Helmut et al. (Hg.): Kindheit und Jugend unter Hitler. Berlin 1992.

Schmidt, Helmut: Weggefährten. Erinnerungen und Reflexionen. Berlin 1996.

Schmidt, Helmut (Hg.): Erkundungen. Beiträge zum Verständnis unserer Welt. Stuttgart 1999.

Schmidt, Helmut: Hand aufs Herz. Helmut Schmidt im Gespräch mit Sandra Maischberger. München 2003.

Schmidt, Helmut: Außer Dienst. Eine Bilanz. München 2008.

Schmidt, Helmut und Giovanni di Lorenzo: Auf eine Zigarette mit Helmut Schmidt. Köln 2009.

Schmidt, Helmut und Fritz Stern: Unser Jahrhundert. Ein Gespräch. München 2010.

Schmidt, Helmut und Giovanni di Lorenzo: Verstehen Sie das, Herr Schmidt? Köln 2012.

Schmidt, Helmut (Hg.): Vertiefungen. Neue Beiträge zum Verständnis unserer Welt. München 2012.

Schmidt, Helmut: Mein Europa. Reden und Aufsätze. Hamburg 2013.

Schmidt, Helmut: Dann wäre ich Hafendirektor geworden. Hamburger Ansichten. Hamburg 2015.

Schmidt, Helmut: Was ich noch sagen wollte. München 2015.

Schmidt, Helmut: »Musik geht über Grenzen«. In: Neue Zeitschrift für Musik, Jan./Febr. 1980, S. 35–36.

Schmidt, Helmut: »Der Kanzler und die Kunst«. In: Die Bunte, 46/1981, S. 120–129. [Interview geführt von Hubert Burda]

Schmidt, Helmut: »Musik ist Freude und Tröstung«. In: Kunst im Kanzleramt, München 1982, S. 180–183.

Schmidt, Helmut: »Musik und Theater als Ausdruck kultureller Lebensform«. [Matthiae-Mahlzeit Hamburg] In: Bulletin des Presse- und Informationsdiensts der Bundesregierung, 19/1982, S. 148–150.

Schmidt, Helmut: »Was mir die Musik gibt – und was sie uns allen geben kann«. In: Hörzu 50/1983, 9.12.1983, S. 7.

Schmidt, Helmut: »Aber diese bessere Welt finden Sie nur im Mythos«. [Im Gespräch mit Leonard Bernstein] In: Die Zeit, 15.11.1985, S. 41–42, 44.

Schmidt, Helmut: Ansprache eines Musikfreundes. Beim Festakt zum 300. Geburtstag von Johann Sebastian Bach am 21. März 1985 in St. Michaelis. Hamburg 1985.

Schmidt, Helmut: »Bach gehört der Welt. Hamburg feiert den Geburtstag des Thomaskantors« [Auszüge aus der Rede]. In: Hamburger Abendblatt, 22.3.1985, S. 12.

Schmidt, Helmut: »Johann Sebastian Bach zu Ehren«. In: Evangelische Kommentare, Stuttgart, Bd. 18, 6/1985, S. 345–347.

Schmidt, Helmut: »Bekenntnisse eines Musikfreundes«. In ders.: Vom deutschen Stolz, Berlin 1986, S. 43–55.

Schmidt, Helmut: »Musik ist eine herrliche Sache! Gedanken zur Musik«. In: Schleswig-Holstein Musik Festival Edition Nr. 1.

Schmidt, Helmut: »Het is altijd tijd voor Bach. Helmut Schmidt herdenkt de 300ste Geboortetag van J.S. Bach«. In: Nieuw wereldtijdschrift, Bd. 4.1987, 6, S. 4–7, 9.

Schmidt, Helmut: »Up ewig ungedeelt«. In: Das Schleswig-Holstein Musik Festival, Heidelberg 1990, S. 221–224.

Schmidt, Helmut: »Ein Mann der Versöhnung«. In: Schall-Emden, Jutta (Hg.): Weder Pauken noch Trompeten. Für Yehudi Menuhin, München 1991, S. 86–87.

Schmidt, Helmut: »Bach ist nicht Geschichte, sondern Gegenwart und Zukunft«. In: Schorlemmer, Friedrich (Hg.): Lieben Sie Bach? Freiburg i. Br. 1999, S. 63–66.

Schmidt, Helmut: »Musik ›zur Recreation des Gemüths‹«. In: Kluge, Friedemann: Begegnungen mit Bach. Eine Anthologie zugunsten der Berliner Bach-Autographe, Weimar 2002, S. 8–12.

Schmidt, Helmut: »Liebeserklärungen an einen Mythos«. Welt am Sonntag, 23. 2. 2003. [Text zu 150 Jahre Steinway & Sons]

Schmidt, Helmut: Ansprache eines Musikfreundes beim Festakt zum 300. Geburtstag von Johann Sebastian Bach am 21. März 1985 in St. Michaelis. In: Adolphsen, Helge (Hg.): Oh, wie so herrlich stehst du da. Predigten im Hamburger Michel, Hamburg 2006, S. 176–187.

Schmidt, Helmut: »Ich bewundere seinen Mut! Helmut Schmidt gratuliert Kurt Masur zum 80. Geburtstag«. In: Bild, 13. 6. 2007, S. 16.

Schmidt, Helmut: »Über seine Liebe zur klassischen Musik«. In: Zeit Magazin Leben, 52/2007, S. 62. [Auf eine Zigarette mit Helmut Schmidt. Im Gespräch mit Giovanni di Lorenzo]

Schmidt, Helmut: »Über seine Liebe zum Cool Jazz«. In: Zeit Magazin Leben, 53/2007, S. 54. [Auf eine Zigarette mit Helmut Schmidt. Im Gespräch mit Giovanni di Lorenzo]

Schmidt, Helmut: »Über Erfahrungen unter Künstlern«. In: Zeit Magazin Leben, 52/2008, S. 54. [Auf eine Zigarette mit Helmut Schmidt. Im Gespräch mit Giovanni di Lorenzo]

Schmidt, Helmut: »Zum 300. Geburtstag von Johann Sebastian Bach«. In ders.: Religion in der Verantwortung, Berlin 2011, S. 70–78. [Rede beim Festakt am 21. März 1985 im Hamburger Michel]

Schmidt, Helmut: »Über Christoph Eschenbach«. Ein Essay anlässlich der Verleihung des Ernst von Siemens Musikpreises an Christoph Eschenbach am 31. Mai 2015. Homepage Ernst von Siemens Stiftung.

Schallplattenaufnahmen

Mozart, W. A.: Konzerte für 2 & 3 Klaviere. Konzert für 3 Klaviere und Orchester F-Dur, KV 242. Konzert für 2 Klaviere und Orchester Es-Dur, KV 365 (316a).

Interpreten: Christoph Eschenbach, Justus Frantz, Helmut Schmidt und das London Philharmonic Orchestra. Köln: EMI-Electrola, 1982. [Schallplatte]

Schmidt, Helmut: Das Mozart-Konzert. Wolfgang Amadeus Mozart: Konzert für 3 Klaviere und Orchester F-Dur, KV 242. Konzert für 2 Klaviere und Orchester Es-Dur, KV 365 (316a).

Interpreten: Christoph Eschenbach, Justus Frantz, Helmut Schmidt und das London Philharmonic Orchestra. CD. Köln: EMI Music 2008.

Bach, J. S.: Klavierkonzerte. Konzert für 4 Klaviere und Streicher a-Moll, BWV 1065. Konzert für 2 Klaviere und Streicher C-Dur, BWV 1061. Konzert für 2 Klaviere und Streicher c-Moll, BWV 1060. Konzert für 3 Klaviere und Streicher d-Moll, BWV 1063.

Interpreten: Christoph Eschenbach, Justus Frantz, Gerhard Oppitz, Helmut Schmidt und die Hamburger Philharmoniker. Hamburg: Deutsche Grammophon 1985. [Schallplatte]

Schmidt, Helmut: Kanzler und Pianist. J. S. Bach: Klavierkonzerte. Konzert für 4 Klaviere und Streicher a-Moll, BWV 1065. Konzert für 2 Klaviere und Streicher C-Dur, BWV 1061. Konzert für 2 Klaviere und Streicher c-Moll, BWV 1060. Konzert für 3 Klaviere und Streicher d-Moll, BWV 1063. Interpreten: Christoph Eschenbach, Justus Frantz, Gerhard Oppitz, Helmut Schmidt und die Hamburger Philharmoniker. Berlin: Universal Music 2008. [1 CD + 1 DVD + Beiheft]

Sekundärliteratur

(Weitere Titel in den Anmerkungen)

Albertinen-Diakoniewerke e. V. (Hg.): Auf klarem Kurs. 100 Jahre vom Diakonissenverein Siloah zur Albertinen-Gruppe. Ahnatal 2007.

Arbeitskreis Lichtwarkschule (Hg.): Die Lichtwarkschule. Idee und Gestalt. Hamburg 1979.

Aust, Gerrit und Irmgard Stein: Gumpel, Wenzel, Schmidt. Die unbekannten Vorfahren von Helmut Schmidt. Hamburg 1994.

Bachhaus Eisenach (Hg.): »Blut und Boden«. Bach, Mendelssohn und ihre Musik im Dritten Reich. Eisenach 2014.

Bachhaus Eisenach (Hg.): Luther, Bach – und die Juden. Eisenach 2016.

Beer, Anne-Kathrin: Eine Schule, die hungrig macht. Helmut und Loki Schmidt und die Lichtwarkschule. Bremen 2007.

Beyer, Wolfgang und Monica Ladurner: Im Swing gegen den Gleichschritt. Salzburg 2011.

Bontjes van Beek, Olga: Lebenserinnerungen. Unver. MS, o.J.

Brückner, Hans und Christa Maria Rock: Judentum und Musik. Mit dem ABC jüdischer und nichtarischer Musikbeflissener. München 1938.

Brunner, Detlev: »… eine große Herzlichkeit«? Helmut Schmidt und Erich Honecker im Dezember 1981. In: Deutschland-Archiv, 4/2011, S. 508–517.

Die Lichtwarkschule in Hamburg. Beiträge zur Grundlegung und Berichte. Hamburg 1929.

Fiege, Hartwig: Geschichte der hamburgischen Volksschule. Hamburg 1970.

Flothuis, Marius: Mozarts Klavierkonzerte. Ein musikalischer Werkführer. München 2008.

Förderverein Hans-Henny-Jahnn-Orgel e.V. (Hg.): Die Hans-Henny-Jahnn-Orgel der Lichtwarkschule jetzt Heinrich-Hertz-Schule. Hamburg o.J.

Frantz, Justus: Das ist Freundschaft. In: Helmut Schmidt – Der letzte Staatsmann. Der Spiegel Biografie Nr. 1/2015, S. 25.

Frühauf, Tina: Music and Politics after the Holocaust. Menuhin's Berlin concerts of 1947 and their aftermath. In: Arbor: Ciencia, Pensamiento y Cultura, Sept. 2011, S. 887–904.

Fulda, Bernhard: Helmut Schmidt und Emil Nolde. Ein autobiografischer Pas de deux. In: Helmut und Loki Schmidt Stiftung (Hg.): Kanzlers Kunst, München 2020, S. 60–83.

Görtemaker, Manfred: Kleine Geschichte der Bundesrepublik Deutschland. München 2002.

Gottwaldt, Alfred und Diana Schulle: Die »Judendeportationen« aus dem Deutschen Reich 1941–1945. Wiesbaden 2005.

Grunenberg, Nina: Vier Tage mit dem Kanzler. Hamburg 1976.

Grünewald, Armin: Hauskonzerte – Sonntagabend die »Nebenmuse«. In: Kunst im Kanzleramt. Helmut Schmidt und die Künste. München 1982, S. 185–189.

Hartmann, Günter: Karl Straube und seine Schule. »Das Ganze ist ein Mythos«. Orpheus-Schriftenreihe zu Grundfragen der Musik, Bd. 59, Bonn 1991.

Hartmann, Günter: Karl Straube. Ein »Altgardist der NSDAP«. Lahnstein 1994.

Helmut und Loki Schmidt Stiftung (Hg.): Kanzlers Kunst. Die private Sammlung von Helmut und Loki Schmidt. Hamburg 2020.

Henkel, Hubert: Lexikon deutscher Klavierbauer. Frankfurt a. M. 2000.

Hering, Rainer: »Aber ich brauche die Gebote ...« Helmut Schmidt, die Kirchen und die Religion. Bremen 2012.

Hofmann, Gunter: Helmut Schmidt. Soldat, Kanzler, Ikone. Biographie. München 2015.

Hübner, Maria: Anna Magdalena Bach: Ein Leben in Dokumenten und Bildern. Leipzig 2005.

Irro, Werner: »Mit großem Vergnügen und mit tiefer innerer Zustimmung ...« Helmut Schmidt und die Künste. Bremen 2018.

Irro, Werner: Die Entdeckung der Kunst durch den Politiker Helmut Schmidt. In: Helmut und Loki Schmidt Stiftung (Hg.): Kanzlers Kunst. München 2020, S. 28–41.

Irro, Werner, Saskia Bontjes van Beek und Antje Modersohn: Kunstort, Gesprächsort, Erinnerungsort. In: Helmut und Loki Schmidt Stiftung (Hg.): Kanzlers Kunst. München 2020, S. 84–111.

Italiaander, Rolf (Hg.): Loki. Die ungewöhnliche Geschichte einer Lehrerin namens Schmidt. Erzählt von Freunden. Düsseldorf 1988.

Johnson, Barbara D.: Heinrich Breling. In: Schlichting, Heike (Hg.): Lebensläufe zwischen Elbe und Weser. Ein biographisches Lexikon. Stade 2018.

Johnson, Barbara D.: Olga Bontjes van Beek. In: Lebensläufe zwischen Elbe und Weser. Ein biographisches Lexikon. Stade 2018.

Johnson, Barbara D.: Heinrich Breling und seine Töchter. Aus dem Englischen von Saskia Bontjes van Beek. Fischerhude 2021.

Karlauf, Thomas: Helmut Schmidt. Die späten Jahre. München 2016.

Kedden, Helmke Jan: Funktionen von Musik in nationalsozialistischen Konzentrationslagern. Das Parlament 11/2005, S. 40–46.

Kelber, Moritz: Leviathan: Die Orgel als Herrschaftsinstrument. In: Musiktheorie 1/2019, S. 83–94.

Klavierstadt Berlin. Berliner Morgenpost, 25. 4. 2009.

Klee, Ernst: Personenlexikon zum Dritten Reich. Frankfurt am Main 2003.

Knapp, Gabriele: Das Frauenorchester in Auschwitz. Musikalische Zwangsarbeit und ihre Bewältigung. Hamburg 1996.

König, Johann-Günther (Hg.): Künstler in Fischerhude. Bremen 1983.

Kolbe, Dieter: Reichsgerichtspräsident Dr. Erwin Bumke. Studien zum Niedergang des Reichsgerichts und der deutschen Rechtspflege. Karlsruhe 1975.

Krogmann, Ferdinand: Worpswede im Dritten Reich. 1933–1945. Bremen 2011.

Kunst im Kanzleramt. Helmut Schmidt und die Künste. München 1982.

Kunsthalle Bremen (Hg.): Olga Bontjes van Beek. Gemälde. Ausstellung zum 90. Geburtstag der Künstlerin. Kunsthalle Bremen 1986.

Kunstsammlungen Böttcherstraße Bremen (Hg.): Olga Bontjes van Beek. Künstlerin und Künstlermodell. Bremen 1996.

Lehberger, Reiner und Hans-Peter de Lorent (Hg.): »Die Fahne hoch«. Schulpolitik und Schulalltag unterm Hakenkreuz. Hamburg 1986.

Lehberger, Reiner (Hg.): Nationale und internationale Verbindungen der Versuchs- und Reformschulen in der Weimarer Republik. Hamburg 1993.

Lehberger, Reiner: »Schule als Lebensstätte der Jugend«. Die Hamburger Versuchs- und Gemeinschaftsschulen in der Weimarer Republik. In: Amlung, Ullrich et al. (Hg.): »Die alte Schule überwinden«. Reformpädagogische Versuchsschulen zwischen Kaiserreich und Nationalsozialismus. Frankfurt a. M. 1993, S. 32–64.

Lehberger, Reiner: Schule zwischen Zerstörung und Neubeginn. 1945–1949. Geschichte – Schauplatz Hamburg. Hamburg 1995.

Lehberger, Reiner: Die Lichtwarkschule. Das pädagogische Profil einer Reformschule des höheren Schulwesens der Weimarer Republik. Hamburg 1997.

Lehberger, Reiner: Loki Schmidt. Die Biografie. Hamburg 2014.

Lehberger, Reiner: Die Schmidts. Ein Jahrhundertpaar. Hamburg 2018.

Lehberger, Reiner: Loki Schmidt und die Kunstsammlung am Neubergerweg. In: Helmut und Loki Schmidt Stiftung (Hg.): Kanzlers Kunst, München 2020, S. 42–58.

Leichtentritt, Hugo: Das Konservatorium der Musik Klindworth-Scharwenka Berlin. 1881–1931. Festschrift aus Anlass des fünfzigjährigen Bestehens. Berlin 1931.

Lieberman, Richard K.: Steinway & Sons: Eine Familiengeschichte um Macht und Musik. München 1996.

Magenau, Jörg: Schmidt – Lenz. Geschichte einer Freundschaft. Hamburg 2014.

Meyer, Beate: »Jüdische Mischlinge«. Rassenpolitik und Verfolgungserfahrung 1933–1945. Hamburg 1999.

Meyer-Odewald, Jens: Helmut und Hannelore Schmidt. Ein Leben. Hamburg 2011.

Nagano, Kent und Inge Kloepfer: Erwarten Sie Wunder! München 2016.

Noack, Hans-Joachim: Helmut Schmidt. Die Biographie. Reinbek 2008.

Pamperrien, Sabine: Helmut Schmidt und der Scheißkrieg. Die Biografie 1918 bis 1945. München 2014.

Ratcliffe, Ronald V.: Steinway & Sons. München 1992.

Rauhe, Hermann: Nur wer selbst brennt, kann andere entzünden. Der Musiker, Mittler und Manager im Gespräch mit Manfred Eichel. Hamburg 2006.

Rauhe, Hermann: Musikstadt Hamburg. Eine klingende Chronik. [Mit einem Grußwort von Helmut Schmidt] Hamburg 2008.

Reitterer, H.: Robitschek, Robert. Musikpädagoge und Komponist. In: Österreichisches Biographisches Lexikon 1815–1950, Band 9. Wien 1988.

Restle, Konstantin und Attila Csampai: Musikinstrumenten-Museum Berlin (Hg.): Faszination Klavier. 300 Jahre Pianofortebau in Deutschland. München 2000.

Schmidt, Hannelore: Gezwungen, früh erwachsen zu sein. In: Schmidt, H. (Hg): Kindheit und Jugend, S. 19–68.

Schmidt, Hannelore: Loki – Hannelore Schmidt erzählt aus ihrem Leben. Im Gespräch mit Dieter Buhl. Hamburg 2003.

Schmidt, Loki: Die Bedeutung der Orgel für die damalige Lichtwarkschule. In: Förderverein Hans-Henny-Jahnn-Orgel e.V. (Hg.): Die Hans-Henny-Jahnn-Orgel der Lichtwarkschule jetzt Heinrich-Hertz-Schule. Hamburg o.J., S. 7–10.

Schmidt, Loki und Reiner Lehberger: »Früchte der Reformpädagogik« – Bilder einer neuen Schule. Geschichte-Schauplatz Hamburg. Hamburg 2002.

Schmidt, Loki: Die Blume des Jahres. Hamburg 2003.

Schmidt, Loki: Mein Leben für die Schule. Im Gespräch mit Reiner Lehberger. Hamburg 2005.

Schmidt, Loki: Erzähl doch mal von früher. Im Gespräch mit Reinhold Beckmann. Hamburg 2008.

Schmidt, Loki und Dieter Buhl: Auf dem roten Teppich und fest auf der Erde. Hamburg 2010.

Schmidt, Loki und Reiner Lehberger: Auf einen Kaffee mit Loki Schmidt. Hamburg 2010.

Schwelien, Michael: Helmut Schmidt. Ein Leben für den Frieden. München 2008.

Shafir, Shlomo: Helmut Schmidt: Seine Beziehungen zu Israel und den Juden. Compass. Infodienst für christlich-jüdische Zusammenarbeit und deutsch-jüdische Tagesthemen im Web. Online-extra, Nr. 91, Febr. 2009.

Soell, Hartmut: Helmut Schmidt. Bd. I. 1918–1969. Vernunft und Leidenschaft. München 2003.

Soell, Hartmut: Helmut Schmidt. Bd. II. 1969 bis heute. Macht und Verantwortung. München 2008.

Sommer, Theo: Unser Schmidt. Der Staatsmann und Publizist. Hamburg 2010.

Stengel, Theo und Herbert Gerigk: Lexikon der Juden in der Musik. Mit einem Titelverzeichnis jüdischer Werke. Berlin 1943.

Stock, Wolf-Dietmar und Werner Wischnowski: Fischerhude. Malerdorf an der Wümme. Fischerhude 1993.

Stroschein, Dirk: Von Steinweg zu Steinway. Eine deutsch-amerikanische Familiensaga. Hamburg 2003.

True, H.: Der Staatsmann am Klavier. Hamburger Abendblatt, Sonderausgabe: 100 Jahre Helmut Schmidt, 22./23.12.2018, S. 15.

Vinke, Hermann: Cato Bontjes van Beek. »Ich habe nicht um mein Leben gebettelt«. Ein Portrait. Hamburg 2003.

Vinke, Hermann: Cato Bontjes van Beek. »Leben will ich, leben, leben«. München 2020.

Vogel, Winfried: Karl Wilhelm Berkhan. Ein Pionier deutscher Sicherheitspolitik nach 1945. Beiträge zu einer politischen Biographie. Bremen 2003.

Volke, Kristina: Heisig malt Schmidt. Berlin 2018.

Von der Lühe, Barbara: Die Musik war unsere Rettung! Die deutschsprachigen Gründungsmitglieder des Palestine Orchestra. Tübingen 1998.

Weimar, Friederike: Hamburg zum Frühstück, zum Mittag und zum Abendessen. In: Helmut und Loki Schmidt Stiftung (Hg.): Kanzlers Kunst. München 2020, S. 170–189.

Wendt, Joachim: Die pädagogischen Einflüsse der Lichtwarkschule und ihre Wirkung nach außen. In: R. Lehberger (Hg.): Verbindungen der Versuchs- und Reformschulen, 1993. S. 70–79.

Wendt, Joachim: Die Lichtwarkschule in Hamburg. Hamburg 2000.

Winkel, Hans Joachim: Sommerfeste als Kulturspektakel. In: Kunst im Kanzleramt, S. 194–196.

Woock, Joachim: Hitlers willige Helfer. Nationalsozialisten im Landkreis Verden. Folge 11: Die NSDAP-Ortsgruppe Fischerhude. Aktive, Angepasste, Widerständige und Opfer in Fischerhude und Quelkhorn. In: Jahrbuch für den Landkreis Verden zur Orts- und Regionalgeschichte, 2021, S. 208–307.

Wüstenrot Stiftung und Stiftung Haus der Geschichte der Bundesrepublik Deutschland (Hg.): Kanzlerbungalow. München 2009.

Zippfel, Astrid: Der Macher und die Medien. Helmut Schmidts politische Öffentlichkeitsarbeit. Stuttgart 2005.

Internetquellen

Arp Schnitger für Einsteiger: www.Orgelstadt-Hamburg.de

Pianoforte-makers in Germany: http://www.lieveverbeeck.eu/Pianoforte-makers_Germany_s.htm

Pomerenke, Anina: SHMF: Eschenbach und Frantz beim Freiluftkonzert.

https://www.ndr.de/kultur/musik/klassik/schleswig-holstein_musikfestival/
SHMF-Eschenbach-und-Frantz-beim-Freiluftkonzert-in-Kiel,eschen-
bach318.html

Toasts of the President and Chancellor Helmut Schmidt at the State Dinner.
21.5.1981. www.reaganlibrary.gov/archives/speeches

Vor 75 Jahren. Konzert für Überlebende des KZ Bergen-Belsen. https://www.
deutschlandfunk.de/vor-75-jahren-konzert-fuer-ueberlebende-des.871.
de.html?dram:article_id=481261

Werner, Sabrina: Mit Flügeln in die ganze Welt. https://shmh.de/de/hamburg
wissen/dossiers/steinnway-and-sons

Interviews

Abel, Jenny, Musikerin. Gespräch vom 21. 3. 2021

Arnold, Rosemarie, persönliche Bekannte der Schmidts aus Bernau und Hamburg. Gespräch vom 16. 4. 2021

Barfaut, Gisela, persönliche Bekannte der Schmidts aus Hamburg, Gespräch vom 17. 2. 2020

Bartels, Friedrich, Historiker. Gespräch vom 20. 6. 2020

Bontjes van Beek, Saskia, Lektorin, Übersetzerin und Enkelin von Olga Bontjes van Beek. Interview vom 17. 11. 2020 in Fischerhude

Braginsky, Alexander, Musiker. Schriftl. Interview vom 8. 9. 2020

Brüne, Gudrun, Malerin und Witwe von Bernhard Heisig. Gespräch vom 29. 3. 2021

Engholm, Björn, Politiker. Gespräch vom 18. 4. 2021

Feit, Pierre W., Musiker. Gespräch vom 9. 12. 2020

Frantz, Justus, Musiker. Auskunft vom 16. 5. 2021

Grossert, Joachim, Landkreisamt Bernburg. Gespräch vom 27. 5. 2021

Güttler, Ludwig, Musiker. Gespräch vom 23. 4. 2021

Hasselt, Ihno von, Berliner Festspiele. Gespräch vom 27. 4. 2021

Heuer, Ernst-Otto, Sicherheitsbeamter. Gespräch vom 2. 3. 2020

Kalb, Hartwig, Steinway & Sons. Schriftl. Auskunft vom 11. 3. 2020

Kalcher, Antje, Universitätsarchiv der Universität der Künste. Gespräch vom 15. 9. 2020

Klasen, Kai-Jacob, Rechtsanwalt und Sohn von Karl und Ilse Klasen. Interview vom 17. 5. 2021 in Hamburg

Kruse, Judith, Haus der deutschen Geschichte Bonn. Schriftliche Auskunft vom 16. 10. 2020

Lahnstein, Manfred, ehemaliger Politiker und Manager. Gespräch vom 14.4.2021

Lambert, Franz, Musiker. Gespräch vom 18.5.2021

Meyer, Beate, Historikerin. Gespräch vom 11.11.2020

Mohaupt, Lutz, Pastor Hauptkirche St. Jacobi. Gespräch vom 17.5.2021

Petersen, Flemming, SHMF. Gespräch vom 23.4.2021

Pilnitz, Karin, Förderverein Hans-Henny-Jahnn-Orgel. Gespräch vom 17.5.2021

Rahe, Thomas, Gedenkstätte Bergen-Belsen. Gespräch vom 19.5.2021

Rannegger, Anke, Stadtarchiv Wedel. Interview vom 9.6.2020 in Wedel

Rauhe, Hermann, Musiker. Interview 9.3.2020

Rissin, Josef und Olga, Musiker. Gespräch vom 2.11.2020

Scherf, Henning, Politiker. Gespräch vom 15.10.2020

Schmidt, Susanne, Tochter von Loki und Helmut Schmidt. Gespräch vom 26.3.2018

Schumann, Sabine, Organistin. Gespräch vom 5.2.2021

Sington-Rosdal, Ulrich, Gespräch vom 6.3.2020

Scovotti, Jeanette, Opernsängerin. Gespräch vom 4.2.2021

Speidel, Sontraud, Musikerin. Interview vom 7.9.2020 und Gespräch vom 11.8.2021

Trebitsch, Katharina, Filmproduzentin. Gespräch vom 2.2.2021

Unger, Robert, Internationales Kurt-Masur-Institut. Gespräch vom 1.6.2021

Wachalski, Peter, Scharwenka Kulturforum. Interview vom 20.9.2020 in Bad Saarow

Warnholz, Günter, Sicherheitsbeamter. Interview vom 12.12.2020

Weathers, Felicia, Opernsängerin. Gespräch vom 23.2.2021

Woock, Joachim, Historiker. Gespräch vom 30.6.2020

Zartner, Rose Marie, Musikerin. Gespräch vom 11.11.2020

Verzeichnis der Archive

Archiv der Deutschen Nationalstiftung

Archiv der Körber-Stiftung

Archiv der sozialen Demokratie der Friedrich-Ebert-Stiftung (AdsD)

Archiv der Universität der Künste Berlin

Archiv Förderverein Hans-Henny-Jahnn-Orgel

Bundesarchiv Berlin

Hamburger Staatsarchiv (StAHH)

Hans-Bredow-Institut

Helmut-Schmidt-Archiv (HSA)

Helmut-Schmidt-Archiv der Helmut-Schmidt-Universität/Universität der Bundeswehr Hamburg

Privatarchiv Jenny Abel

Privatarchiv Saskia Bontjes van Beek (PA SBvB)

Privatarchiv Franz Lambert

Privatarchiv Lutz Mohaupt

Privatarchiv Ulrich Sington-Rosdal

Privatarchiv Sontraud Speidel

Privatarchiv Rose Marie Zartner

Scharwenka Kulturforum, Bad Saarow

Stadtarchiv Zürich

Standesamt Unkel

Anmerkungen

Kapitel 1

1 Helmut Schmidt Kanzler & Pianist. Johann Sebastian Bach Klavierkonzerte. Konzerte für 4, 3 und 2 Klaviere und Streicher. Interpreten: Christoph Eschenbach, Justus Frantz, Gerhard Oppitz, Helmut Schmidt und
   die Hamburger Philharmoniker. Berlin: Universal Music 2008. Begleittext
   zur CD, S. 20.

2 Dass er sich bei Freundesbesuchen in Langenhorn auch ans Klavier setzte,
   davon berichten z. B. Manfred Lahnstein oder Gudrun Brüne-Heisig, die
   mit ihrem Mann, dem Maler Bernhard Heisig, bei den Schmidts nach
   dem Mauerfall häufiger am Neubergerweg zu Gast war. Gespräch des Verfassers mit G. Brüne-Heisig am 29. 3. 2021, mit M. Lahnstein am 14. 4. 2021.

3 Zit. in Holger True: Der Staatsmann am Klavier. In: 100 Jahre Helmut
   Schmidt. Sonderausgabe. Hamburger Abendblatt 22./23. 12. 2018, S. 15.

4 Helmut Schmidt: Musik geht über Grenzen. In: Neue Zeitschrift für Musik, Jan./Febr. 1980, S. 35.

5 Loki Schmidt und Reiner Lehberger: Auf einen Kaffee mit Loki Schmidt.
   Hamburg 2010, S. 42.

6 Mitglied des Bundestages war Helmut Schmidt bis 1987. Von Dez. 1961
   bis 1965 gab es eine kurze Unterbrechung, als er das Amt des Innensena-
   tors in Hamburg ausübte. Politisch aktiv war er seit seinem Eintritt in die
   SPD im Mai 1946.

7 In den letzten Jahren gab es zum Thema Helmut Schmidt und die
   Künste gleich drei relevante Buchveröffentlichungen. Die Pionierarbeit
   von Werner Irro, »Mit großem Vergnügen und mit tiefer innerer Zustimmung« (Bremen 2018), mit dem Schwerpunkt auf der bildenden Kunst
   und Schmidts sozialpolitischen Verdiensten um die Künstlersozialversicherung. Im selben Jahr erschien »Heisig malt Schmidt« von Kristina
   Volke (Berlin 2018), die die Geschichte des offiziellen Kanzlerporträts Helmut Schmidts beschreibt. Parallel zu einer Ausstellung der Kunstsamm-

lung der Schmidts im Barlach Haus im Herbst 2020 gab die Helmut und Loki Schmidt Stiftung die Publikation »Kanzlers Kunst. Die private Sammlung von Helmut und Loki Schmidt« (Hamburg 2020) heraus.

8   Um das zu belegen, genügt ein Blick in das Personenverzeichnis seiner autobiographisch angelegten Schrift »Weggefährten«, Berlin 1998.

9   Pierre W. Feit im Gespräch mit dem Verfasser vom 9.12.2020.

10 Vgl. die entsprechenden Kapitel in seinen Publikationen »Weggefährten« und »Was ich noch sagen wollte«. Aufschlussreich ist es, dass er 1996 die Begegnungen mit Künstlerinnen und Künstlern an den Anfang seines Buches »Weggefährten« setzt.

11 Der Schriftwechsel ist dokumentiert in: AdsD HSA A007369.

12 Schreiben der Hamburger Symphoniker e.V. vom 31.8.1987, in: AdsD HSA A011239.

13 H. Schmidt, Weggefährten, S. 45.

14 Homepage der Big Band der Bundeswehr. Kapitel »Günter Noris, der Mann der ersten Stunde«.

15 Kent Nagano und Inge Kloepfer: Erwarten Sie Wunder! München 2016, S. 265 f.

16 Ebd., S. 272. Mit der Kunst der zeitgenössischen Moderne war es bei Helmut Schmidt im Übrigen nicht anders. Das Werk Henry Moores, das er bewunderte, bildete da eher eine Ausnahme.

17 Vgl. sein Interview mit L. Bernstein in: Die Zeit, 15.11.1985.

18 Auf eine Zigarette mit Helmut Schmidt. Über seine Liebe zum Cool Jazz. In: Zeit Magazin Leben, 53/2007, S. 54.

19 Die Hamburger Rede vom 21.3.1985 ist u.a. abgedruckt in: H. Schmidt, Vom deutschen Stolz: Bekenntnisse zur Erfahrung von Kunst. Berlin 1986, hier S. 55. Er wiederholt dies z.B. 1999 in Leipzig bei der Eröffnung des Bach-Festes und in anderen öffentlichen Äußerungen.

Kapitel 2

1   H. Schmidt: Der Kanzler und die Kunst. In: Die Bunte, 46/1981, S. 120–129, hier S. 121 f.

2   H. Schmidt: Verwandlungen. Handschr. MS 1945, HSA PU 21. Diesen Text, eine Art biographischer Rückbesinnung, hat H. Schmidt in seiner Kriegsgefangenschaft im belgischen Jabekke zu Papier gebracht.

3   Vgl. H. Schmidt: Politischer Rückblick auf eine unpolitische Jugend. In: Ders. et al.: Kindheit und Jugend unter Hitler, Berlin 1992, S. 188 ff.

4   Vgl. H. Soell: Helmut Schmidt. Vernunft und Leidenschaft. Bd. I, München 2003, S. 47 f. und 61 ff.

5   M. Stäbler: Helmut Schmidt und die Musik, NDR Kultur 10. 11. 2015.

6   https://de.wikipedia.org/wiki/Alfred_Sittard

7   H. Schmidt: Vom deutschen Stolz. Bekenntnisse zur Erfahrung von Kunst. Berlin 1986, S. 45.

8   H. Schmidt: Politischer Rückblick, S. 192 f.

9   H. Soell: Helmut Schmidt, Bd. I, S. 48.

10 Gespräch des Verfassers mit Susanne Schmidt vom 26. 3. 2018.

11 H. Schmidt: Was ich noch sagen wollte, S. 98.

12 Ebd.

13 H. Schmidt: 100 Jahre Steinway, 2009. Handschriftl. MS. HSA EA 329-1.

14 Ludwig Gumpel war jüdischen Glaubens, was zunächst ohne Bedeutung für den leiblichen Sohn Gustav war, nach 1933 wegen der Rassengesetze der Nazis jedoch zu einer Bedrohung wurde. Bemerkenswert ist, dass die Mutter für den unehelich geborenen Sohn Gustav als zweiten Vornamen Ludwig, also den Namen des leiblichen Vaters gewählt hat. In der Geburtsurkunde taucht der Name des leiblichen Vaters nicht auf. Gustav L. Schmidt wird als Gustav L. Wenzel geboren. Ausführlich zu diesem Teil der Familiengeschichte: G. Aust, I. Stein: Gumpel, Wenzel, Schmidt. Die unbekannten Vorfahren von Helmut Schmidt, Hamburg 1994. Wann genau H. Schmidt von seinem jüdischen Großvater erfahren hat, ist abschließend nicht zu klären. Er selbst benennt an verschiedenen Stellen unterschiedliche Jahre zwischen 1933/34 und 1935/36 (S. Pamperrien: Helmut Schmidt, S. 104 ff.) Der Vorgang selbst wird von H. Schmidt wie folgt beschrieben: Die Mutter habe ihm über den jüdischen Großvater berichtet, aber – mit Blick auf die möglichen Folgen für die Familie – um Stillschweigen darüber gebeten (H. Schmidt: Politischer Rückblick, S. 204). Sein Biograph T. Karlauf erklärt dezidiert, dass Schmidt erst 1978 davon Kenntnis erhalten habe (T. Karlauf: Helmut Schmidt, S. 291).

15 Detailliert hierzu: S. Pamperrien: Helmut Schmidt, S. 21 ff.

16 Die Berufsbiographie ist gut dokumentiert durch die Personalakte von Gustav Schmidt: StAHH 361–3/A 1723. Zur damaligen Lehrerausbildung s. H. Fiege: Geschichte der hamburgischen Volksschule. Hamburg 1970, S. 49 ff.

17 Seit 1920 wählten die Kollegien in Hamburg ihre Schulleitung selbst, das sog. Selbstverwaltungsrecht der Schulen galt als eine demokratische Errungenschaft der Weimarer Republik. Vgl. H. Fiege: Volksschule, S. 96 f.

18 Zit. nach H. Soell: Helmut Schmidt. Bd. I, S. 58.

19 H. Schmidt: Politischer Rückblick, S. 193.

20 H. Schmidt: Steinway, Unv. MS, o. S.

21 H. Schmidt: Was ich noch sagen wollte, S. 99.

22 Gespräch mit Susanne Schmidt vom 26. 3. 2018.

23 H. Schmidt: Vom deutschen Stolz, S. 45.

24 Vor allem im Vergleich zu den Prägungen aus seinen Besuchen im Künst-
    lerdorf Fischerhude vor und nach Kriegsbeginn schneiden Elternhaus
    und eigene Familie eher schlecht ab. In einem Brief H. Schmidts an Olga
    Bontjes van Beek vom 1. 8. 1980 heißt es: »(…) Euer Haus ist – wie Fi-
    scherhude insgesamt – in den mich entscheidend prägenden Jahren vor
    dem Kriege und zu Kriegsbeginn der Ursprungsort für geistige Orientie-
    rung gewesen; und zugleich in höherem Maße Heimat als mein eigenes
    Elternhaus + Hamburg.« Öffentlich wiederholt er dies in seiner Rede zur
    Eröffnung der Ausstellung »Heinrich Breling/Bontjes van Beek – Drei
    Generationen einer Fischerhuder Künstlerfamilie« in der Kreissparkasse
    Verden am 4. 11. 1991. Beide Schriftstücke in: PA Saskia Bontjes van Beek.

25 Schreiben an den Verf. von Anke Rannegger, Stadtarchiv Wedel, vom
    8. 6. 2020. Im Stadtarchiv Wedel befinden sich folgende kulturpolitischen
    Manuskripte von Wolfgang Schmidt: Umgestaltung des Volksschulsys-
    tems in das Grund-/Hauptschulsystem 1968–1971. Arbeitsunterlagen
    von Wolfgang Schmidt zum Prüfungsbericht des Landesrechnungsho-
    fes, 1971. Arbeitsunterlagen von Wolfgang Schmidt zum Entwurf des
    Gutachtens von Ingesta, 1973. Wedel und der 8. Mai 1945: Bericht nach
    dem Archiv der Stadt Wedel (Holst.), 1985. Auflistung der Grabstellen der
    Opfer des Konzentrationslagers Wedel, 1985. Die Flurnamen der Gemar-
    kung Wedel (Holst.), ihre Lage und ihre Bedeutung 1987. Strukturdaten
    und Entwicklungstendenzen der Volkshochschule Wedel (Holst.). Darin:
    Memorandum zur Entwicklung und Situation der VHS in Wedel von
    Wolfgang Schmidt, 1988. Flurnamen in und um Alt-Wedel. In: Jahrbuch
    für den Kreis Pinneberg, 1988. Über die Anfänge der S. P. D. in Wedel
    von mindestens 1876 bis zum 1. Weltkrieg: Nach Unterlagen im Archiv
    der Stadt Wedel (Holstein): Eine Zusammenstellung für eine Jubiläums-
    schrift der SPD – Ortsverein Wedel, 1990.

Kapitel 3

1 H. Schmidt: Politischer Rückblick, S. 198.

2 Ebd., S. 196.

3 A. Lichtwark: Bild der Schule. In: Arbeitskreis Lichtwarkschule (Hg.): Die Lichtwarkschule, 1979, S. 12. Alfred Lichtwark hatte seine Rede vor Lehrkräften auf dem zweiten Kunsterziehungstag gehalten. Insgesamt gab es drei: Dresden (1901), Weimar (1903) und Hamburg (1905).

4 H. Schmidt: Politischer Rückblick, S. 195. Hier gibt er einen sehr detaillierten Rückblick auf seine Lichtwarkschulzeit. L. Schmidt: Der Glücksfall einer besonderen Schule, in: R. Lehberger (Hg.): Die Lichtwarkschule. Reden zur Eröffnung der Ausstellung des Hamburger Schulmuseums in der Staats- und Universitätsbibliothek Carl von Ossietzky am 31.10.1996, Hamburg 1996, S. 2–8, hier S. 2.

5 Vgl. als Standardwerk: J. Wendt: Die Lichtwarkschule in Hamburg. 1921–1937, Hamburg 2000. Zum Einfluss auf die Schmidts: A.-K. Beer: Eine Schule, die hungrig macht. Helmut und Loki Schmidt und die Lichtwarkschule, Bremen 2007.

6 Vgl. T. Alexander, B. Parker: The New Education in the German Republic. New York 1929, S. 156 ff. Detailliert zur pädagogischen Ausstrahlung der Lichtwarkschule vgl. J. Wendt: Die pädagogischen Einflüsse der Lichtwarkschule und ihre Wirkung nach außen. In: R. Lehberger (Hg.): Nationale und internationale Verbindungen der Versuchs- und Reformschulen in der Weimarer Republik. Hamburg 1993, S. 70–79.

7 L. Schmidt: Mein Leben für die Schule, S. 79.

8 H. Schmidt: Was ich noch sagen wollte, S. 99.

9 Orff, Hindemith und Strawinsky studierten alle drei sehr intensiv die Musik der Periode bis zum Tod Johann Sebastian Bachs. Carl Orff hatte sich im Übrigen nicht nur als Komponist, sondern auch als Nestor einer an der Praxis orientierten Schulmusik einen Namen gemacht. Charakterisiert werden die Werke Orffs, Hindemiths, Strawinskys u. a. wohl am ehesten durch den musikalischen Begriff der »Personanz« – »Durchhörbarkeit«. Man wollte also keine atonalen oder dissonanten Werke schaffen, sondern auf der Basis der »Alten Meister« aufbauen und so eine neue Klangsprache erschaffen, welche immer noch eine tonale Basis hatte. Auch der Jazz wurde durch diese Komponisten befruchtet und vice versa.

10 H. Schütt: Die Musik der Lichtwarkschule. In: Die Lichtwarkschule in Hamburg, 1929, S. 59–63, hier S. 61 f.

11 H. Schmidt: Verwandlungen (Hands. MS), 1945, HSA PU 21.

12 H. Schmidt: Politischer Rückblick, S. 197.

13 L. Schmidt: Mein Leben für die Schule, S. 66.

14 Ebd., S. 70.

15 H. Schmidt: Politischer Rückblick, S. 197. Ein jüngerer Musiklehrer der Schule half dem Schüler bei dieser Aufgabe durch Unterrichtung in der Harmonielehre.

16 Zeugnis der Reife vom 16.3.1937. HSA PU 2.

17 H. Schmidt: Wandlungen (Hands. MS), 1945. Loki Schmidt erinnert die Episode spontan sogar noch 80 Jahre später in einem Gespräch mit dem Verfasser im Jahr 2010 als Vorbereitung zu unserem Buch »Auf einen Kaffee mit Loki Schmidt«.

18 Im Titelblatt des Erstdrucks des »Albums für die Jugend« von 1848 gibt es eine stimmungsvoll-atmosphärische Illustration zum »Fröhlichen Landmann«. Bis heute gibt es viele Ausgaben vom »Album für die Jugend«. Zu empfehlen ist besonders die von Michael Kube 2013 herausgegebene Ausgabe. Sie enthält im Anhang auch bislang nicht gedruckte Stücke der Sammlung für die Jugend sowie Schumanns »Musikalische Haus- und Lebensregeln«, die in einigen früheren Ausgaben des Albums enthalten waren, wobei der »Fröhliche Landmann« sicher das meist gespielte und bekannteste Lied dieser Sammlung ist.

19 H. Schmidt: Begrüßungsansprache zum Hauskonzert im Palais Schaumburg am 21.6.1981. HSA EA 173.

20 H. Schmidt: Was ich noch sagen wollte, S. 97 und 99.

21 Zur Ausstattung der Schulorgel vgl.: Die Orgel der Lichtwarkschule. Hermann Schütt und Hans Henny Jahnn. In: Die Lichtwarkschule, S. 64–67.

22 Vgl. J. Wendt, Lichtwarkschule, S. 75 ff.

23 L. Schmidt: Die Bedeutung der Orgel für die damalige Lichtwarkschule. In: Förderverein Hans-Henny-Jahnn-Orgel e. V. (Hg.): Die Hans-Henny-Jahnn-Orgel der Lichtwarkschule jetzt Heinrich-Hertz-Schule. Hamburg o. J., S. 7–10, hier S. 7 f.

24 Ferner wird beim Klavierspiel bereits die Unabhängigkeit der Hände geübt, was sich auch beim Orgelspiel bezahlt macht, denn der unabhängige Einsatz der Hände wegen der zusätzlichen Bedienung der Register muss gut ausgebildet sein. Mit den Registern werden die Klangfarben des Instruments den Räumen, den Forderungen des Komponisten und Vorstellungen des Interpreten, vor allem dem Charakter der zu spielenden Werke angepasst.

25 L. Schmidt, Die Bedeutung der Orgel, S. 9.

Kapitel 4

1 H. Schmidt: Politischer Rückblick, S. 193. Gemäß allen offiziellen Urkunden und ihrer eigenen Unterschrift lautet die richtige Schreibweise des Vornamens Lilli.

2 Der Postkartenstempel lautet 4.3.1952. HSA PU 71.

3 Nach dem Abitur zu Ostern 1937 absolvierte Helmut Schmidt zunächst seinen Arbeits-, anschließend seinen Wehrdienst; ab dem 1.9.1939 diente er als Soldat in der Wehrmacht.

4 H. Schmidt: Politischer Rückblick, S. 193.

5 J. Wendt: Die Lichtwarkschule, S. 346 ff. Noch 1933 verzeichnete die Schule einen Anteil von 16,11 Prozent »nicht-arischer Schüler«, im Schuljahr 1935/36 hatte sich dieser Anteil bereits halbiert und lag 1936/37 bei nur noch 2,24 Prozent und damit sogar unter der Vorgabe des Gesetzes zur »Überfüllung der deutschen Schulen und Hochschulen« von 1934, das den Anteil jüdischer Kinder und Jugendlicher an den staatlichen höheren Schulen auf fünf Prozent festlegte. H. Schmidt legt nahe, dass der Abgang der vielen jüdischen Mitschüler wegen der insgesamt aus Leistungsgründen hohen Fluktuation von Schülerinnen und Schülern an seiner Schule von ihm nicht habe bemerkt werden können.

6 Neben Helmut und Hannelore Schmidt waren als Herausgeber und Autoren des 1992 erschienenen Bandes »Kindheit und Jugend unter Hitler« beteiligt: Willi und Willfriede Berkhan, Ruth Loah, Ursula Philipp und Dietrich Strothmann.

7 W. Berkhan: Überstandene Jahre. In: Kindheit und Jugend, 1992, S. 100.

8 H. Schmidt: Unpolitische Jugend, S. 242.

9 Die Hamburger Adressbücher jener Jahre sind online einsehbar auf der Seite der Hamburger Staats- und Universitätsbibliothek Carl von Ossietzky.

10 H. Schmidt: Wandlungen. Handschr. MS.

11 Die SS hielt sich diese Orchester für die Unterhaltung der Wachmannschaften oder zum Aufspielen bei Besuchen von Parteigrößen und ausländischen Besuchern. Vgl. H. J. Kedden: Funktionen von Musik in nationalsozialistischen Konzentrationslagern. Das Parlament 11/2005, S. 40–46.

12 Alle weiteren Informationen aus Dokumenten des Privatarchivs von Ulrich Sington-Rosdal, Hamburg.

13 Im Besitz von Ulrich Sington-Rosdal mit Dank für die Einsicht und Überlassung einer Kopie. Das Taufdatum ist 10.6.1878, das der Konfirmation der 15.3.1894.

14 Mündliche Auskunft von Ulrich Singon-Rosdal vom 6.3.2020.

15 Mündliche Auskunft Bundesarchiv Berlin vom 10.11.2020. Die Mitgliedschaft ist belegt durch eine für sie angelegte Karteikarte. BArch, R 55 Reichskulturkammerkartei.

16 H. Brückner, C.M. Rock: Judentum und Musik, München 1938, S. 263.

17 T. Stengel, H. Gerigk: Lexikon der Juden in der Musik, Berlin 1943, S. 7.

18 Volkszählung 1939: BArch, Reichssippenamt, R 1509 VZ.

19 Albertinen-Diakonissenwerk (Hg.): Auf klarem Kurs. 100 Jahre, S. 22 ff. 1918 erwarben und bezogen die Schwestern der Diakoniegemeinschaft Siloah die Tornquiststraße 50 als ihr Mutterhaus, die Tornquiststraße 48 wurde ein gutes Jahrzehnt später als Erweiterungshaus erworben, angemietet wurden zusätzlich Wohnungen in den Nachbarhäusern Tornquiststraße 44 und 46.

20 Siloah ist ein in der Bibel mehrfach erwähnter Teich mit heilendem Wasser im Süden Jerusalems. Im übertragenen Sinne wird der Begriff bis heute für Krankenhäuser als ein Ort der Heilung verwendet.

21 Sterberegister Bruchhausen 54/1953, Standesamt Unkel.

22 Alle weiteren Informationen aus der Entschädigungsakte Dr. Bernhard Elias. StA HH, Amt für Wiedergutmachung, 4279.

23 Gertrud Cassell, geb. Elias, handschr. Schreiben vom 31.10.1962, ebd. Über das Schicksal ihrer Mutter schreibt deren Tochter im Rahmen des späteren Wiedergutmachungsverfahrens: »Als mein Vater 3 Monate nach der Emigration meiner Eltern verstarb, verwirrte sich der Geist meiner Mutter, sie kam wegen Verfolgungswahn in ein Krankenhaus für Geisteskranke in London und lebte dort noch 2 Jahre.«

24 Vgl. H. Soell: Helmut Schmidt, Bd. I, S. 218 ff.

25 Postkarte von L. Singston-Rosdal an H. Schmidt vom 4.3.1952. HSA PU 71.

26 H. Schmidt: Unpolitischer Rückblick, S. 204 f. und 224 f. Zum Sachverhalt vgl. auch: G. Aust, I. Stein: Gumpel, Wenzel, Schmidt, 1994 und T. Karlauf: Helmut Schmidt, S. 288 ff.

27 Alle folgenden Fakten aus: G. Aust, I. Stein: Gumpel, Wenzel, Schmidt, S. 7 ff. Die Publikation befindet sich im Buchbestand von H. Schmidt. Sein Bruder Wolfgang beteiligte sich sogar mit einer ausführlichen schriftlichen Stellungnahme. Vgl. S. 43–49.

28 Auch einer Einladung der Stadt Bernburg Anfang der 2000er Jahre ist H. Schmidt nicht gefolgt. Auskunft von Joachim Grossert, ehemaliger Sachgebietsleiter Kultur des Landkreises, vom 27.5.2021.

Kapitel 5

1 H. Schmidt: Rede in Fischerhude vom 25.10.1985 aus Anlass der Erweiterung des Otto-Modersohn-Museums. Abgedruckt in: H. Schmidt: Vom
   deutschen Stolz, S. 73.

2 Saskia Bontjes van Beek, Mail an den Verfasser vom 18.6.2020.

3 Brief vom 18.8.2015. Zwei Monate später verstarb Helmut Schmidt.

4 Damit gewinnen auch seine späteren Schilderungen über seine lebenslange Bewunderung der klassischen Moderne seit der Schülerzeit an Be-
   stätigung.

5 H. Vinke: Cato Bontjes van Beek. »Ich habe nicht um mein Leben gebettelt«. Hamburg 2003; ders.: Cato Bontjes van Beek. »Leben will ich, leben,
   leben«. München 2020.

6 Als Jahr dieses Treffens erinnert H. Schmidt verschiedene Jahresdaten
   zwischen 1940 und 1942, andere Zeitzeugen datieren die Begegnung auf
   1941, was wahrscheinlicher ist. (Soell, Bd. I, Fßn. 71, S. 874.)

7 Vgl. ausführlich hierzu H. Soell: Helmut Schmidt, Bd. I, S. 113 ff.

8 H. Schmidt: Politischer Rückblick, S. 226.

9 Ein Briefwechsel hierzu aus dem Jahr 1991 findet sich in: PA SBvB. Für
   die Kanzlergalerie im Kanzleramt hatte der DDR-Maler Bernhard Heisig Helmut Schmidt 1986 offiziell porträtiert. Vgl. K. Volke: Heisig malt
   Schmidt. Berlin 2018.

10 Vgl. B. D. Johnson: Heinrich Breling. In: H. Schlichting (Hg.): Lebensläufe
   zwischen Elbe und Weser: ein biographisches Lexikon, Stade 2018; und
   Barbara D. Johnson: Heinrich Breling und seine Töchter. Fischerhude 2021.

11 Einen ersten Überblick bieten W.-D. Stock, W. Wischnowski: Fischerhude.
   Malerdorf an der Wümme. Fischerhude 1993, S. 29 ff.

12 H. Schmidt berichtet, dass man sich im Hause von Clara Rilke-Westhoff
   auch traf, um Musik zu machen. Auf eine Zigarette mit Helmut Schmidt.
   Über Erfahrungen unter Künstlern. Zeit Magazin, 52/2008, S. 54.

13 Die Datierungen, die H. Schmidt benennt, wechseln. Ich folge seiner ersten autobiographischen Datierung des ersten Besuchs, die er 1945 in seinem MS »Wandlungen« vorgenommen hat. HSA PU 21.

14 H. Schmidt: Vom deutschen Stolz, S. 72 f.

15 Ebd., S. 72.

16 Ebd., S. 74.

17 13 Auszüge aus diesem Briefwechsel und dem Briefwechsel von H. Schmidt
   und der Familie Modersohn sind abgedruckt in: W. Irro, S. Bontjes van
   Beek, A. Modersohn: Kunstort, Gesprächsort, Erinnerungsort. In: Kanzlers

Kunst, S. 84–111. Dass H. Schmidt erst mehr als 20 Jahre nach Ende des Krieges Kontakt zu Olga Bontjes van Beek aufnahm, hat wohl mit seiner Scham über den Tod von Olgas Tochter Cato zu tun. Dass sie 1943 von den Nazis hingerichtet worden war, hatte er vermutlich erst bei einem Nachkriegsbesuch in Fischerhude im Sommer 1946 erfahren. Zusammen mit seiner Frau war er bei Haina und Fritz Schmidt gewesen, hatte Olga Bontjes van Beek aber nicht besucht. Vgl. Soell, Helmut Schmidt, Bd. I, S. 117 f.

18 Vgl. B. D. Johnson: Olga Bontjes van Beek. In: Lebensläufe. Stade 2018.

19 Z. B. für Plastiken auf der Darmstädter Mathildenhöhe oder beim Grabmal von Paula Modersohn-Becker.

20 Olga Bontjes van Beek: Erinnerungen. Unver. MS, o. J. PA SBvB, S. 8.

21 Ebd., S. 33.

22 Ebd., S. 38.

23 Interview mit Olga Bontjes van Beek, Bild-Zeitung, 24. 8. 1981.

24 H. Schmidt: Was ich noch sagen wollte, S. 100. Den offiziellen Status einer Kantorin wird Olga Bontjes van Beek jedoch nicht gehabt haben. Ihr Sohn Tim spielte ebenfalls in dieser Kirche für die Dorfgemeinde. (Gespräch des Verfassers mit Saskia Bontjes van Beek vom 17. 10. 2020.)

25 H. Schmidt: Politischer Rückblick, S. 216 f.

26 H. Schmidt: Weggefährten S. 70.

27 H. Schmidt, Brief an Olga BvB vom 2. 9. 1968, PA, SBvB.

28 H. Schmidt: Biografische Notizen 1929–1945 (1945). HSA PU 21.

29 Hannelore Schmidt: Gezwungen, früh erwachsen zu sein, S. 48.

30 Interview des Verf. mit S. Bontjes van Beek vom 17. 10. 2020.

31 Quittung Flügel, PA SBvB.

32 Vgl. J. G. König (Hg.): Künstler in Fischerhude. Bremen 1983, S. 77 f.; und Interview mit S. Bontjes von Beek vom 17. 10. 2020.

33 O. Bontjes van Beek: Brief an Sohn Tim. Okt. 1941. PA SBvB.

34 Vgl. H. Schmidt: Vom deutschen Stolz, S. 73.

35 Alle Zahlen nach J. Woock: Hitlers willige Helfer. In: Jahrbuch für den Landkreis Verden. 2021, S. 211.

36 Vgl. zum Gesamtkomplex: F. Krogmann: Worpswede im Dritten Reich. Bremen 2011. Die Studie basiert aber auf einer begrenzten Quellenlage.

37 Vgl. für eine differenzierte Argumentation und kritische Bewertung des Diskussionsstands J. Woock: Hitlers Helfer, S. 273 ff.

38 Interview mit J. Woock vom 10. 6. 2020.

39 Ebd., S. 277 ff. Dort diskutiert J. Woock auch Christian Modersohns Einsatz als Zeichner in einer Propagandakompanie der Wehrmacht, als er im Sommer 1942 zum zweiten Mal an der Ostfront war.

40 Das belegt die zitierte Studie von J. Woock zu Fischerhude zweifelsfrei. Danach war nur der Maler Hans Buch unter den Fischerhuder Künstlern offizielles NSDAP-Mitglied, ohne dass er allerdings politisch aktiv im Dorf in Erscheinung trat. Der Schriftsteller und sogenannte Heidedichter Dietrich Strothmann hingegen zeigte sich auch öffentlich als Sympathisant der NS-Bewegung. Er verstarb aber bereits im Mai 1938.

41 Brief von Mietje Bontjes van Beek an H. Schmidt vom 4.1991. Alle Hervorhebungen im Original. PA SBvB.

42 Alle Zitate aus H. Schmidt: Wandlungen. Handschr. MS.

43 Alle Veränderungen der Mietje Bontjes van Beek finden sich im Druck seines Buches allerdings nicht wieder. Und so bekräftigt er auch noch einmal in seinem letzten Buch von 2015, dass für ihn Fischerhude vor allem als unpolitisch in Erinnerung geblieben sei (H. Schmidt: Was ich noch sagen wollte, S. 43).

44 Ebd.

Kapitel 6

1 H. Schmidt: Was ich noch sagen wollte, S. 100 f.

2 H. Schmidt: Ich bin in Schuld verstrickt. In: Die Zeit, 30.8.2007.

3 H. Schmidt: Politischer Rückblick, 1992, S. 219.

4 H. Schmidt: Hand aufs Herz, S. 163 f.

5 Zum Folgenden vgl. R. Lehberger: Loki Schmidt, S. 78 ff.

6 R. Lehberger: Die Schmidts, S. 71 f.

7 Zu entnehmen der Schadensliste betr. Ausbombung in der Gluckstraße. 13.10.1943. HSA PU 46.

8 Interview mit H. Schmidt. In: Welt am Sonntag, 9.5.2010.

9 Gipfelgespräch. Interview mit H. Schmidt. In: mobil, 9/2010, hier S. 14.

10 A. Gottwaldt, D. Schulle: Die »Judendeportationen« aus dem Deutschen Reich 1941–1945. Wiesbaden 2005.

11 H. Schmidt: Was ich noch sagen wollte, S. 100.

12 Vertrag vom 15.11.1942 im HSA PU 6. Laut www.Lexikon-der-Wehrmacht. de verdiente ein Oberleutnant der Wehrmacht zwischen 228 und 383 RM. Da Helmut Schmidt jung war und erst seit weniger als einem Jahr den Dienstgrad eines Oberleutnants innehatte, dürfte sein Sold nicht über 300 RM gelegen haben.

13 R. Lehberger: Die Schmidts, S. 100, Fn. 14.

14 Zur Geschichte des Konservatoriums vgl. Leichtentritt 1931 und die sehr informative Homepage der Scharwenka-Stiftung: https://www.scharwenka-stiftung.de/

15 Leichtentritt: Das Konservatorium, 1931, S. 18. Der Chronist des Konservatoriums Hugo Leichtentritt war selbst als Musiklehrer am Institut tätig. Wie viele seiner Kollegen am Konservatorium war auch er Jude. Die Bedeutung jüdischer Musiker für das Konservatorium darf also als beträchtlich angesehen werden.

16 In der Hochphase hatte das Konservatorium unter seinem Direktor Robitschek 1400 Schüler.

17 Über 80 Jahre war es Bestandteil des Musiklebens in Berlin gewesen, seit 2009 erinnert die Scharwenka-Stiftung in Bad Saarow an das musikalische und kulturelle Erbe von Xaver, Philipp und Walter Scharwenka. Das Konservatorium war ein bedeutender Teil ihres musikalischen Wirkens, bei einem Besuch in dem von der Stiftung betriebenen Scharwenka Kulturforum in Bad Saarow, dem ehemaligen Sommerhaus von Xaver Scharwenka, kann man das eindrucksvoll nachempfinden.

18 Diese und die weiteren Ausführungen zur Übernahme des Konservatoriums durch Walter Scharwenka basieren auf der Entschädigungsakte Robert Robitschek, Landesamt für Bürger- und Ordnungsangelegenheiten, Abt. I Entschädigungsbehörde und auf den Akten aus dem Privatarchiv von Walter Scharwenka, die im Archiv der Universität der Künste, Berlin unter Bestand 146, bes. A1-A2 archiviert sind. Dank an Andrea Pahlke vom Landesamt und Antje Kalcher von der UdK, die mir die Einsicht der Akten möglich gemacht haben. Der Einspruch R. Robitscheks wird im September 1935 zurückgewiesen. BArch R9361-V-87900.

19 Da einer der Gründungsväter, Karl Klindworth, persönlich mit Richard Wagner befreundet war, wird allerdings in einer Broschüre des Konservatoriums an diese Verbindung erinnert. Weiter heißt es: »Nicht unerwähnt bleibe, dass die Adoptivtochter von Klindworth die heutige Herrin von Bayreuth ist. Frau Winifried Wagner hat die Entwicklung unseres Konservatoriums stets mit Teilnahme und Wohlwollen verfolgt, wofür ihr an dieser Stelle besonders gedankt sei.« Walter Scharwenka. 3. Klindworth-Scharwenka-Woche. Feier des 60-jährigen Jubiläums. 1881–1941. Berlin 1941, o. S.

20 Von dem Kaufvertrag liegt in der Entschädigungsakte nur eine Abschrift vor.

21 Eintrag in: Österreichisches Musiklexikon online: https://www.musiklexikon.ac.at/ml?frames=no

22 Entschädigungsakte Robert Robitschek, a. a. O.

23 In seinem Interview mit der »Welt am Sonntag« vom 5.9.2010 spricht H. Schmidt von Unterricht in einer Kirche in Tempelhof, aus den Archiven und Quellen des Konservatoriums ist das allerdings nicht erklär- und nicht nachweisbar. Auskunft von Peter Wachalski, Scharwenka-Stiftung, vom 1.9.2020.

24 Interview mit H. Schmidt in: Welt am Sonntag, 5.9.2010.

25 Vgl. Stefan Strauss: Das Haus Lützowstraße 76 war ein Mekka für Musikliebhaber. In: Berliner Zeitung, 3.2.2001.

26 Prospekt des Konservatoriums der Musik Klindworth-Scharwenka, o. J., S. 1.

27 Mietvertrag vom 17.3.1943, HSA PU 45.

28 Ebd.

29 H. Schmidt: Taschenkalender, HSA TB 3,1.

30 Schadensliste vom 13.10.1943, HSA PU 46.

31 Brief vom 29.9.1943, HSA PU 46.

32 Die Arztfamilie wohnte in dieser Zeit in ihrem Waldhaus in Waldfrieden, in der Nähe von Schmetzdorf. Interview mit Rosemarie Arnold vom 16.4.2021.

33 Vgl. http://www.lieveverbeeck.eu/Pianoforte-makers_Germany_s.htm Vgl. auch Dorothea Schmidt: Nicht nur Bechstein-Klavierbau in Berlin bis 1914. Vortrag im Verein für die Geschichte Berlins e. V. vom 3.12.2008 (www.diegeschichteberlins.de).

34 Mietvertrag vom 22.1.1944. HSA PU 45.

35 Vgl. auch R. Lehberger: Die Schmidts, S. 86 ff.

36 H. Schmidt: Taschenkalender, 3.3.1945, HSA TB 3,1.

37 Vgl. auch R. Lehberger: Die Schmidts, S. 90 ff.

38 HSA TB 3,2.

39 H. Soell: Helmut Schmidt, Bd. I, S. 165.

Kapitel 7

1 H. Schmidt: Musik geht über Grenzen. In: Neue Zeitschrift für Musik, Jan./Febr. 1980, S. 35.

2 Vgl. R. Lehberger, Die Schmidts, S. 157 ff.

3 Vgl. den reich bebilderten Band der Wüstenrot Stiftung zur Baugeschichte des Bungalows. Ludwigsburg 2009.

4 Brief vom 25.9.1974. Abgedruckt ebd., S. 77 und 78.

5 Die Informationen zum Flügel verdankt der Verf. Frau Dr. Judith Kruse vom Haus der deutschen Geschichte in Bonn in einem Schreiben vom 16.10.2020.

6 H. Schmidt: Weggefährten, S. 45.

7 Ebd., S. 45 f.

8 In: Kent Nagano, I. Kloepfer: Erwarten Sie Wunder!, S. 268.

9 Der Spiegel 7.3.1962, 10/1962. Dieser Artikel hat viel zum Mythos von Schmidt als tatkräftigem Politiker beigetragen. Schon die Eingangssätze sind eindeutig: »Im bisher größten Katastropheneinsatz der Bundesrepublik Deutschland übernahm der Innensenator und Bundeswehr Reservehauptmann Helmut Schmidt, 43, das Oberkommando über eine – erst noch herbeizuzaubernde – Heerschar ziviler und militärischer Hilfskräfte.« Für eine späte Relativierung der Rolle Schmidts bei dem damaligen Einsatz haben die Recherchen des Hamburger Historikers Helmut Stubbe da Luz gesorgt. Vgl. das Interview mit ihm in: Die Zeit, 30/2018 vom 26.7.2018.

10 In der Zeit, 46/2015 vom 12.11.2015.

11 Vgl. das Kapitel »Helmut« in: L. Schmidt, R. Lehberger: Auf einen Kaffee mit Loki Schmidt, S. 193–205.

12 Vgl. H. Schmidt: Weggefährten, S. 45. Dort berichtet Schmidt von Anregungen aus den USA für die Einbeziehung von Swing, Pop und Musicalmelodien für Militärbands.

13 Vgl. https://bigband-bw.de/index.php Die erste Schallplatte der Big Band »Stars in Uniform« enthält allerdings keine originären Swing-Titel; die finden sich auf »Swingtime« aus dem Jahr 2000.

14 Der Auftritt ist bei YouTube einzusehen. Er hatte vorab nicht üben können, ein Fehler, den er bei späteren öffentlichen Auftritten nicht wiederholte.

15 Vgl. A. Zipfel: Der Macher und die Medien, S. 263 ff.

16 Z. B. der Historiker Eberhard Jäckel, Showgrößen wie Peter Frankenfeld und Hans-Joachim Kulenkampff, die Schauspielerinnen und Musikerinnen Inge Meysel und Katja Ebstein engagierten sich für den Spitzenkandidaten der SPD.

17 Vgl. W. Irro: Helmut Schmidt und die Künste, S. 26.

18 Die wichtige und bislang eher untergeordnete Rolle, die Schmidt als Beförderer dieses Projektes gespielt hat, hat jüngst Werner Irro ausführlich in Erinnerung gerufen. Ebd., S. 37 ff.

19 Planungspapier der Abtl. V. im Bundeskanzleramt vom 14.1.1975. AdsD, HSAAA 009367. Vgl. auch Zippel, S. 291 ff. und Irro, S. 32 f.

20 H. J. Winkel: Sommerfeste als Kulturspektakel. In: Kunst im Kanzleramt, S. 194–196. In den Jahren 1978, 1979, 1980 und 1982 gab es auch sog. Kanzlerfeste in Berlin, s. dazu Kap. 15 dieses Buches.

21 Express, 2. 7. 1977.

22 Interview mit Franz Lambert, 18. 5. 2021.

23 Helmut Schmidt: Dankesschreiben vom 7. 9. 1978. Privatarchiv Franz Lambert.

24 Nur vom ersten Konzert in dieser Reihe ist das Programm nicht im Detail überliefert. Alle anderen Programme liegen vor bzw. lassen sich durch die Einführungen von H. Schmidt erschließen.

25 Interview mit Manfred Lahnstein vom 14. 4. 2021. Manfred Lahnstein war ab 1980 Chef des Bundeskanzleramts und hatte Vorschläge für die Einbeziehung neuerer Musik für die Hauskonzerte eingebracht.

26 Die Aufnahme der Stadt Tel Aviv in ihrem Namen war ein Hinweis auf den Hauptspielort des Israel Philharmonic Orchestra.

27 A. Grünewald: Hauskonzerte – Sonntagabend die ›Nebenmuse‹. In: Kunst im Kanzleramt. Helmut Schmidt und die Künste, München 1982, S. 185. Zum Verhältnis des Kanzlers Schmidt zu Israel vgl. Shafir, Shlomo: Helmut Schmidt: Seine Beziehungen zu Israel und den Juden. Compass. Infodienst für christlich-jüdische Zusammenarbeit und deutsch-jüdische Tagesthemen im Web. Online-extra, Nr. 91, Febr. 2009.

28 Vgl. Barbara von der Lühe: Die Musik war unsere Rettung! Tübingen 1998.

29 Zit. in: 10. Rolandseck Festival. General-Anzeiger. RP Online 17. 6. 2015. Chaim Taub kam regelmäßig zum Rolandseck Festival und gab dort Meisterkurse. Seine Nähe zur Region und zu Bonn war nicht zuletzt durch das erste Hauskonzert im Palais Schaumburg entstanden. Der Titel der Nationalhymne »Hatikvah« heißt auf Deutsch: die Hoffnung.

30 Vgl. S. Shafir: Helmut Schmidt.

31 Rede des Bundeskanzlers zum Hauskonzert am 26. 10. 1980. HSA ESA 182.

32 Gespräch mit Josef und Olga Rissin vom 2. 11. 2020.

33 R. M. Zartner, Brief an den Verfasser vom 12. 11. 2020.

34 A. Grünewald: Hauskonzerte. In: Kunst im Kanzleramt, S. 186. Ein anderes Projekt von Musik und Text ließ sich leider nicht realisieren: »Texte von Morgenstern mit Musik von Stravinsky oder alternativ sommerlich-leichten Ringelnatz mit geeigneten handlichen Stücken von Mendelssohn-Bartholdy.«

35 Gespräch mit Rose Marie Zartner vom 11. 11. 2020.

36 Bei der Einführung zum Konzert von Jenny Abel und Roberto Szidon berichtet Schmidt über die Verleihung des deutschen Schallplattenpreises

an die beiden im Jahr 1977. Ausgezeichnet wurden Jenny Abel und Roberto Szidon für die Einspielung der Sonaten von Béla Bartók für Violine und Klavier. »Meine Frau war damals bei der Preisverleihung anwesend. Sie besitzt die Platte und hat sich und mich damit auf dieses Konzert heute Abend eingestimmt.« Begrüßungsansprache des Bundeskanzlers zum Hauskonzert am 29.11.1981. HSA ESA 177.

37 A. Grünewald: Hauskonzerte, S. 186.

38 Gespräch mit Jenny Abel vom 22.3.2021.

39 Interview mit Sontraud Speidel vom 7.9.2020.

40 Gepräch mit Sontraud Speidel vom 11.8.2021.

41 Rede des Bundeskanzlers zum Hauskonzert am 26.10.1980. Im Vorfeld des Konzerts des Barock-Ensembles von Otto Büchner vom 12.2.1978 hatte das Umfeld von Schmidt die politische Abstinenz bewusst durchbrochen. Den Bonner Journalisten Mainhardt Graf von Nayhauss hatte man wissen lassen, dass es bei 130 Einladungen nur zehn Absagen gegeben habe. Namentlich genannt wurden ausschließlich CDU- oder CSU-Vertreter, darunter Helmut Kohl, Franz Josef Strauß und Friedrich Zimmermann. Bonner Kulisse: Nur selten sagten Eingeladene ab. In: Die Welt, 11.2 1978.

42 Vgl. A. Nacken: Kaffeeklatsch bei Loki Schmidt. In: Rolf Italiaander (Hg.): Loki, S. 43.

43 Die Westdeutschen Kammersolisten standen unter der künstlerischen Leitung des Violinisten Albert Kocsis.

44 Gespräch mit Pierre W. Feit vom 9.12.2020.

45 R. M. Zartner, Brief an den Verfasser vom 12.11.2020.

46 Anina Pomerenke: SHMF: https://www.ndr.de/kultur/musik/klassik/schleswig-holstein_musikfestival/SHMF-Eschenbach-und-Frantz-beim-Freiluftkonzert-in-Kiel,eschenbach318.html Im Sommer 2020 traten die beiden Künstler nach langen Jahren wieder einmal zusammen beim Schleswig-Holstein Musik Festival auf.

47 H. Schmidt: Begrüßungsansprache zum Hauskonzert am 10.5.1982. HSA ESA 182.

48 Gespräch mit Josef Rissin vom 2.11.2020.

49 A. Grünewald: Hauskonzerte, S. 187.

Kapitel 8

1 H. Schmidt: Was mir Musik gibt – und was sie uns allen geben kann. In: Hörzu, S. 7.

2 Mail von Hartwig Kalb, 11.3.2020. Im HSA finden sich allerdings doch einige Amateuraufnahmen. Die drei Flügel sind nebeneinander aufgebaut, Schmidt spielt auf dem Flügel in der Mitte, sodass er mit beiden Mitstreitern gut kommunizieren konnte.

3 J. Frantz: Das ist Freundschaft. In: Helmut Schmidt – Der letzte Staatsmann. Der Spiegel Biografie Nr 1/2015, S. 25.

4 Ebd. Vgl. auch: Irro: Mit großem Vergnügen, S. 91 ff.

5 Vgl. das vorangegangene Kapitel in diesem Buch. Eschenbach und Frantz besaßen auf Gran Canaria eine Finca, in der auch Helmut Schmidt über lange Jahre immer wieder zu Gast war. Nach seiner politischen Karriere zog er sich hierher – und zwar immer am Jahresbeginn, wenn das Wetter in Hamburg traditionell eher ungemütlich ist – zum Schreiben seiner Bücher zurück. Den Flügel im Hause nutzte er laut Aussagen seiner Sicherheitsbeamten häufig, war Justus Frantz zugegen, wurde durch gemeinsame Klavierstunden sein Spiel verbessert.

6 Auf eine Zigarette mit Helmut Schmidt. Über seine Liebe zum Cool Jazz. In: Zeit Magazin, 2007, S. 54.

7 H. Schmidt: Musik geht über Grenzen, S. 36.

8 Vgl. Marius Flothuis: Mozarts Klavierkonzerte. Ein musikalischer Werkführer. München 2008, S. 26 ff.

9 Kanzler im Kasten, Der Spiegel, 14.3.1982.

10 Die Verbundenheit Mozarts zur Gräfin Lodron zeigt sich auch darin, dass er für sie noch zwei Divertimenti schrieb (KV 247 und 287), kammermusikalische Stücke, in der Literatur bekannt als die »Lodronschen Nachtmusiken«.

11 Über die Ankunft in London hieß es: »Mr Schmidt, who flew into London in a German air force jet, arrived at the studios in a five-car cavalcade with screeching sirens. He sported a blue yachting cap as a reminder that he rivals Mr Heath as a yachtsman as well as a organist and pianist.« Bei Letzterem spielt der »Guardian« auf die erwähnte Edward-Elgar-Einspielung mit Edward Heath am Dirigentenpult an. The Guardian, 22.11.1981.

12 J. Kaiser: Süddeutsche Zeitung, 23.12.1981.

13 Schmidt selbst berichtet von sechs Stunden. Ansprache des Bundeskanzlers bei der Schallplattenübergabe im Bundeskanzleramt, 12.3.1982. HSA EA 180.

14 F. Hansen: Helmut Schmidt. Das Mozart Konzert. EMI Classics. 2008, o. S. (S. 7),

15 Ebd., o. S. (S. 6).

16 Zit. nach Bundeskanzler Helmut Schmidt Stiftung: Objekt der Woche. Die Mozart-LP. 23. 2. 2018. www.helmut-schmidt.de

17 H. Schmidt in: Klaus Geitel: »Das Zusammenspiel ist ein Genuß, sagt der Mann am Klavier«. Die Welt, 13. 7. 1983.

18 Der Spiegel, 6. 10. 1980.

19 M. Görtemaker: Kleine Geschichte, S. 322 f.

20 Der Spiegel, 27. 1. 2013.

21 T. Karlauf: Helmut Schmidt, S. 476 ff.; R. Lehberger: Die Schmidts, S. 308 ff.

22 »Dann rumpelt es in der Brust«. Die Krankengeschichte des Patienten Helmut Schmidt. Der Spiegel, 18. 10. 1981.

23 Kalender von H. Schmidt vom 4. bis 8. Juli 1983. HSA 1447.

24 Die Filmaufnahme als DVD wurde von der Trebitsch-Produktionsfirma erstellt: W. A. Mozart: Konzert für 3 Klaviere und Orchester [in F-Dur, KV 242] / Regie: Hartmut Schottler. Musik: Wolfgang Amadeus Mozart. – Produktion: Karl Faust, Gyula Trebitsch Produktion International, ZDF, P 1983/2008. – 1 DVD (27 Min.).

25 Aktennotiz von Hans J. Bär vom 8. 2. 1984. Stadtarchiv Zürich. Tonhalle, 12. 1. 8. 1.

26 Alles nach den Kalendereinträgen vom 9.–11. 7. 1983. HSA 1447.

27 Georg Ubenauf: »Helmut Schmidt. Von der Macht zu Mozart«. In: Tele. Zur Sendung Concerto DRS, 27. 11. 1983. Stadtarchiv Zürich. Tonhalle 12. 1. 8. 1.

28 K. Geitel: Das Zusammenspiel ist ein Genuß. Die Welt, 13. 7. 1983.

29 Ebd. Zu einer Herausforderung im Zusammenspiel mit seinen Partnern äußerte sich der Aufnahmeleiter im Nachhinein: »Wenn alles gut läuft, begeistert er sich derart, daß er leicht zu laut wird. Mißrät ihm etwas, wird er freilich nicht leiser vor lauter Wut.« Bei der Aufnahme war das für den Techniker jedoch leicht herunterzuregeln.

30 Ebd.

31 Ebd.

32 Richard Bächi: Rapport über Filmaufnahmen ZDF/SRG (...) in der Tonhalle 9./10./11. Juli 1983. Stadtarchiv Zürich, Tonhalle 12. 1. 8. 1.

33 G. Ubenauf: Helmut Schmidt – Von der Macht zur Musik.

Kapitel 9

1 H. Schmidt: Was mir die Musik gibt – und was sie uns allen geben kann. In: Hörzu 50/1983, 9. 12. 1983, S. 7.

2 L. Schmidt, R. Lehberger: Auf einen Kaffee, S. 42.

3 H. Schmidt: Was ich noch sagen wollte, S. 99.

4 In »Weggefährten«, S. 152 ff. berichtet H. Schmidt über seinen dritten und letzten Besuch bei Karl Popper, bei dem es auch einen Austausch zu Bach und seiner Musik gab.

5 Axel Brüggemann: Helmut Schmidt – Kanzler und Pianist. Einführungstext zur gleichnamigen CD. Deutsche Grammophon, 2008.

6 H. Schmidt: Vom deutschen Stolz, S. 52.

7 Programm des Bach-Abends aus der Eltern-Zeitung der Lichtwarkschule 3/1922. Abgedruckt in: Die Lichtwarkschule, S. 100.

8 Einladung zum 1. Konzert auf der Orgel der Lichtwarkschule, 10. 9. 1931. Abgedruckt in: Die Lichtwarkschule, S. 106. Wie erwähnt, wurde die Orgel nach Plänen von Hanns Henny Jahnn erbaut.

9 cpe-bach-chor.de
   Der Carl-Philipp-Emanuel-Bach-Chor ist der Nachfolger des St. Michaeliskirchenchors.

10 H. Schmidt: Vom deutschen Stolz, S. 45.

11 Vgl. M. Hübner: Anna Magdalena Bach – Ein Leben in Dokumenten und Bildern. Leipzig 2005.

12 H. Schmidt: Vom deutschen Stolz, S. 45 f.

13 Die Lichtwarkschule, S. 99.

14 H. Schmidt: Vom deutschen Stolz, S. 44. Allerdings ist die Grabplatte Bachs noch ein wenig schlichter gestaltet, als H. Schmidt sie in dieser Rede beschrieben hat. Sie enthält nämlich nur Bachs Namen, die Lebensdaten, die H. Schmidt anführt, finden sich darauf nicht.

15 Zu dem Arbeitsbesuch insgesamt vgl. Detlev Brunner: »… eine große Herzlichkeit«? Helmut Schmidt und Erich Honecker im Dezember 1981. In: Deutschland-Archiv, 4/2011, S. 508–517; Speziell zu dem Güstrow-Besuch auch: Irro: »Mit großem Vergnügen …«, S. 83 ff. und Volke: Heisig malt Schmidt, S. 11 ff.

16 1981 trug die Einrichtung den Namen: »Ernst-Barlach-Gedenkstätte in der DDR«.

17 In der Hamburger Kunstgewerbeschule absolvierte Barlach den ersten Teil seiner künstlerischen Ausbildung. In der Hansestadt gibt es das Ernst Barlach Haus und die Ernst-Barlach-Gesellschaft. Diese erforscht

seit 1946 das künstlerische Erbe Barlachs. In geographischer Nähe befinden sich die Ernst Barlach Häuser in Wedel und Ratzeburg. In der Kunstsammlung der Schmidts in ihrem Haus am Neubergerweg finden sich sechs Plastiken, eine Zeichnung und drei Graphiken des Künstlers. Vgl. Karsten Müller: »Menschliche Menschen«. Ernst Barlach. In: Helmut und Loki Schmidt Stiftung: Kanzlers Kunst, S. 132–149, hier S. 143.

18 So berichtet auch H. Schmidt, er habe dennoch »manchen Zettel« zugesteckt bekommen. H. Schmidt: Weggefährten, S. 374. Zu den späteren Besuchen in der DDR nach seiner Kanzlerschaft berichtet Loki Schmidt, sie habe immer Jacken mit großen Taschen getragen, um all die Zettel mit Bitten an die Gäste aufsammeln zu können. L. Schmidt: »Erzähl doch mal von früher«, S. 181.

19 Die Zahlen nach D. Brunner: Helmut Schmidt und Erich Honecker.

20 In einem offiziellen Bericht von dem für die Staatssicherheit zuständigen Erich Mielke an seinen Genossen Erich Honecker hieß es in der Rückschau – sprachlich und inhaltlich verquast: »Den feindlichen und negativen Kräften ist es nicht gelungen, ihre Pläne, Absichten und Maßnahmen zur Störung des Arbeitsbesuches des Bundeskanzlers zu verwirklichen (...). Es bestätigte sich erneut, daß wesentliche Voraussetzungen für die erfolgreiche Lösung komplexer Sicherheitsaufgaben die Mobilisierung und Einbeziehung aller gesellschaftlichen Kräfte, Potenzen und Bereiche auf den Gebieten der Sicherheit und Ordnung, die Entwicklung einer breiten revolutionären Massenwachsamkeit, das enge Zusammenwirken der bewaffneten Organe untereinander und mit den gesellschaftlichen Kräften, insbesondere mit den territorialen und örtlichen Parteiorganisationen, sind.« Schreiben von Erich Mielke an Erich Honecker, Dezember 1981. Zit. nach Volke: Heisig malt Schmidt, S. 3.

21 Vgl. den Bericht des Führers durch die Barlach-Gedenkstätte abgedruckt in W. Irro: »Mit großem Vergnügen ...«, S. 143–146.

22 Ausführlich zum Dom-Besuch: Hering: »Aber ich brauche die Gebote«, S. 160 ff.

23 Titel des Chorals nach H. Schmidt: Weggefährten, S. 375.

24 H. Schmidt sagt zu dieser Szene, als er mit Erich Honecker und Bischof Rathke dem ersten programmmäßigen Orgelspiel lauscht, anlässlich seiner Rede im Deutschen Bundestag vom 18.12.1981: »Unser gemeinsamer Besuch im Dom [...] dieser Besuch und das Fernsehbild dieser drei Personen nebeneinander auf dem Gestühl des Chores hat den Bürgern der Deutschen Demokratischen Republik und den Bürgern bei uns [...]

ein wichtiges Zeichen der Gemeinsamkeit gegeben.« Zit. nach Irro: »Mit großem Vergnügen …«, S. 90.

25 Dies und alles weitere zum Orgelprogramm im Dom nach einem Interview mit Sabine Schumann vom 5.2.2021. Die Frau des Organisten Paul Gerhard Schumann war mit ihrem Mann auf der Empore. Wie alle anderen Mitglieder der Gemeinde, die im Dom anwesend sein durften, war sie zuvor von der Stasi überprüft worden.

26 Auf YouTube findet sich ein Bericht zu dem DDR-Besuch des Kanzlers vom 13.12.1981. Er zeigt Ausschnitte aus der »Aktuellen Kamera« des DDR-Fernsehens und ein nach dem Mauerfall geführtes Interview mit Bischof H. Rathke.

27 K. Volke: Heisig malt Schmidt, S. 14.

28 Gemäß dem gregorianischen Kalender ist der Geburtstag Bachs der 31.3.1685, gewöhnlich wird aber das örtlich gültige Datum vom 21.3.1685 angegeben.

29 Schreiben von Günter Jena an H. Schmidt vom 21. März (!) 1984. HSA 543.

30 H. Schmidt: Vom deutschen Stolz, S. 52. Ähnliches hat er im Übrigen von Marc Aurels »Betrachtungen« gesagt, eine Schrift, die ihn wie die Musik Bachs sein Leben über begleitet hat.

31 MS, S. 3. HSA 542.

32 H. Schmidt: Vom deutschen Stolz, S. 49.

33 Ebd., S. 53 f.

34 H. Schmidt: Vom deutschen Stolz, S. 47. In der Tat waren die Konditionen an St. Jacobi nicht verlockend, sodass Bach auch ohne die Last der erwähnten 4000 Mark Courant, heute in etwa 20 000 Euro, nicht in die Hansestadt gewechselt wäre. Stattdessen bleibt er auf seiner Stelle in Köthen und ging 1723 schließlich als Thomaskantor nach Leipzig.

35 Nieuw Wereldtijdschrift, Bd. 4, 1987, S. 6–9.

36 Festrede von H. Schmidt zur Eröffnung des Bach-Fests 1999. www.bachfestleipzig.de

37 In einem Brief an Kurt Masur begründet Schmidt Weimar als Sitz der Stiftung mit der Erklärung: »Sitz der Stiftung soll die Stadt Weimar sein, als Symbol der Aufklärung und der Verletzlichkeit der Demokratie in Deutschland und – Buchenwald liegt vor den Toren von Weimar – zur mahnenden Erinnerung.« (Brief von H. Schmidt an K. Masur vom 2.8.1993. Archiv der Deutschen Nationalstiftung.)

38 Schmidt hatte die Stiftung zusammen mit befreundeten und finanzstarken Partnern aus der Wirtschaft (Hermann Josef Abs, Gerd Bucerius, Kurt Körber und Michael Otto) symbolträchtig in Weimar und nicht in

Berlin gegründet. In den ersten Vorständen waren mit Kurt Biedenkopf, Reimar Lüst, Kurt Masur und Peter Kreyenberg Repräsentanten aus Kultur, Wissenschaft und Politik vertreten.

39 Neue Bachgesellschaft (Hg.): Reichs-Bach-Fest vom 16.–24. Juni in Leipzig. Leipzig 1935.

40 Zit. nach Bachhaus Eisenach (Hg.): »Blut und Boden«. Bach, Mendelssohn und ihre Musik im Dritten Reich. Eisenach 2014, S. 14. Natürlich spielte in der NS-Rezeption Bachs auch dessen angeblich antijudaische Haltung eine Rolle. Vgl. Bachhaus Eisenach (Hg.): Luther, Bach – und die Juden. Eisenach 2016.

41 Zit. nach ebd., S. 14.

42 Ernst Klee: Personenlexikon zum Dritten Reich. S. Fischer Verlag, Frankfurt am Main 2003. Dieter Kolbe: Reichsgerichtspräsident Dr. Erwin Bumke. Studien zum Niedergang des Reichsgerichts und der deutschen Rechtspflege. Karlsruhe 1975.

43 Vgl. zur Rolle Straubes in der NS-Zeit: Günter Hartmann: Karl Straube und seine Schule. »Das Ganze ist ein Mythos« (= Orpheus-Schriftenreihe zu Grundfragen der Musik, Bd. 59). Verlag für Systematische Musikwissenschaft, Bonn 1991. Günter Hartmann: Karl Straube. Ein »Altgardist der NSDAP«. Eigenverlag, Lahnstein 1994.

44 Bachhaus Eisenach: »Blut und Geist«, S. 34.

45 K. Geitel: Das Zusammenspiel ist ein Genuß, Die Welt, 13. 7. 1983.

46 Vivaldis L'Estro Armonico (»Die harmonische Eingebung«) ist ein Zyklus von zwölf Konzerten für Violinen und Streichorchester aus dem Jahr 1711.

47 Hanno Rinke: Helmut Schmidt spielt Johann Sebastian Bach. Einführungstext zur Erstveröffentlichung 1985. Abgedruckt: Helmut Schmidt Kanzler & Pianist. Deutsche Grammophon 2008.

48 Brief vom 2. 9. 1985. Archiv der Deutschen Grammophon.

Kapitel 10

1 H. Schmidt: Was ich noch sagen wollte, S. 99.

2 H. Schmidt: Musik geht über Grenzen, S. 35.

3 Vgl. Rückseite des Buchs H. Schmidt: Als Christ in der politischen Entscheidung. Gütersloh 1976.

4 H. Schmidt: Was ich noch sagen wollte, S. 97.

5 Aussage von H. Schmidt im Gespräch mit R. Hering vom 15. 2. 2007. R. Hering: »Aber ich brauche die Gebote«, S. 219.

6 Schreiben an Dr. Herbert Hierl vom 17.12.1984. Die Einladung an
   H. Schmidt datiert vom 30.11.1984. AdsD, HSA A010973.

7 Arp Schnitger für Einsteiger. www.Orgelstadt-Hamburg.de Vgl. auch:
   Heimo Reinitzer (Hg.): Die Arp-Schnitger-Orgel der Hauptkirche St. Jacobi in Hamburg. Hamburg 1995.

8 H. Schmidt: Rettet die Arp-Schnitger-Orgel. 17.9.1985. HSA EA 201.

9 Moritz Kelber sieht Auftritt und Foto aus einer anderen Perspektive, »als
   eine Inszenierung von Macht und als Selbsteinschreibung des Politikers
   in die Hamburger Stadtgeschichte. (…) Körperhaltung und Garderobe,
   aber auch die Belichtung verleihen dem Hobbyorganisten beinahe herr-
   schaftliche Würde. Die Orgel wird hier Element einer Ikonographie der
   Macht.« Moritz Kelber: Leviathan: Die Orgel als Herrschaftsinstrument.
   In: Musiktheorie 1/2019, S. 83–94, hier S. 91.

10 Gespräch mit Lutz Mohaupt vom 17.5.2021. Dank auch für Einblick in
   seine Aufzeichnungen des Jahres 1986.

11 Wie wichtig ihm sein Engagement war, zeigt u.a., dass er noch zwanzig Jahre später sein Anliegen zur Bewahrung der Orgelkunst in Hamburg erneuert. In seinem Grußwort für das Buch »Musikstadt Hamburg«
   schreibt er 2008: »Es war überfällig, den Blick der Bürger meiner Vater-
   stadt auf ihre überaus reiche Musikkultur zu lenken und um deren Darstellung zu erweitern. Ich will einen Aspekt als Beispiel herausgreifen, der
   mir am Herzen liegt: Die Orgelkunst, die im Spiel des Instruments und in
   der Komposition wie auch im Orgelbau in der Hansestadt schon früh im
   17. Jahrhundert in Blüte stand. Gerade symbolhaft steht dafür der Name
   Arp Schnitger; aber nicht nur er, sondern in der jüngeren Vergangenheit
   auch der des unvergessenen Hans Henny Jahnn (…). Bis heute arbeiten
   wir an der Restaurierung der Orgeln in den Hauptkirchen und manch anderer Kirche der Stadt.« Abgedruckt in: H. Rauhe: Musikstadt Hamburg.
   Eine klingende Chronik. Hamburg 2008.

12 H. Schmidt rettet Jahnn-Orgel. Hamburger Abendblatt vom 2.5.1985. Ich
   danke Karin Pilnitz für diesen und weitere Hinweise.

13 Loki Schmidt: Die Bedeutung der Orgel, S. 10.

14 Schreiben von R. Augstein vom 29.12.1987. Archiv Förderverein Hans-
   Henny-Jahnn-Orgel.

Kapitel 11

1 H. Schmidt: MS für einen Beitrag in der Welt am Sonntag am 21.2.2003. HSA 669. Gedruckt: H. Schmidt: Liebeserklärungen an einen Mythos. Helmut Schmidt. Welt am Sonntag, 23.2.2003. Vgl. ebd. auch Deborah Knür: Ein Mythos hat Geburtstag: Steinway verleiht Flügel.

2 Mit Ausnahme seiner ersten Wahl in den Bundestag im Jahre 1953 hat H. Schmidt seinen Wahlkreis immer direkt gewonnen, seit 1969 erreichte er immer weit mehr als 50 Prozent, 1972 gaben ihm sogar 64 Prozent der Wählerinnen und Wähler in seinem Wahlkreis Hamburg-Bergedorf ihre Erststimme.

3 Vgl. Theo Sommer: Unser Schmidt: Der Staatsmann und Publizist. Hamburg 2010.

4 Zur Geschichte der Firma vgl. Richard. K. Lieberman: Steinway & Sons: Eine Familiengeschichte um Macht und Musik. München 1996; Dirk Stroschein: Von Steinweg zu Steinway. Hamburg 2003.

5 Vgl.: Sabrina Werner: Mit Flügeln in die ganze Welt. https://shmh.de/de/hamburgwissen/dossiers/steinway-and-sons

6 Toasts of the President and Chancellor Helmut Schmidt at the State Dinner. 21.5.1981. www.reaganlibrary.gov/archives/speeches

7 H. Schmidt: MS zu 150 Jahre Steinway & Sons. HSA 669.

8 Alle Angaben nach Pesonalakte Gustav Schmidt. StAHH 361-3/A 1723.

9 Ausführlich zu den Schmidts in den Nachkriegsjahren: R. Lehberger, Loki Schmidt, S. 99 ff.

10 Das Cembalet, ein elektromechanisches Tasteninstrument, wurde seit Ende der fünfziger Jahre von der Firma Hohner gebaut. »Der Klang wird von mit Plektrum angerissenen Metallzungen erzeugt. Elektromagnetische Tonabnehmer leiten den Klang an einen eingebauten Vorverstärker weiter.« https://de.wikipedia.org/wiki/Cembalet

11 Zunächst beklagt H. Schmidt Tonverzerrungen, nach der ersten Reparatur gab es »überhaupt keinen elektrischen Ton mehr«. Briefe an Steinway & Sons vom 4.7.1959 und 17.4.1961. HSA 911.

12 Das Klavier ist nur auf einem Foto dokumentiert, die Zuschreibung zu einem Fabrikat ist wegen des Bildausschnitts schwierig.

13 Die Einordnungen und Zuschreibungen zu Herstellern der Instrumente nach Information von Volker Hein von www.tastronauten.de und Sascha Schröter vom Deutschen Harmonikamuseum.

14 Vorkaufvertrag vom 4.2.1987. HSA. Kaufvertrag für den Kunden s. Faks. im Bildteil S. VIII.

15 Was befähigt Sie zum Kanzler? In: Der Spiegel, 29.9.1980, S.27.

16 Vgl. T. Karlauf: Helmut Schmidt, S.127ff. und R. Lehberger: Die Schmidts, S.284ff. Schmidt erhielt 20000 Dollar – damals in etwa 50000 DM – für einen einzelnen Vortrag. Das war ein Spitzenwert.

17 Bild am Sonntag, 29.3.1987. In den nächsten Jahren sollten insbesondere die Einkünfte aus dem Verkauf seiner Bücher noch einmal beträchtlich steigen. Am Ende galt Schmidt mit circa 4 Millionen verkauften Büchern als ein Erfolgsautor ersten Ranges auf dem deutschen Buchmarkt.

18 Zur Kunstsammlung vgl.: Helmut und Loki Schmidt Stiftung (Hg.): Kanzlers Kunst. Hamburg 2020. Zur Einrichtung: Bundeskanzler Helmut Schmidt Stiftung (Hg.): Zuhause bei Loki und Helmut Schmidt. 2020.

19 Laut Loki Schmidt war dies ein erster Entwurf für den offiziellen Auftrag an B. Heisig, den Exkanzler für die Galerie der Bundeskanzler im Bundeskanzleramt – damals noch Bonn, heute Berlin – zu malen. L. Schmidt, R. Lehberger, Kaffee, S.30. B. Heisig hat dieses Bild H. Schmidt geschenkt, aus dem Malauftrag entwickelte sich eine Freundschaft. Vgl. K. Volke: Heisig malt Schmidt.

20 Ich bewundere seinen Mut! H. Schmidt gratuliert Kurt Masur zum 80. Geburtstag. In: Bild, 13.6.2007, S.16.

21 H. Schmidt in »Deutschland deine Künstler: Kurt Masur«. Folge 11. ARD 2009.

22 Vgl. H. Schmidt: Weggefährten, S.477ff.

23 Trauerrede von H. Schmidt auf Karl Wilhelm Berkhan vom 21.3.1994, HSA.

24 Auskünfte von Meike Lipp an den Verf. vom 9.5.2020 und 9.10.2020. Die Schmidts schätzten die Malerin, da diese bereits 1994 ein Porträt von Loki Schmidt gemalt hatte. Das Bild war ein Geschenk der Eltern an die Tochter Susanne für ihre Wohnung in England.

Kapitel 12

1 Loki Schmidt, R. Lehberger: Auf einen Kaffee, S.37.

2 In: Italiaander (Hg.): Eine Lehrerin, S.99.

3 Vgl. L. Schmidt, R. Lehberger: Mein Leben für die Schule, S.17. Eine halbe Geige ist im Übrigen nicht halb so groß wie eine normale Geige, sondern ungefähr 1/8 kleiner als eine Normalgeige.

4 L. Schmidt, R. Lehberger: Auf einen Kaffee, S.33.

5 Ebd.

6   Ebd., S. 38.

7   Ebd., S. 34.

8   Ebd., S. 38.

9   H. Schmidt: Antworten auf eine Interviewanfrage der Hörzu vom 25.11.1983. FES 1-HSAA011336.

10 L. Schmidt, R. Lehberger: Auf einen Kaffee, S. 42.

11 H. Schmidt: Was ich noch sagen wollte, S. 98.

12 Ebd., S. 101.

13 H. Schmidt: Ansprache zum 70. Bachfest, Rostock, 9.6.1995. MS. HSA 2008.

14 H. Schmidt: Rede von Bundeskanzler Helmut Schmidt zum 70. Geburtstag von Rolf Liebermann anlässlich der Nachfeier vom 1.2.1981. HSA EA 171.

15 Die genauen Daten von Loki Schmidts Mitgliedschaft im Kuratorium lauten 1976–1993. Die Stiftung zur Förderung der Hamburger Staatsoper war von Kurt Körber gegründet und bis zu seinem Tod geleitet worden. Auskunft der Stiftung vom 17.3.2021.

16 H. Schmidt: Weggefährten, S. 45 f.

17 R. Lehberger: Die Schmidts, S. 157 ff.

18 Einladung der Stiftung zum festlichen Buffet am 5.3.1979 im Bonner Kanzlerbungalow. Auf dem Programm stand für Felicia Weathers »eine musikalische Blumenshow«. Mit ihr traten Carl Michalski und Fred Rauch auf. Den eigentlichen Geburtstag vom 3.3.1979 feierten die Schmidts mit Freunden in Langenhorn.

19 Gespräch des Verf. mit F. Weathers vom 23.2.2021.

20 Vgl. ausführlich Kap. 15 in diesem Buch.

21 »Bonn Vertraulich. Des Kanzlers Sängerkrieg«. Presseausschnitt ohne Quellenangabe aus dem Privatarchiv von Sontraud Speidel. Der Bericht ist wohl unmittelbar nach dem Geburtstag von Kurt A. Körber, also nach dem 7.9.1979, veröffentlicht worden.

Kapitel 13

1   H. Schmidt: Weggefährten, S. 44 f.

2   Allerdings wusste Schmidt über Willi Berkhan eine amüsante Anekdote zum Thema Freundschaft und Musik zu berichten. 1953 war Schmidt in den Bundestag wohl auch mit der Unterstützung des in Hamburg-Nord einflussreichen SPD-Politikers Willi Berkhan eingezogen. »Vier Jahre spä-

ter kam er selbst nach. Wir haben uns eine Wohnung geteilt; ich wurde immer zehn Minuten zu früh wach, weil Willi aus dem Badezimmer Gesang ertönen ließ, meist falsch, aber dafür laut.« (H. Schmidt: Weggefährten, S. 480.)

3   Interview mit Kai-Jacob Klasen, Sohn des Bankiers, vom 17. 5. 2021.

4   Die Geburtstagsfeier von K. Körber im Bergedorfer Haus im Park und die vorausgegangene Einweihung der Produktionshalle der Hauni Werke sind gut dokumentiert in der Betriebszeitung: Hauni-Glocken 3/1979 und einer, den privaten Gästen nach der Feier überstellten Fotodokumentation unter dem Titel »Sängerkrieg auf der Wartburg in Bergedorf«.

5   Zu F. Weathers vgl. das vorherige Kapitel. Die Karriere ihrer Freundin und amerikanischen Landsmännin Jeanette Scovotti war nicht minder beeindruckend. In den sechziger Jahren war die Koloratursopranistin Stammgast an der New Yorker Metropolitan Opera und anderen amerikanischen Opernhäusern, in den Siebzigern an vielen europäischen Bühnen, darunter auch die Hamburger Staatsoper.

6   Belegt in der o. b. Fotodokumentation.

7   Interview mit H. Rauhe vom 9. 3. 2020. Vgl. auch H. Rauhe: Nur wer selbst brennt, kann andere entzünden. Hamburg 2006, S. 204.

8   Vgl. dazu ausführlich: R. Lehberger: Die Schmidts, S. 138 f.

9   Gespräch des Verf. mit Katharina Trebitsch vom 2. 2. 2021.

10   Der Spiegel, 27/1992, S. 93.

11   H. Schmidt: Menschen und Mächte. Berlin 1998, S. 96 ff.

12   Hier in: Weggefährten, S. 50, aber auch bei seiner Einführung zu dem Menuhin-Konzert im Kanzleramt im Mai 1982 oder in seiner Laudatio zu Menuhins 75. Geburtstag.

13   Herrn Dr. Thomas Rahe von der Gedenkstätte Bergen-Belsen danke ich für wertvolle Hinweise.

14   Y. Menuhin: Unvollendete Reise. Lebenserinnerungen. München 2009, S. 196.

15   H. Schmidt: Weggefährten, S. 50.

16   Y. Menuhin: Unvollendete Reise, S. 251 ff. Vgl. den sehr differenziert argumentierenden Beitrag von Tina Frühauf: Music and Politics after the Holocaust: Menuhin's Berlin concerts of 1947 and their aftermath. In: Arbor: Ciencia, Pensamiento y Cultura. Sept./2011, S. 887–904.

17   https://www.friedenspreis-des-deutschen-buchhandels.de/

18   H. Schmidt: Beitrag zum 75. Geburtstag von Y. Menuhin. MS vom 29. 11. 1990, HSA EA 239. Abgedruckt: Helmut Schmidt: Ein Mann der

Versöhnung. In: Jutta Schall-Emden (Hg.): Weder Pauken noch Trompeten. Für Yehudi Menuhin. München 1991, S. 86–87.

19 Brief von Y. Menuhin vom 1.12.1980. FESA 1-HSA 00 6861.

20 Telegramm von H. Schmidt an Y. Menuhin vom 22.4.1986. FESA 1-HSAA0 11 504.

21 H. Schmidt: Beitrag zum 70. Geburtstag von Leonard Bernstein. HSA EA 223. Der Beitrag wurde abgedruckt in: Deutsche Grammophon Bernstein Journal. Special 70th Birthday Edition.

22 Das Gespräch wurde für das Fernsehen aufgezeichnet und im November in der »Zeit« einschließlich des Briefs von L. Bernstein an H. Schmidt abgedruckt.

23 L. Bernstein: Letter to Helmut Schmidt (Television Interview, 15. August 1985, Lübeck, FRG). HSA EA 206.

24 Jim Tobias: »Mein Herz hat geweint«. Jüdische Allgemeine, 7.5.2018.

25 H. Schmidt: Weggefährten, S. 64.

26 Vgl. Alexander Bernstein, Christian Kuhnt (Hg.): Leonard Bernstein. I fell in love with Schleswig-Holstein. Kiel/Hamburg 2018.

27 Aus Privatkalender H. Schmidt 9./10.4.1980 und 4.4.1982. HSA TB 38,1 und TB 40,1.

28 Privatkalender H. Schmidt. Eintrag vom 4.4.1982. HSA TB 40,1.

29 R. Lehberger, L. Schmidt: Auf einen Kaffee, S. 39.

30 H. Schmidt: Weggefährten, S. 43.

31 K. Nagano, I. Kloepfer: Erwarten Sie Wunder!, S. 267.

32 H. Schmidt: Weggefährten, S. 38.

33 Verbundenheit mit Berlin nach Noten – einmal Schmidt und zweimal Strauß. Die Welt, 8.10.1979.

34 Ein ganz anderes Fest in Berlin, FAZ, 8.10.1979. Ein Höhepunkt des Abends war der Auftritt Loriots als Bühnenarbeiter, der anfänglich den Flügel abtransportieren will und als entfesselter Dirigent des Orchesters endet. Natürlich war Karajan bei dieser Nummer nicht auf der Bühne.

35 H. Schmidt: Weggefährten, S. 39.

36 Belegt anhand der Karajan-Online-Databank durch den Musikkritiker Alex Ross. Karajan Conducts Ives, Blog Eintrag Alex Ross: The Rest is Noise. 25.7.2010.

37 H. Schmidt: Weggefährten, S. 43

38 Vgl. zum aktuellen Stand: Fred K. Prieberg: Handbuch deutsche Musiker. Kiel 2004, S. 3545–3577. Klaus Riehle: Herbert von Karajan. Neueste Forschungsergebnisse zu seiner NS-Vergangenheit und der Fall Ute Heuser. Wien 2017.

39 »Sie zahlen für Herrn von Karajan …« Der Spiegel, 27.3.1988.

40 Frankfurter Neue Presse, 4.11.2018.

41 Der Spiegel, 27.3.1988.

42 H. Schmidt: Über Christoph Eschenbach. www.evs-musikstiftung.ch Alle folgenden Zitate daraus.

43 J. Frantz: Das ist Freundschaft. In: Helmut Schmidt – Der letzte Staatsmann. Der Spiegel Biografie Nr. 1/2015, S. 25.

44 Vgl. zum Folgenden: J. Frantz: Das ist Freundschaft.

45 Gespräch mit Justus Frantz am 1.6.2021.

46 Die Themen von Justus Frantz bei der Freitagsgesellschaft waren eine Einführung in die Zwölftonmusik und ein Überblick über die Entwicklung der Beethoven'schen Klaviermusik. Vgl. H. Schmidt: Weggefährten, S. 48.

47 Zitiert in H. True: Der Staatsmann am Klavier. Hamburger Abendblatt. Sonderausgabe: 100 Jahre Helmut Schmidt. 22./23.12.2018, S. 15. H. True: Der Staatsmann am Klavier, a.a.O., S. 15.

48 Vgl. ebd.

49 Ebd.

50 J. Frantz: Das ist Freundschaft, S. 25.

51 In »Weggefährten«, S. 49 heißt es zu der Nachwuchsarbeit des Festivals: »Es erscheint mir in der Tat als gelebte Demokratie, wenn in jedem Sommer junge, noch völlig unbekannte Musiker aus vielen Staaten auf der Wiese in Salzau von ganz großen, weltberühmten Dirigenten und Orchestererziehern lernen können, wenn es jedes Jahr Meisterkurse gibt und wenn alljährlich der Auftakt oder der Schluss des Festival-Sommers mit großer symphonischer Musik in der Marienkirche oder im Dom zu Lübeck stattfindet.«

52 Brief von Justus Frantz an H. Schmidt vom 28.11.1986. HSA.

53 H. True: Der Staatsmann am Klavier.

54 In der von Schmidt mit herausgegebenen »Zeit« war inzwischen von dem renommierten Musikredakteur Heinz-Josef Herbort eine harsche Kritik an der Person Justus Frantz und seiner Rolle als Intendant erschienen. Soll und Haben. Schuld und Sühne. In: Die Zeit, 2.12.1994.

55 Gespräch des Verf. mit Björn Engholm vom 18.4.2021.

56 H. Schmidts Brief zu seinem Austritt aus dem Festivalkuratorium. In: Welt am Sonntag, 23.3.1995. Später wurde H. Schmidt Ehrenvorsitzender des Kuratoriums des Fördervereins der Philharmonie der Nationen.

57 H. Schmidt: Weggefährten, S. 48f.

Kapitel 14

1 H. Schmidt: Über seine Liebe zur klassischen Musik. In: Zeit Magazin Leben, S. 62.

2 Zit. in: Wie ein Hochschulpräsident an Schmidts Schallplatten kam. In: Hamburger Abendblatt, 26. 2. 2018.

3 Für die Erfassung der Sammlung war in der HfMT eine Liste erstellt worden. Danach waren exakt 920 Platten übergeben worden. Die Liste gliedert nach Komponisten: 529; Sampler: 245; Singles: 85; Divers (meist Sprechplatten: Reden, Literatur, Dokumentationen etc.): 61. Frau Maike Arnemann von der Bibliothek der MfMT bin ich für die Einsichtnahme in die Liste dankbar.

4 Nachdem die Zahl von 2500 Schallplatten einmal veröffentlicht war, findet sie sich inzwischen in allen Medien, die über die Plattensammlung berichten. Z. B. Hamburger Abendblatt, 30. 12. 2017 und 26. 2. 2018; Deutschlandfunk Kultur, 13. 2. 2019.

5 Ludwig Güttler gehört zweifellos zu den Meistern der barocken Trompetenmusik. Mit H. Schmidt war er seit der Wende bekannt, insbesondere bei Konzerten des Schleswig-Holstein Musik Festivals trafen sie sich und führten einen regen Austausch zu musikalischen und kulturellen Themen. Ludwig Güttler ist ein weiteres Beispiel dafür, wie gezielt sich der Exkanzler auch nach seinen Bonner Jahren um den Austausch mit führenden Musikern bemühte. Gespräch mit L. Güttler vom 23. 4. 2021.

6 Richard Brody: Glenn Gould at Eighty. In: The New Yorker, 25. September 2012.

7 H. Schmidt: Über seine Liebe zur klassischen Musik. In: Zeit Magazin, S. 62.

8 H. Schmidt: Musik geht über Grenzen, S. 35.

Kapitel 15

1 Zit. in: Neue Rhein Zeitung/Neue Ruhr Zeitung, 10. 10. 1980.

2 Um die Verbundenheit der Bundesregierung mit Berlin zu dokumentieren, hatte H. Schmidt 1978 die jährlichen Kanzlerfeste in der geteilten Stadt begonnen. 1978 gab es ein Theaterfest, 1979 hatte Herbert von Karajan mit den Berliner Philharmonikern aufgespielt. 1980 das Jazzfest und im Februar 1982 gab es eine Revue aus Oper, Operette, Musical und Kabarett in der Deutschen Oper. Wegen des politischen Sonderstatus von Berlin, der eine vollständige rechtliche Einbeziehung West-Berlins in die

Bundesrepublik nicht möglich machte, waren die Kanzlerfeste in Berlin gemeinsame Einladungen des Bundeskanzlers und des Regierenden Bürgermeisters von Berlin.

3   Personalien Helmut Schmidt. Der Spiegel, 12.10.1980.

4   Interviews mit Ihno von Hasselt vom 27.4.2021 und Börries von Liebermann vom 26.4.2021. Beide waren für die Berliner Festspiele, dem damaligen Veranstalter des Kanzlerfests, tätig.

5   Eine Woche zuvor waren die in Berlin seit 1964 angesiedelten Jazztage zu Ende gegangen, nun folgte Schmidt mit seinem Jazzfest und deklarierte es in seiner Eingangsrede mal kurz als das »Finale« der schon damals legendären Jazztage. »Ansprache zum Jazzfest am 7.11.1980«, Typoskript, datiert vom 6.11.1980. AdsD. HSAA009649.

6   H. Schmidt: Über seine Liebe zum Cool Jazz. In: Zeit Magazin, S. 54.

7   Interview mit H. Schmidt für den Film »Ein langes Leben. Olga Bontjes van Beek« mit Konstanze Radziwill. Unv. Mitschnitt, 1996. Zur Swing-Jugend in der NS-Zeit gibt es inzwischen eine stattliche Literaturlage, die auch die Bandbreite der Verfolgung durch die NS-Stellen deutlich macht. Z. B.: W. M. Ladurner: Im Swing gegen den Gleichschritt. Salzburg 2011.

8   H. Schmidt: Über seine Liebe zur klassischen Musik. In: Zeit Magazin, S. 62.

9   In seiner Notensammlung findet sich auch ein Satz von »Bach Goes To Town«.

10 Zu hören auf der CD: Benny Goodman. Berlin Concerts November 7 & 8. TCB Label 1996.

11 Alle angeführten Details aus: Kurt S. Weil: Benny Goodman in Berlin. Booklet zur o. b. CD.

12 Das Konzert vom 7.11.1980 wurde am 8.11.1980 wiederholt. Die Aufnahme setzt sich aus beiden Abenden zusammen.

13 D. Stadach: Bundeskanzler lud nach Berlin ein. In: Rheinische Post, 10.11.1980.

14 Vgl.: Wer gibt den Ton an? In: Neue Rhein Zeitung/Neue Ruhr Zeitung, 10.11.1980; Neue Osnabrücker Zeitung, 10.11.1980; Müdes Fest im Musentempel. In: Rheinische Post vom 10.11.1980; Kanzler, Jazzfest, Schnurz und Piepe. In: FAZ, 10.11.1980.

15 Dazu schreibt die Neue Osnabrücker Zeitung am 10.11.1980: »Gastgeber Schmidt hatte es abgelehnt, Goodman am Klavier zu begleiten: Um neben einem solchen Meister zu spielen, müsse er viel üben und dazu fehle ihm die Zeit.«

16   700 Karten waren an die Berliner Gewerkschaften gegangen.

17   H. Schmidt: Ansprache zum »Jazzfest Berlin«. AdsD. HSAA009649.

18   L. Romano: Stompin' Goodman. In: Washington Post, 3.11.1981.

Bildnachweis

Archiv Deutsche Grammophon: 188, 192

Bayerisches Jazzinstitut – Ludwig Binder Sammlung: 266

Saskia Bontjes van Beek: 61, 65, 72, 76, 78, 79, III or

Conti Press/Keystone: 147

J. H. Darchinger/Friedrich-Ebert-Stiftung: II u, III ol

Friedrich Drese/Orgelmuseum Malchow: 177

Joachim Grossert: 58

Marco Grundt: 201

Hamburger Schulmuseum: 34

Helmut-Schmidt-Archiv (HSA): 28, 54, 92, 100, 104, 207, 224, VII, VIII u

IMAGO/Dieter Bauer: 163

Keystone Bilder USA/ZUMAPRESS.com/Alamy Live-Nachrichten: III u

Kai-Jacob Klasen: 228

Klindworth-Scharwenka-Stiftung: 94, 98, 99

Körber-Stiftung/Historisches Körber-Archiv: 223, 231, IV u, V o

Joachim Krüger: 243

Franz Lambert: 124

Annette Lederer/Universal Music Classics & Jazz: 190, I, VI u

Reiner Lehberger: 106, 239, 259, 261

Kurt A. Müller: 267

picture-alliance/dpa: 121, IV o

picture-alliance/dpa | Chris Hoffmann: 172

picture-alliance/dpa | Dieter Klar: 244

Dirk Reinartz: V u

Engelbert Reineke/Presse- und Informationsamt der Bundesregierung: 114

Loki Schmidt und Reiner Lehberger
Auf einen Kaffee mit Loki Schmidt
208 Seiten, Taschenbuch
ISBN 978-3-455-00622-3
Hoffmann und Campe Verlag

Alle zwei Wochen trafen sich Loki Schmidt und Reiner Lehberger zum Gedankenaustausch. Im Wohnzimmer in Hamburg-Langenhorn sprachen sie bei einer Tasse Kaffee und vielen Zigaretten über die großen und kleinen Dinge des Lebens. Die hier versammelten 20 Gespräche zeugen vom facettenreichen Leben und Denken einer großen Persönlichkeit. Wie ist es, selbst beim Schwimmen Sicherheitsbeamte um sich zu haben? Was bedeutet Loki Schmidt die Ehrenbürgerwürde Hamburgs? Wie werden Geburtstage und Weihnachten im Hause Schmidt gefeiert, und wann hat sie angefangen, Hosen zu tragen? Was bedeutet ihr Kunst?

Wer Loki Schmidt befragt, hat es nicht immer leicht: Es gibt Themen, über die sie mit Begeisterung spricht: Naturschutz, und es gibt Themen, zu denen auch mal ein knappes »Ooch« in den Raum geseufzt wird: Mode. Dennoch: Ihr Interesse ist schnell geweckt, sobald die Sprache auf etwas kommt, das sie für wesentlich hält. In kurzen, launigen Gesprächen gibt Loki Schmidt Auskunft: über ihr Leben, ihre Ansichten, ihre Wünsche.

»Es ist Loki Schmidts letztes Buch
und zugleich ihr persönlichstes. Das Porträt
einer lebensklugen und unverstellten,
warmherzigen und wissbegierigen Frau.«
Die Welt

Reiner Lehberger
Die Schmidts. Ein Jahrhundertpaar
352 Seiten, gebunden
ISBN 978-3-455-00436-6
auch als Taschenbuch erhältlich:
ISBN 978-3-455-00877-7
Hoffmann und Campe Verlag

Die Doppelbiografie des Jahrhundertpaars. Ein bewegendes Stück deutscher Geschichte.

Helmut und Loki Schmidt waren ein einzigartiges Paar – für viele fast ein Mythos. Ihre Verbundenheit überstand den Zweiten Weltkrieg, den frühen Tod des ersten Kindes, den Terror der RAF und die politische Karriere des Ehemanns. Sie hielten in Krisenzeiten zusammen und stellten sich den äußeren Herausforderungen ebenso wie jenen, die nur ihre Ehe betrafen. Reiner Lehberger beschreibt eingehend die innere Dynamik dieser einmaligen Beziehung, die die Menschen bis heute fasziniert.

»Lehberger ist mit ›Die Schmidts‹ ein berührendes und erhellendes Doppelporträt gelungen. Wer die beiden Schmidts kennenlernen möchte, muss künftig nur noch ein Buch lesen – das zudem geeignet ist, ein tiefes Verständnis für die deutsche Nachkriegspolitik im 20. Jahrhundert zu wecken.«
Welt am Sonntag

»Ein interessantes, facettenreiches Buch über die Schmidts, ganz nah dran, ohne Voyeurismus, sachlich und empathisch.«
Daniel Kaiser, *NDR 90,3 Kulturjournal*